Marc B

Les caractères originaux de l'histoire rurale française

Tome I

 Le code de la propriété intellectuelle du 1er juillet 1992 interdit en effet expressément la photocopie à usage collectif sans autorisation des ayants droit. Or, cette pratique s'est généralisée dans les établissements d'enseignement supérieur, provoquant une baisse brutale des achats de livres et de revues, au point que la possibilité même pour les auteurs de créer des œuvres nouvelles et de les faire éditer correctement est aujourd'hui menacée. En application de la loi du 11 mars 1957, il est interdit de reproduire intégralement ou partiellement le présent ouvrage, sur quelque support que ce soit, sans autorisation de l'Éditeur ou du Centre Français d'Exploitation du Droit de Copie , 20, rue Grands Augustins, 75006 Paris.

ISBN : 978-2-37976-165-2

10 9 8 7 6 5 4 3 2 1

Marc Bloch

Les caractères originaux de l'histoire rurale française

Tome I

Table de Matières

Introduction	7
Orientation bibliographique	14
Chapitre I	17
Chapitre II	36
Chapitre III	80
Chapitre IV	119
Chapitre V	165
Chapitre VI	210
Chapitre VII	246
Planches	259

A LA MÉMOIRE D'ÉMILE BESCH
Normalien de la promotion 1904
FIDÈLEMENT

Introduction. Quelques observations de méthode

Ce serait jouer à d'aimables hôtes un très vilain tour que de rejeter sur eux une responsabilité dont l'auteur seul doit supporter le poids. Je puis bien dire cependant que si l'Institut pour l'Étude Comparative des Civilisations ne m'avait fait l'honneur, à l'automne dernier, de me demander quelques conférences, ce livre n'eût probablement jamais été écrit. Un historien averti des difficultés de son métier — le plus malaisé de tous, au gré de Fustel de Coulanges — ne se décide pas sans hésitations à retracer en quelques centaines de pages une évolution extrêmement longue, en elle-même obscure et, par surcroît, insuffisamment connue. J'ai cédé à la tentation de présenter à un public plus large que mes bienveillants auditeurs d'Oslo quelques hypothèses que je n'ai pas eu, jusqu'ici, le loisir de développer avec tout l'appareil de preuves nécessaire, mais qui me paraissent, dès maintenant, capables de fournir aux chercheurs d'utiles directions de travail. Avant d'entrer dans le vif du sujet, il sera bon d'expliquer brièvement dans quel esprit je me suis efforcé de le traiter. Aussi bien quelques-uns de ces problèmes de méthode dépassent-ils, et de beaucoup, la portée de mon petit livre.

***

Dans le développement d'une discipline, il est des moments où une synthèse, fût-elle en apparence prématurée, rend plus de services que beaucoup de travaux d'analyse, où, en d'autres termes, il importe surtout de bien énoncer les questions, plutôt, pour l'instant, que de chercher à les résoudre. L'histoire rurale, dans notre pays, semble en être arrivée là. Ce tour d'horizon sommaire que l'explorateur s'accorde, avant de $_{pVIII}$ pénétrer dans les fourrés où les vues larges deviennent impossibles, est tout ce que j'ai prétendu réaliser. Nos ignorances sont grandes. Je me suis efforcé de n'en dissimuler aucune, pas plus les lacunes de la recherche, en général, que les insuffisances de ma propre documentation, fondée, en partie, sur une enquête de première main, mais faite, surtout, de coups de sondes [1]. Sous peine, cependant, de rendre l'exposé illisible, je ne pouvais multiplier les points d'interrogation autant qu'en droit il eût été nécessaire. Après tout, ne doit-il pas toujours être entendu qu'en matière de science toute affirmation n'est qu'hypothèse ? Le jour où des études plus approfondies auront rendu mon essai tout à fait caduc, si je puis croire qu'en opposant à la vérité historique des conjectures fausses je l'ai aidée à prendre conscience d'elle-même, je m'estimerai pleinement payé de mes peines.

Seuls les travaux qui se bornent, prudemment, à un cadre topographique restreint peuvent fournir aux solutions définitives les données de fait nécessaires. Mais ils ne sont guère capables de poser les grands problèmes. Il faut, pour cela, des perspectives plus vastes, où les reliefs fondamentaux ne risquent point de se perdre dans la masse confuse des menus accidents. Même un horizon étendu à une nation entière est parfois insuffisant. Sans un coup d'œil d'abord jeté sur la France, comment saisir, dans leur singularité, les développements propres aux diverses régions ? A son tour, le mouvement français ne prend son sens véritable qu'une fois envisagé sur le plan européen. Il ne s'agit point d'assimiler de force, tout au contraire de distinguer ; non de construire, comme dans le jeu des photographies superposées, une image faussement générale, conventionnelle et floue, mais de dégager, par le contraste, en même temps que les caractères communs, les originalités. Ainsi la présente étude, consacrée à un des courants de notre histoire nationale, ne s'en rattache pas moins à ces recherches comparatives que je me suis ailleurs efforcé de définir et pour lesquelles l'Institut, qui m'a accordé l'hospitalité, a déjà tant fait.

Mais les simplifications que commandait la forme même de l'exposé $_{pIX}$ ont forcément entraîné certaines déformations, qu'il n'est que loyal de signaler. « Histoire rurale française » ; ces mots paraissent tout simples. A y regarder de près, cependant, ils soulèvent bien des difficultés. Par leur structure agraire profonde, les diverses régions dont la France d'aujourd'hui est faite s'opposent et surtout s'opposaient entre elles beaucoup plus fortement que

---

[1] Je signale, en passant, que je n'ai pu donner, tant s'en faut, toutes les précisions numériques que j'eusse désirées, en ce qui regarde, notamment, les dimensions de parcelles : les instruments de recherche, pour l'étude des mesures anciennes, manquent presque totalement.

Introduction. Quelques observations de méthode

chacune, prise à part, à d'autres contrées, au delà des frontières politiques. Peu à peu, il est vrai, par dessus ces différences fondamentales, ce qu'on peut appeler une société rurale française s'est constituée, mais lentement, et moyennant l'absorption de plusieurs sociétés ou fragments de sociétés qui primitivement appartenaient à des mondes étrangers. Traiter de « françaises » des données relatives, par exemple, au IXe siècle, voire, si elles sont provençales, au XIIIe, serait une pure absurdité s'il ne devait être entendu à l'avance que cette façon de parler revient à dire, tout simplement, que la connaissance de ces phénomènes anciens, empruntés à des milieux disparates, s'avère indispensable à l'intelligence de la France moderne et contemporaine, issue, générations par générations, des diversités primitives. Bref, la définition est prise dans le point d'aboutissement, plutôt que dans les origines ou le cours même du développement : convention admissible, sans doute, pourvu qu'elle ne s'ignore pas elle-même.

La France rurale est un grand pays complexe, qui réunit dans ses frontières et sous une même tonalité sociale les tenaces vestiges de civilisations agraires opposées. Longs champs sans clôtures autour des gros villages lorrains, enclos et hameaux bretons, villages provençaux, pareils à des acropoles antiques, parcelles irrégulières du Languedoc et du Berry, ces images si différentes, que chacun de nous, en fermant les yeux, peut voir se former devant le regard de la pensée, ne font qu'exprimer des contrastes humains très profonds. Je me suis efforcé de rendre justice à ces dissemblances, et à beaucoup d'autres. Cependant les nécessités d'un récit forcément assez bref, le désir aussi de mettre l'accent, avant tout, sur quelques grands phénomènes communs, trop souvent laissés dans l'ombre et dont il appartiendra à d'autres travailleurs de préciser les nuances locales, m'ont à plusieurs reprises contraint d'insister moins sur le particulier que sur le général. Le principal inconvénient de ce parti-pris est d'avoir, dans une certaine mesure, $_{pX}$ masqué l'importance des facteurs géographiques : car les conditions imposées à l'activité humaine par la nature physique, si elles ne paraissent guère capables d'expliquer les traits fondamentaux de notre histoire rurale, reprennent tous leurs droits lorsqu'il s'agit de rendre compte des différences entre les régions. Il y a là une correction d'un grand poids, que ne manqueront pas de donner, un jour, des études plus poussées.

L'histoire est, avant tout, la science d'un changement. Dans l'examen des divers problèmes, j'ai fait de mon mieux pour ne jamais perdre de vue cette vérité. Cependant il m'est arrivé, notamment à propos des régimes d'exploitation, de devoir éclairer un passé très lointain à la lueur de temps beaucoup plus proches de nous. « Pour connaître le présent », disait naguère Durkheim, en tête d'un cours sur la famille, « il faut d'abord s'en détourner ». D'accord. Mais il est des cas aussi où, pour interpréter le passé, c'est vers le présent, ou, du moins, vers un passé tout voisin du présent qu'il sied, d'abord, de regarder. Telle est, en particulier, pour des raisons qu'on va voir, la méthode que l'état de la documentation impose aux études agraires.

***

La vie agraire de la France apparaît, à partir du XVIIIe siècle, au plein jour de l'histoire. Pas avant. Jusque là les écrivains, sauf quelques spécialistes préoccupés uniquement de donner des recettes pratiques, ne s'en étaient guère souciés ; les administrateurs, pas davantage. A peine si quelques ouvrages juridiques ou quelques coutumes rédigées renseignent sur les principales règles d'exploitation, comme la vaine pâture. Sans doute, nous le verrons plus loin, il n'est point impossible d'extraire des documents anciens beaucoup d'indications précieuses. Mais à condition de savoir les y découvrir. Or, pour cela, une première vue d'ensemble, seule capable de suggérer les lignes générales de la recherche, est indispensable. Antérieurement au XVIIIe siècle, impossible de se donner ce spectacle. C'est que les hommes sont ainsi faits qu'ils ne perçoivent guère que ce qui change, et brusquement. Pendant de longs siècles les usages agraires avaient semblé presque immuables, parce qu'en fait ils se modifiaient peu et que, lorsqu'ils évoluaient, c'était à l'ordinaire sans à-coups. Au XVIIIe siècle, techniques et règles d'exploitation entrèrent $_{pXI}$ dans un cycle de transformation beaucoup plus rapide. Bien plus : on voulut les transformer. Les agronomes décrivirent les vieilles routines, pour les combattre. Les administrateurs, afin de mesurer l'étendue des réformes possibles, s'informèrent de l'état du pays. Les trois grandes enquêtes, suscitées de 1766 à 1787 par le problème de la vaine pâture et des clôtures, tracent un vaste tableau, dont rien, jusque là, ne saurait donner

Introduction. Quelques observations de méthode

l'équivalent. Elles ne sont que le premier anneau d'une longue chaîne, qui se poursuivra au siècle suivant.

A côté des écrits et presque aussi nécessaires que ceux-ci, se placent les cartes, qui mettent sous nos yeux l'anatomie des terroirs. Les plus anciennes remontent un peu plus haut, jusqu'au règne de Louis XIV. Mais ces beaux plans, d'origine seigneuriale pour la plupart, ne se multiplient guère qu'au XVIIIe siècle. Encore présentent-ils alors bien des lacunes, locales, régionales même. Pour connaître, dans toute son ampleur, le dessin des champs français, c'est jusqu'au cadastre du Premier Empire et de la monarchie censitaire, exécuté en pleine révolution agricole, mais avant l'achèvement de celle-ci, qu'il faut descendre [1].

Dans ces documents, d'époque relativement basse, l'histoire agraire — j'entends par là l'étude à la fois de la technique et des coutumes rurales qui, plus ou moins étroitement, réglaient l'activité des exploitants — trouve son point de départ obligatoire. Un exemple fera saisir, mieux que de longues considérations, la nécessité d'une pareille démarche.

Vers 1885, un des savants auxquels l'histoire rurale anglaise doit le plus, Frédéric Seebohm, préoccupé par l'étude du régime que nous retrouverons plus loin sous le nom de champs ouverts et allongés, écrivit à Fustel de Coulanges, dont le rapprochaient beaucoup de conceptions communes sur l'origine des civilisations européennes, pour lui demander si ce type agraire, clairement attesté en Grande Bretagne, l'était à quelque degré dans notre pays. Fustel répondit qu'il n'en avait point reconnu de traces [2]. Ce n'est point manquer à sa grande mémoire que de rappeler qu'il n'était pas de ceux pour qui le monde extérieur existe intensément. Il n'avait sans doute jamais porté des regards bien attentifs sur les labours, au dessin si singulier, qui, dans tout le Nord et l'Est de la France, évoquent impérieusement le souvenir de l'*open field* anglais. Sans goût particulier pour l'agronomie, les discussions sur la vaine pâture qui, au moment même où il recevait la lettre de Seebohm, se poursuivaient devant les Chambres, l'avaient laissé indifférent. Pour renseigner son correspondant, il n'avait consulté que des textes, et très

---
1 Pour les enquêtes du XVIIIe siècle, qui seront assez souvent citées par la suite, voir *Annales d'histoire économique*, 1930, p. 551 ; pour les plans, *ibid.*, 1929, p. 60 et 390.
2 P. SEEBOHM, *French peasant proprietorship*, dans *The Economic Journal*, 1891.

anciens. Mais il les connaissait admirablement. Comment se fait-il qu'ils ne lui aient rien révélé sur des phénomènes dont pourtant ils peuvent fournir quelques témoignages assez nets ? Maitland, dans un jour d'injustice, l'a accusé d'avoir volontairement fermé les yeux, par parti-pris national. Mais les champs allongés sont-ils donc forcément germaniques ? La véritable explication est ailleurs. Fustel n'avait considéré que les documents en eux-mêmes, sans les éclairer par l'étude d'un passé plus proche. Passionné, comme alors tant de hauts esprits, par les questions d'origines, il resta toujours fidèle à un système étroitement chronologique qui le conduisait, pas à pas, du plus ancien au plus récent. Ou, du moins, il ne pratiquait la méthode inverse qu'inconsciemment et parce que, bon gré mal gré, elle finit toujours par s'imposer, en quelque manière, à l'historien. N'est-il pas inévitable que, à l'ordinaire, les faits les plus reculés soient en même temps les plus obscurs ? et comment échapper à la nécessité d'aller du mieux au moins bien connu ? Lorsque Fustel recherchait les racines lointaines du régime dit « féodal », il fallait bien qu'il eût dans l'esprit une image, au moins provisoire, de ces institutions, au moment de leur plein épanouissement, et l'on est en droit de se demander s'il n'eût pas mieux fait, avant de s'enfoncer dans le mystère des débuts, de préciser les traits du dessin achevé. L'historien est toujours l'esclave de ses documents ; plus que tout autres, ceux qui se vouent aux études agraires ; sous peine de ne pouvoir épeler le grimoire du passé, il leur faut, le plus souvent, lire l'histoire à rebours.

Mais ce déchiffrement à l'opposé de l'ordre naturel a ses périls, qu'il importe de définir clairement. Qui voit le piège, risque moins d'y tomber.

Les documents récents éveillent les curiosités. Les textes anciens sont loin de laisser celles-ci toujours insatisfaites. Convenablement interrogés, ils fournissent beaucoup plus qu'au premier abord on n'eût oser en attendre : notamment ces témoignages de la pratique juridique, {pXIII} ces arrêts, ces actes de procès dont malheureusement le dépouillement, dans l'état actuel de notre équipement scientifique, est si mal préparé. Tout de même, ils sont loin de répondre à toutes les questions. D'où la tentation de tirer des propos de ces témoins récalcitrants des conclusions beaucoup plus précises qu'en droit il ne serait légitime : écarts d'interprétation dont on donne-

Introduction. Quelques observations de méthode

rait aisément un amusant spicilège.

Mais il y a pis. En 1856, Wilhelm Maurer écrivait : « Le coup d'œil le plus rapide sur les comtés de l'Angleterre actuelle montre que l'exploitation par fermes isolées est de beaucoup la plus répandue... Cet état de choses, constaté de nos jours, permet de conclure sûrement pour l'époque ancienne » — il s'agissait de la période anglo-saxonne — « à un peuplement par habitations isolées ». Il n'oubliait rien de moins que la révolution des « enclôtures », brèche profonde creusée entre le passé rural de l'Angleterre et son présent. Les « fermes isolées » étaient nées, pour la plupart, de réunions de parcelles et d'évictions, infiniment postérieures à l'arrivée de Hengist et Horsa. La faute ici n'est guère pardonnable, parce qu'il s'agit d'un changement relativement récent, aisé à connaître et à mesurer. Mais c'est dans le principe même du raisonnement que réside le véritable danger : car il est, si l'on n'y prend garde, capable d'entraîner beaucoup d'autres erreurs, singulièrement plus difficiles à dépister. Trop fréquemment, à une méthode en elle-même raisonnable, on joint un postulat qui, lui, est pleinement arbitraire : l'immuabilité des usages agraires anciens. La vérité est tout autre. A vrai dire, protégées par les difficultés matérielles qui s'opposaient à leur bouleversement, par l'état d'une économie aux réactions plus lentes, par le traditionalisme ambiant, les règles d'exploitation se transformaient autrefois plus rarement qu'aujourd'hui. En outre, les documents qui nous renseignent sur leurs modifications anciennes sont généralement très pauvres et très peu explicites. Elles étaient pourtant, comme nous le verrons au cours de l'exposé, bien loin de pouvoir prétendre à je ne sais quelle illusoire pérennité. Tantôt une rupture brusque dans l'existence du village — dévastation, repeuplement après une guerre — forçait à retracer les sillons sur un nouveau plan : tantôt, comme en Provence, aux temps modernes, la communauté décidait de changer, d'un coup, la coutume ancestrale ; plus souvent encore, on s'écartait presque insensiblement et, peut-être sans le vouloir, de l'ordre primitif. Certes, elle ne _{pXIV} ment point, la belle phrase romantique où Meitzen a exprimé un sentiment presque poignant, familier à tous les chercheurs qui ont consacré aux antiquités agraires une part de leur vie : « Dans chaque village, nous promenons nos pas parmi les ruines de la préhistoire, plus vieilles que les romanesques débris des burgs ou les remparts croulants des villes ». Sur plus d'un terroir en effet, le dessin des champs dépasse, et de beaucoup, en ancienneté les plus vénérables pierres. Mais ces vestiges, précisément, n'ont jamais été, à proprement parler, des « ruines » ; ils ressemblent bien plutôt à ces édifices composites, de structure archaïque, que, sans jamais cesser d'y faire leur nid, les siècles, tour à tour, ont remaniés. C'est pourquoi ils ne sont presque jamais arrivés à nous à l'état pur. Le vêtement du village est très vieux, mais il a été bien souvent rapiécé. A négliger, de parti-pris, à refuser de rechercher ces variations, on nierait la vie même, qui n'est que mouvement. Suivons, puisqu'il le faut, en sens inverse la ligne des temps ; mais que ce soit d'étape en étape, attentifs toujours à tâter du doigt les irrégularités et les variations de la courbe et sans vouloir — comme on l'a fait trop souvent — passer, d'un bond, du XVIIIe siècle à la pierre polie. Au proche passé, la méthode régressive, sainement pratiquée, ne demande pas une photographie qu'il suffirait ensuite de projeter, toujours pareille à elle-même, pour obtenir l'image figée d'âges de plus en plus lointains ; ce qu'elle prétend saisir, c'est la dernière pellicule d'un film, qu'elle s'efforcera ensuite de dérouler à reculons, résignée à y découvrir plus d'un trou, mais décidée à en respecter la mobilité.

Strasbourg, 10 juillet 1930.

Orientation bibliographique

Dans un livre de synthèse, rien de plus embarrassant que le problème des références. Fallait-il, pour alléger l'exposé, n'en point donner du tout ? c'eût été manquer à cette loi d'honnêteté qui, à l'historien, fait un devoir de ne rien avancer qui ne soit susceptible de vérification. Les fournir toutes ? les notes eussent mangé le plus clair des pages. Je me suis arrêté au parti que voici : m'abstenir de tout renvoi chaque fois que le fait ou le texte signalés sont, pour un érudit averti, faciles à retrouver, soit qu'ils viennent d'un document universellement connu ou d'un texte, nommé dans l'exposé luimême, dont le dépouillement est rendu aisé par de bonnes tables, soit encore qu'empruntés a un ouvrage dont le titre figure dans la liste bibliographique qui va suivre, leur nature même révèle clairement le livre consulté ; — en revanche, préciser avec soin la source lorsqu'il apparaît nettement que, faute d'être guidé, le plus avisé des lecteurs serait dans l'impossibilité de la découvrir. Je ne me dissimule pas les inconvénients de cette méthode : elle comporte forcément une part d'arbitraire ; elle risque de me faire passer pour ingrat envers les historiens dont j'utilise les œuvres beaucoup plus souvent que je ne les cite. Mais quoi ! il fallait bien choisir.

L'« orientation » qui va suivre se limite, volontairement, aux livres essentiels. Seuls, les ouvrages relatifs à la France y sont mentionnés. Je tiens pourtant à indiquer tout d'abord, d'un mot, le profit que j'ai retiré des travaux qui ont été consacrés, hors de nos frontières, à l'histoire rurale de divers pays étrangers : sans les comparaisons qu'ils permettent, les suggestions de recherches qu'on y doit puiser, la présente étude, à vrai dire, eût été impossible. Citer tous ceux dont je me suis servi équivaudrait à dresser une bibliographie européenne. Du moins convient-il d'évoquer quelques chefs de chœur : des noms comme ceux de Georg HANSSEN, de G. F. KNAPP, de MEITZEN, de GRADMANN, en Allemagne, de SEEBOHM, de MAITLAND, de VINOGRADOFF, de TAWNEY, en Grande-Bretagne, de DES MAREZ, en Belgique, ne sauraient être prononcés par l'historien des sociétés rurales qu'avec la plus vive reconnaissance [1].

1. Ouvrages sur l'histoire des populations rurales françaises aux diverses époques

M. AUGÉ-LARIBÉ, *L'évolution de la France agricole*, 1912.

M. AUGÉ-LARIBÉ, *L'agriculture pendant la guerre*, s. d. (*Histoire économique de la guerre, série française*). pXVI

FUSTEL DE COULANGES, *L'alleu et le domaine rural pendant l'époque mérovingienne*, 1889.

B. GUÉRARD, *Polyptyque de l'abbé Irminon*, t. I. (*Prolégomènes*), 1844.

N. KAREIEW, *Les paysans et la question paysanne en France dans le*

---

[1] J'ai également utilisé avec fruit le livre, malheureusement un peu confus. de H. LEVI GRAY, *English field systems*, 1915, et les divers ouvrages anglais sur les *enclosures*, parmi lesquels je ne citerai que les très commodes synthèses de G. SLATER, *The english peasantry and the enclosure of common-field*, 1907, et de H. R. CURTLER, *The enclosure and redistribution of our fields*, 1920.

dernier quart du XVIIIe siècle, 1899.

J. Loutchisky, *L'état des classes agricoles en France à la veille de la Révolution*, 1911.

H. Sée, *Les classes rurales et le régime domanial en France au moyen âge*, 1901.

2. Principales études régionales

A. Allix, *L'Oisans, étude géographique*, 1929.

Ph. Arbos, *La vie pastorale dans les Alpes françaises*, 1922.

Ch. de Robillard de Beaurepaire, *Notes et documents concernant l'état des campagnes de la Haute Normandie dans les derniers temps du moyen âge*, 1865.

Y. Bezard, *La vie rurale dans le sud de la région parisienne de 1450 à 1560*, 1929.

R. Blanchard, *La Flandre*, 1906.

A. Brutails, *Étude sur la condition des populations rurales du Roussillon au moyen âge*, 1891.

A. de Calonne, *La vie agricole sous l'Ancien Régime dans le Nord de la France*, 1920. (*Mém. de la Soc. des Antiquaires de Picardie*, 4e série, t. IX.).

L. Delisle, *Études sur la condition de la classe agricole et l'état de l'agriculture en Normandie pendant le moyen âge*, 1851.

A. Demangeon, *La plaine picarde*, 1905,

D. Faucher, *Plaines et bassins du Rhône moyen. Étude géographique*, 1927.

L. Febvre, *Philippe II et la Franche Comté, Étude d'histoire politique, religieuse et sociale*, 1911.

André Gibert, *La porte de Bourgogne et d'Alsace (Trouée de Belfort)*, 1930.

Ch. Hoffmann, *L'Alsace au XVIIIe siècle*, 2 vol., 1906.

R. Latouche, *La vie en Bas-Quercy du XIVe au XVIIIe siècle*, 1923.

V. Laude, *Les classes rurales en Artois à la fin de l'Ancien Régime*, 1914.

G. Lefebvre, *Les paysans du Nord pendant la Révolution française*, 1924.

M. Marion, *État des classes rurales dans la généralité de Bordeaux*, 1902 (et *Revue des études historiques*, même année ; concerne le XVIIIe siècle).

R. Musset, *Le Bas-Maine*, 1917.

P. Raveau, *L'agriculture et les classes paysannes dans le Haut-Poitou au XVIe siècle*, 1926 [1].

Ch. de Ribbe, *La société provençale à la fin du moyen-âge d'après des documents inédits*, 1897.

G. Roupnel, *Les populations de la ville et de la campagne dijonnaises au XVIIe siècle*, 1922.

Th. Sclafert, *Le Haut-Dauphiné au moyen-âge*, 1925.

H. Sée, *Étude sur les classes rurales en Bretagne au moyen-âge*, 1896 (et *Annales de Bretagne*, t. XI et XII).

H. Sée, *Les classes rurales en Bretagne du XVIe siècle à la Révolution*, 1906 (et *Annales de Bretagne*, t. XXI à XXV).

A. Siegfried, *Tableau politique de la France de l'Ouest sous la Troisième République*, 1913.

J. Sion, *Les paysans de la Normandie orientale*, 1909.

Théron de Montaugé, *L'agriculture et les classes rurales dans le pays toulousain depuis le milieu du XVIIIe siècle*, 1869.

L. Verriest, *Le régime seigneurial dans le comté de Hainaut du XIe siècle à la Révolution*, 1916-1917.

Chapitre I.
Les grandes étapes de l'occupation du sol

1. Les origines.

Lorsque s'ouvrit la période que nous appelons moyen-âge, lorsque, lentement, commencèrent à se constituer un État et un groupement national que l'on peut qualifier de français, l'agriculture était déjà, sur notre sol, chose millénaire. Les documents archéologiques l'attestent sans ambages : d'innombrables villages, dans la France d'aujourd'hui, ont pour ancêtres directs des établissements

---

[1] A compléter par les articles du même auteur, *La crise des prix au XVIe siècle en Poitou* dans *Revue Historique*, t. CLXII, 1929, et *Essai sur la situation économique et l'état social en Poitou au XVIe siècle*, dans *Revue d'histoire économique*, 1930.

de cultivateurs néolithiques ; leurs champs furent moissonnés avec des outils de pierre bien avant que jamais faucille de métal ne tranchât l'épi [1]. Cette préhistoire rurale, en elle-même, est hors du sujet que je traite ici ; mais elle le domine. Si nous sommes si souvent embarrassés pour expliquer, dans leurs natures diverses, les principaux régimes agraires pratiqués sur nos terroirs, c'est que leurs racines plongent trop loin dans le passé ; de la structure profonde des sociétés qui leur donnèrent naissance, presque tout nous échappe.

Sous les Romains, la Gaule fut un des grands pays agricoles de l'Empire. Mais on voyait encore, autour des lieux habités et de leurs cultures, de vastes étendues de friches. Ces espaces vacants grandirent vers la fin de l'époque impériale, alors que, dans la *Romania* troublée et dépeuplée, de toutes parts se multipliaient les *agri deserti*. Plus d'une fois, dans des coins de terre qui au moyen-âge durent être de nouveau arrachés à la brousse ou à la forêt, dans d'autres qui, aujourd'hui encore sont vides de champs ou du moins de maisons, les fouilles ont révélé la présence de ruines antiques.

Vinrent les grandes « invasions » des IVe et Ve siècles. Les Barbares n'étaient pas bien nombreux ; mais la population de la Gaule romaine elle-même, surtout à cette date, se tenait fort au-dessous, sans doute, du chiffre actuel. Par surcroît ; elle était inégalement répartie et les envahisseurs, de leur côté, ne se fixèrent pas en couches de densité uniforme dans tout le pays : de sorte que leur apport, faible au total, dut se trouver, par endroits, relativement important. Dans certaines régions, il fut assez considérable pour que la langue des nouveaux venus se soit finalement substituée à celle du peuple vaincu : telle, la Flandre où l'habitat, aujourd'hui et depuis le moyen-âge si serré, parait avoir été à l'époque romaine passablement lâche, où, au surplus, la force et la culture latines manquaient de l'appui qu'ailleurs leur apportaient les villes, ici rares et peu fournies. A un bien moindre degré, dans toute la France du Nord, les parlers, demeurés foncièrement romans, attestent, dans leur phonétique et leur vocabulaire, une incontestable influence germanique ; de même, certaines institutions. Nous connaissons fort mal les conditions de cet établissement. Un fait, cependant, est certain : sous peine de courir les pires dangers, les conquérants ne

---

1 Cf. l'excellente synthèse d'A. Grenier, *Aux origines de l'économie rurale*, dans *Annales d'histoire économique*, 1930.

pouvaient se disperser. L'examen des témoignages archéologiques, l'étude, notamment, des « cimetières barbares », prouve — ce qui était, par avance, évident — qu'ils ne commirent point cette erreur. Ils vécurent, sur le sol, en petits groupes, probablement organisés chacun autour d'un chef. Il est vraisemblable que, plus ou moins mêlées de colons ou d'esclaves provenant de la population soumise, ces menues collectivités donnèrent naissance quelquefois à des centres d'habitat nouveaux, découpés dans les anciens domaines gallo-romains que l'aristocratie avait dû, bon gré mal gré, partager avec ses vainqueurs [1]. Peut-être des surfaces jusque-là incultes ou qui, du fait même de l'invasion, l'étaient devenues, furent-elles alors mises ou remises en valeur. Un assez grand nombre des noms de nos villages datent de ce temps. Quelques-uns montrent que le groupe barbare était parfois un véritable clan, une *fara* : ce sont les Fère, ou La Fère [2], auxquelles correspondent, dans l'Italie des Lombards, des formes exactement analogues. D'autres, beaucoup plus fréquents, se composent d'un nom d'homme au génitif — un nom de chef — que suit un terme commun, tel que *villa* ou *villare*. Exemple : *Bosonis villa*, dont nous avons fait Bouzonville. L'ordre même des mots — le génitif en tête, alors que, à l'époque romaine, dans ces termes composés il venait en second —, surtout l'aspect nettement germanique du nom de personne sont caractéristiques. Non que les héros éponymes de ces villages aient tous été des Germains. Sous la domination des rois barbares, dans les familles de vieille souche indigène, la mode fut d'imiter l'onomastique des conquérants.Fils de Francs on de Goths, notre Boson ? pas plus, peut-être, que tous les Percy ou les William des États-Unis ne sont aujourd'hui fils d'Anglo-Saxons. Mais il est sûr que les noms qui désignent ces agglomérations sont plus récents que les invasions. Les agglomérations elles-mêmes ? pas nécessairement ; il est hors de doute que des lieux anciennement habités furent parfois débaptisés. Ces réserves faites, il n'en demeure pas moins que là où de pareilles formes toponymiques se pressent sur la carte en rangs serrés, on doit supposer que l'afflux d'éléments humains venus du dehors exerça sur l'occupation du sol une influence qui ne fut point négligeable. Tel fut le cas de diverses contrées situées, en général, à

---

1 C. Jullian, dans *Revue des études anciennes*, 1926, p. 145.
2 Aux exemples cités par A. Longnon, *Les noms de lieux de la France*, 1920, n° 875, ajouter D. Faucher, *Plaines et bassins du Rhône moyen*, p. 605 n. 2 (Rochemaure).

l'écart des principales villes, foyers de la civilisation romaine, d'un pays, notamment, qui en raison de sa sécheresse médiocrement recherché par les agriculteurs de la préhistoire, est aujourd'hui une des plus riches terres à blé de la France : la Beauce.

Tout le long de l'époque franque, les textes parlent de défrichements. D'un grand seigneur, le duc *Chrodinus*, Grégoire de Tours nous dit « qu'il fonda des *villae* (domaines ruraux), planta des vignes, édifia des maisons, créa des cultures ». Charlemagne prescrivait à ses intendants d'essarter, dans ses bois, les lieux favorables et de ne point permettre que le champ, ainsi tracé, redevînt la proie de la forêt. On ne peut guère ouvrir un de ces testaments de riches propriétaires, sources entre toutes précieuses pour l'histoire de ce temps, sans y trouver le rappel de bâtiments d'exploitation récemment élevés, de terres gagnées aux moissons. Mais ne nous y trompons point : il s'agit le plus souvent moins de conquêtes véritables que de réoccupations, après une de ces crises locales de dépeuplement si fréquentes dans des sociétés constamment troublées. Charlemagne et Louis le Pieux, par exemple, accueillent-ils en Septimanie — le Bas-Languedoc d'aujourd'hui — des réfugiés espagnols qui, dans les broussailles et les bois, y créent des centres agricoles nouveaux : tel ce Jean qui, dans les Corbières, « au sein d'un désert immense », établit ses colons et ses serfs d'abord au voisinage de « la Fontaine aux Joncs », puis près des « Sources » et des « Huttes de Charbonniers » [1] ? C'est que le pays, marche reprise aux Sarrasins, a été ravagé de fond en comble par de longues guerres. Lors même qu'il y avait réellement occupation nouvelle, ces victoires de l'homme sur la nature n'arrivaient sans doute que bien péniblement à compenser les pertes. Car celles-ci étaient nombreuses et lourdes. Dès le début du IXe siècle, dans les inventaires seigneuriaux, la mention de tenures vacantes (*mansi absi*) se multiplie de la façon la plus inquiétante : sur les « colonges » de l'église de Lyon, d'après un bref établi avant 816, plus du sixième étaient dans ce cas [2]. Contre les dévastations, sans cesse renaissantes, la lutte se poursuit, sans trêve elle aussi, et un pareil effort

---

[1] Un heureux hasard a fait que nous possédons encore sur ces fondations un dossier très complet : *Dipl. Karol.* I, n° 179 ; *Histoire du Languedoc*, t. II, pr. n° 34, 85, 112 ; t. V, n° 113 ; cf. *Bulletin de la commission archéologique de Narbonne*, 1876-18,77.
[2] Exactement 257 sur 1239 : A. Coville, *Recherches sur l'histoire de Lyon*, 1928, p. 287 et suiv.

Chapitre I

est en lui-même un beau témoignage de vitalité ; mais il est difficile de croire que le résultat, au total, ait été un gain.

Aussi bien, le combat, en fin de compte, se termina-t-il par un échec. Après l'écroulement de l'Empire Carolingien, les campagnes françaises nous apparaissent décidément dépeuplées et toutes tachetées d'espaces vides. Beaucoup de lieux autrefois cultivés ont cessé de l'être. Les textes de l'âge des défrichements — qui devait suivre, à partir de 1050 ou environ, la période d'occupation réduite que nous décrivons en ce moment — sont unanimes à montrer que, lorsqu'on se reprit à pousser en avant les champs, il fallut d'abord reconquérir le terrain perdu. « Nous acquîmes (en 1102) le village de Maisons (en Beauce), qui n'était plus qu'un désert... nous le prîmes, inculte, pour l'essarter » : ce passage, que je recueille, au hasard, dans la chronique des moines de Morigny, peut servir de type à une foule de témoignages analogues. De même, dans une tout autre région, l'Albigeois, et à une date déjà tardive (1195), le prieur de l'Hôpital, accensant le village de Lacapelle-Ségalar : « quand ce don fut fait, la ville de Lacapelle était déserte ; il n'y avait ni homme ni femme ; et elle était déserte depuis longtemps » [1]. Représentons-nous bien clairement ce tableau : autour des lieux habités — poignées de maisons —, des terroirs de faible superficie ; entre ces oasis, de vastes étendues où jamais ne passe la charrue. Ajoutez que, comme nous nous en rendrons mieux compte tout à l'heure, les procédés de culture condamnaient les labours eux-mêmes à rester, une année sur deux ou trois pour le moins et souvent plusieurs années durant, à l'état de friche. La société des dixième et onzième siècles reposait sur une occupation du sol extrêmement lâche ; c'était une société à mailles distendues, où les groupes humains, en eux-mêmes petits, vivaient en outre loin les uns des autres : trait fondamental, qui détermine un grand nombre des caractères propres à la civilisation de ce temps. Pourtant la continuité n'a pas été rompue. Ça et là, il est vrai, des villages ont disparu : telle cette *villa* de Paisson, en Tonnerrois, dont le finage devait plus tard être essarté par les habitants d'un lieu voisin, sans que l'agglomération elle-même ait jamais été reconstruite [2]. Mais le plus grand nombre subsistent, avec des terroirs plus ou moins

---

1 C. Brunel, *Les plus anciennes chartes en langue provençale*, 1926, n° 292.
2 M. Quantin, *Cartulaire général de l'Yonne*, 1854, t. I, n° CCXXXIII.

réduits. Par endroit, les traditions techniques ont subi quelque éclipse : les Romains tenaient le marnage pour une véritable spécialité des Pictons ; il ne réapparaîtra en Poitou qu'au XVIe siècle. Pour l'essentiel cependant, les vieilles recettes se sont transmises de générations en générations.

2. L'âge des grands défrichements

Aux alentours de l'an 1050 — un peu plus tôt, peut-être, dans certaines régions particulièrement favorisées, comme la Normandie ou la Flandre, ailleurs un peu plus tard — s'ouvrit une ère nouvelle, qui devait prendre fin seulement vers le terme du XIIIe siècle : celle des grands défrichements, — selon toute apparence, le plus grand accroissement de la surface culturale dont notre sol ait été le théâtre, depuis les temps préhistoriques.

De ce puissant effort, l'épisode le plus immédiatement sensible est la lutte contre l'arbre.

Devant celui-ci, longtemps, les labours avaient hésité. C'était sur les étendues broussailleuses ou herbeuses, les steppes, les landes, que les agriculteurs néolithiques, favorisés, probablement, par un climat plus sec qu'aujourd'hui, avaient, de préférence, établi leurs villages [1], la déforestation eût imposé à leurs médiocres instruments une tâche trop rude. Depuis lors, sans doute, beaucoup de massifs feuillus avaient été entamés : sous les Romains, à l'époque franque encore. Ce fut, par exemple, « aux dépens des bois épais » (*de densitate silvarum*) que, vers le début du IXe siècle, entre Loire et Alène, le seigneur Tancrède conquit le terrain du village tout neuf de La Nocle [2]. Surtout, la forêt du haut moyen-âge, la forêt de l'ancienne France, en général, même sans clairières de culture, était loin d'être inexploitée ou vide d'hommes [3].

---

1 Cf., pour l'Allemagne, les belles recherches de R. GRADMANN, en dernier lieu dans les *Verhandlungen und Wissenschaftlichen Abhandlungen des 23 d. Geographentags* (1929), 1930 ; pour la France, bien entendu, VIDAL DE LA BLACHE, *Tableau de la France*, p. 54.
2 A. DE CHARMASSE, *Cartulaire de l'église d'Autun*, t. I, n° XLI.
3 Principaux ouvrages sur la forêt (outre les ouvrages d'ensemble signalés à l'*Orientation bibliographique sommaire* et diverses monographies utiles, mais qu'il serait trop long de citer) : A. MAURY, *Les forêts de la Gaule et de l'ancienne France*, 1867 ; G. HUFFEL, *Économie forestière*, 2 t. en 3 vol., les deux premiers 2e éd., 1910 et 1920, le

Chapitre I

Tout un monde de « boisilleurs », souvent suspect aux sédentaires, la parcourait ou y bâtissait ses huttes : chasseurs, charbonniers, forgerons, chercheurs de miel et de cire sauvages (les « bigres » des anciens textes), faiseurs de cendres, qu'on employait à la fabrication du verre ou à celle du savon, arracheurs d'écorces qui servaient à tanner les cuirs ou même à tresser des cordes. Encore à la fin du XIIe siècle, la dame de Valois entretient dans ses bois de Viry quatre serviteurs : l'un est un essarteur (nous sommes déjà au moment du défrichement), les trois autres, un poseur de pièges, un archer, un « cendrier ». La chasse, à l'ombre des arbres, n'était pas seulement un sport ; elle fournissait de cuir les tanneries urbaines ou seigneuriales, les ateliers de reliure des bibliothèques monastiques ; elle approvisionnait toutes les tables, voire les armées : en 1269, Alphonse de Poitiers, qui se préparait à la croisade, ordonna de tuer un grand nombre de sangliers, de ses vastes domaines forestiers de l'Auvergne, pour en emporter « outre-mer » les chairs salées. Aux habitants des lieux avoisinant, la forêt, en ces temps moins éloignés qu'aujourd'hui des antiques habitudes de la cueillette, offrait une abondance de ressources dont nous ne nous faisons plus idée. Ils allaient y quérir, bien entendu, le bois, beaucoup plus indispensable à la vie qu'en nos âges de houille, de pétrole et de métal : bois de chauffage, torches, matériaux de construction, planchettes pour les toitures, palissades des châteaux forts, sabots, manches de charrues, outils divers, fagots pour consolider les chemins. Ils lui demandaient, en outre, toutes sortes d'autres produits végétaux : mousses ou feuilles sèches de la litière, faînes pour en exprimer l'huile, houblon sauvage, et les âcres fruits des arbres en liberté — pommes, poires, alizes, prunelles — et ces arbres eux-mêmes, poiriers ou pommiers que l'on arrachait pour les greffer ensuite dans les vergers. Mais le principal rôle économique de la forêt était ailleurs, là où, de nos jours, nous nous sommes désaccoutumés de le chercher. Par ses feuilles fraîches, ses jeunes pousses, l'herbe de ses sous-bois, ses glands et ses faînes, elle servait, avant tout, de terrain de pâture. Le nombre des porcs que ses divers quartiers pouvaient nourrir fut, pendant de longs siècles, en dehors de tout arpentage régulier, la mesure la plus ordinaire de leur étendue. Les

---

troisième 1re éd., 1919 ; L. Boutry, *La forêt d'Ardenne* dans *Annales de Géographie*, 1920 ; S. Deck, *Étude sur la forêt d'Eu*, 1929 (cf. *Annales d'histoire économique*, 1930, p. 415) ; R. De Maulde, *Étude sur la condition forestière de l'Orléanais*.

villageois riverains y envoyaient leur bétail ; les grands seigneurs y entretenaient à demeure de vastes troupeaux, et pour les chevaux de véritables haras. Ces hordes animales vivaient presque à l'état de nature. Au XVIᵉ siècle encore — car ces pratiques se maintinrent longtemps — le sire de Gouberville, en Normandie, part, à de certains moments, dans ses bois, à la recherche de ses bêtes, et ne les trouve pas à chaque coup ; une fois, il ne rencontre que le taureau « qui clochoyt » et « qu'on n'avoyt veu passé deux moys » ; un autre jour, ses domestiques réussissent à prendre des « juments folles... lesquelles on avoyt failli à prendre puys deux ans » [1].

Cette utilisation assez intense et en tout cas fort désordonnée avait progressivement diminué la densité des futaies. Qu'on songe seulement combien l'écorçage devait faire périr de beaux chênes ! Encombrée de troncs morts et souvent de buissons, qui la rendaient difficilement pénétrable, la forêt, au XIᵉ et XIIᵉ siècles, n'en était pas moins, par endroits, passablement clairsemée. Lorsque l'abbé Suger voulut faire choix, dans l'Iveline, de douze belles poutres pour sa basilique, ses forestiers doutèrent du succès de sa recherche et lui-même n'est pas éloigné d'attribuer à un miracle l'heureuse trouvaille qui, finalement, couronna son entreprise [2]. Ainsi, raréfiant ou débilitant l'arbre, la dent des bêtes et la main des boisilleurs avaient, de longue date, préparé l'œuvre du défrichement. Pourtant, dans le haut moyen-âge, les grands massifs étaient encore si à part de la vie commune qu'ils échappaient, ordinairement, à l'organisation paroissiale dont le réseau s'étendait à toute la zone habitée.

Au XIIᵉ, au XIIIᵉ siècles, on se préoccupe activement de les y faire

1 Je me borne à quelques références sur les détails qui ne sont pas absolument du domaine courant : écorce (de tilleul) « ad faciendum cordas : Arch. Nat., S 275 n° 13 ; — les serviteurs de la dame de Valois ; B. Guérard, *Cartulaire de l'église de Notre-Dame de Paris*, t. I, p. 233, n° XXV ; — la chasse et les bibliothèques : *Dipl. Karolina*, I, n° 191 ; — la chasse d'Alphonse de Poitiers : H. F. Rivière, *Histoire des institutions de l'Auvergne*, 1874, t. I. p. 262, n. 5 ; — le houblon : *Polyptyque de l'abbaye de Montierender*, c. XIII, éd. Ch. Lalore, 1878 ou Ch. Lalore, *Collection des principaux cartulaires du diocèse de Troyes*, t. IV, 1878 ; — pommiers et poiriers : J. Garnier, *Chartes de communes et d'affranchissements en Bourgogne*, 1867, t. II, n° CCCLXXIX, c. 10 ; Ch. de Beaurepaire, *Notes et documents concernant l'état des campagnes de la Haute-Normandie*, p. 409 ; — les troupeaux forestiers du seigneur de Gouberville : A. Tollemer, *Journal manuscrit d'un sire de Gouberville*, 2ᵉ éd. 1880 p. 372 et 388 ; cf. pour les vacheries et haras des forêts bretonnes : H. Halgouët, *La vicomté de Rohan*, 1921, t. I, p. 37 ; 143 et suiv.
2 *De consecratione ecclesiae S. Dyonisii*, c. III.

rentrer. C'est que, de toutes parts, ils se trouent de cultures, qu'il faut soumettre à la dîme, et se peuplent de laboureurs à demeure. Sur les plateaux, au versant des collines, dans les plaines d'alluvions, on les attaque par la hache, la serpe ou le feu. Bien rares, à vrai dire — si même il en fut —, ceux qui disparurent tout à fait. Mais beaucoup furent réduits à l'état de lambeaux. Souvent, perdant leur individualité, ils perdirent, peu à peu, leur nom. Jadis chacune de ces taches sombres au milieu du paysage agraire avait, comme les rivières et les principaux accidents du relief, sa place à elle dans un vocabulaire géographique dont les éléments remontaient, en bien des cas, plus haut que les langues dont l'histoire a conservé le souvenir. On disait la Bière, l'Iveline, la Laye, la Cruye, la Loge ; à partir de la fin du moyen-âge, on ne parlera plus guère, pour désigner les fragments de ces anciennes entités, que des forêts de Fontainebleau, de Rambouillet, de Saint-Germain, de Marly, d'Orléans ; une étiquette empruntée à une ville, ou à un pavillon de chasse (c'est comme terrain de chasse royale ou seigneuriale que la forêt désormais frappe surtout les imaginations) a remplacé le vieux mot, vestige de langages oubliés. A peu près vers le même temps où se déchirait le manteau arborescent des plaines, les paysans des vallées dauphinoises montaient à l'assaut des forêts alpestres que, du dedans, entamaient les établissements de moines ermites.

Gardons-nous cependant d'imaginer les défricheurs occupés uniquement à déterrer des souches. Les marais aussi les ont vus à l'œuvre, ceux de la Flandre Maritime et du Bas-Poitou notamment ; et aussi les nombreux espaces incultes jusque-là occupés par les buissons ou les herbes folles. C'est contre les broussailles, les tribules, les fougères et toutes « ces plantes encombrantes attachées aux entrailles de la terre » que la chronique de Morigny, déjà citée, nous montre les paysans acharnés à lutter, avec la charrue et la houe. Souvent même, semble-t-il, c'est à ces étendues découvertes que d'abord s'attaqua l'essartage [1] ; la guerre contre la forêt ne vint

---

[1] J'emploierai désormais couramment les mots d'essart, essartage etc. dans leur sens médiéval, qui est tout bonnement : défrichement. Le terme lui-même n'indique pas si le défrichement était définitif — ce qui est le cas des « essarts » que j'envisage ici — ou temporaire, comme ceux que nous retrouverons dans le chapitre suivant et qui ont parfois ouvert la voie à l'exploitation permanente. Il serait abusif de vouloir — comme semble le proposer M. J. Blache, dans un article d'ailleurs fort

alors qu'en second lieu.

Ces conquérants de la terre ont fréquemment formé de nouveaux villages, construits au cœur même de l'essart : agglomérations spontanées, comme ce hameau de Froideville, au bord du ruisseau de l'Orge, dont une curieuse enquête de 1224 nous montre l'établissement, au cours des cinquante dernières années, maison par maison [1], — plus souvent, créations, de toutes pièces, dues à quelque seigneur entreprenant. Parfois l'examen de la carte suffirait à déceler, à défaut d'autres documents, que tel ou tel centre d'habitat date de ce temps : les maisons se groupent selon un dessin régulier, plus ou moins voisin du damier, comme a Villeneuve-le-Comte, en Brie, fondée en 1203 par Gaucher de Châtillon, ou dans les « bastides » du Languedoc ; ou bien — en forêt surtout — elles s'alignent, avec leurs enclos, le long d'un chemin frayé tout exprès, et les champs s'étendent, en arêtes de poisson, de part et d'autre de cet axe central ; tel, en Thiérache, le hameau du Bois-Saint-Denis (pl. I), ou, en Normandie, dans la grande forêt d'Aliermont, ces extraordinaires villages, bâtis par les archevêques de Rouen sur les deux branches d'une interminable route [2]. Mais il arrive que ces indices manquent : les maisons se pressent comme au hasard, le terroir, par la disposition de ses parcelles, ne se distingue en rien des finages avoisinant. A qui ignorerait que Vaucresson, dans un vallon au sud de la Seine, fut fondé par Suger, le plan parcellaire n'en apprendrait rien. Souvent, c'est le nom qui est révélateur. Pas toujours, bien entendu. Plus d'un groupement tout neuf a pris simplement, dans la nomenclature, la suite du lieu inculte sur lequel il s'était construit : Torfou, par exemple, qui, pour seul éponyme, eut la hêtraie où Louis VI avait établi les défricheurs. Mais à l'ordinaire on a fait choix d'un terme plus expressif. Tantôt il rappelle, sans ambiguïté, le fait même du défrichement — les Essarts-le-Roi —

---

intéressant (*Revue de géographie alpine*, 1923) — restreindre l'emploi au second des sens signalés.

1 Arch. Nat., S 206 ; cf. B. Guérard, *Cartulaire de Notre-Dame de Paris*, t. II, p. 307, n° I.

2 Cf. la carte donnée par J. Sion, *Les paysans de la Normandie Orientale*, fig. 14 et surtout, pour la disposition des parcelles, l'admirable plan du comté d'Aliermont, 1752, d'après un original de 1659, Arch. Seine-Inférieure, plans, n. 1. Ce sont les *Waldhufendörfer* des historiens allemands. On peut comparer avec la carte d'un défrichement chinois, dans J. Sion, *L'Asie des Moussons*, t. I, 1928, p. 123. La disposition des parcelles y est fort analogue, mais les maisons ne sont pas alignées.

ou le caractère récent du peuplement — Villeneuve, Neuville [1] —, fréquemment avec un déterminatif qui évoque soit la qualité du seigneur — Villeneuve-l'Archevêque — soit quelque trait frappant, parfois idyllique, du paysage : Neuville-Chant-d'Oisel [2]. Tantôt il met l'accent, opportunément, sur les avantages offerts aux habitants : Francheville, Sauvetat. D'autres fois, le fondateur baptise de son propre nom son enfant : Beaumarchès, Libourne. Ou bien encore, comme devaient le faire plus tard tant de colons d'outre-mer, on a cherché au nouveau village quelque parrainage illustre dans les anciens pays : Damiatte (Damiette, nom de ville et de bataille), Pavie, Fleurance (Florence). De même qu'il n'y a, aux États-Unis, pas moins de dix Paris, et que, dans la vallée du Mississipi, Memphis aujourd'hui voisine avec Corinthe, le Béarn vit au début du XIIIe siècle s'élever le village de Bruges auprès de celui de Gand, et vers le même temps, dans les bois humides de la Puisaye, entre Loire et Yonne, un seigneur, qui peut-être avait été à la croisade, bâtit, côte à côte, Jérusalem, Jéricho, Nazareth et Bethphagé [3].

Quelques-uns de ces lieux de nouvelle fondation sont devenus des bourgs importants, voire des villes. Beaucoup par contre demeurèrent assez petits, surtout dans les anciennes forêts : non par inaptitude à se développer, mais parce que le mode même du peuplement le voulait ainsi. Sous bois, la circulation était malaisée, peut-être dangereuse. Souvent les défricheurs trouvaient avantage à se répartir en groupes peu nombreux, dont chacun découpait, parmi les arbres, un terroir de faible amplitude. Entre les plaines nues de la Champagne et de la Lorraine, où l'habitat est des plus concentrés, l'Argonne interpose encore aujourd'hui la marqueterie de ses menus villages forestiers. Dans les bois au sud de Paris, une paroisse, formée de plusieurs petites agglomérations, portait indifféremment, par une alternance caractéristique, les noms de Magny-les-Essarts et de Magny-les-Hameaux. Il semble bien que vers

---

1 Mais certaines « villeneuves » sont fort antérieures au XIe siècle, franques, peut-être romaines. Villeneuve-Saint-Georges, près de Paris, était un assez gros village dès Charlemagne.
2 Aujourd'hui, officiellement, Neuville-*Champ*-d'Oisel ; mais une charte de Saint Louis, qui ne doit pas être très postérieure à la fondation (L. DELISLE, *Cartulaire normand*, n° 693), donne bien *Noveville de Cantu Avis*.
3 VATHAIRE DE GUERCHY, *La Puisaye sous les maisons de Toucy et de Bar*, dans *Bull. de la Soc. des sciences historiques de l'Yonne*, 1925, p. 164 : les quatre localités (la dernière avec la graphie : Betphaget), écarts de la commune de St. Verain.

la fin de l'époque romaine, dans le haut moyen-âge, les hommes, dans une grande partie de la France, aient eu, plus que par le passé, tendance à se serrer les uns contre les autres ; parmi les lieux habités qui disparurent alors, plusieurs étaient des hameaux, *viculi*, et nous savons que parfois ils furent abandonnés pour des raisons de sécurité [1]. Les grands défrichements amenaient de nouveau les cultivateurs à s'égailler.

Faisons y bien attention cependant : qui dit hameau, dit encore habitat groupé, si restreint que soit le groupe. La maison isolée est toute autre chose ; elle suppose un autre régime social et d'autres habitudes ; la possibilité et le goût d'échapper à la vie collective, au coude à coude. La Gaule romaine, peut-être, l'avait connue ; encore faut-il observer que les *villae* dispersées à travers champs, dont l'archéologie a retrouvé les traces, réunissaient un nombre sans doute assez important de travailleurs et peut-être les logeaient dans des cabanes, disposées autour de la demeure du maître, faibles constructions dont les vestiges ont fort bien pu s'effacer [2]. En tout cas, depuis les invasions, ces *villae* avaient été détruites ou délaissées. Même dans les régions où, comme nous le verrons par la suite, le gros village semble avoir toujours été ignoré, c'est par petites collectivités que, dressant leurs huttes à côté les unes des autres, vivaient les paysans du haut moyen-âge. Il était réservé à l'âge des défrichements de voir s'élever, outre les villages ou hameaux nouveaux, çà et là des « granges » écartées (e mot grange, pourvu d'un sens plus large qu'aujourd'hui, désignait alors l'ensemble des bâtiments d'exploitation). Beaucoup d'entre elles furent l'œuvre d'associations monastiques, — non des anciens établissements bénédictins, constructeurs de villages, mais de formations religieuses nouvelles, nées du grand mouvement mystique qui marqua de son sceau le XIe siècle finissant. Les moines de ce type furent de grands défricheurs, parce qu'ils fuyaient le monde. Souvent des ermites, qui n'appartenaient à aucune communauté régulière, avaient, dans les forêts où ils s'étaient réfugiés, commencé à tracer quelques cultures ; à l'ordinaire ces indépendants finirent par entrer dans les cadres d'ordres officiellement reconnus. Mais

---

1 Par exemple, GUÉRARD, *Cartulaire de l'abbaye Saint-Père de Chartres*, t. I, p. 93, n° 1.
2 Ils n'ont d'ailleurs pas toujours tout à fait disparu. Cf. F. CUMONT, *Comment la Belgique fut romanisée*, 2e éd., 1919, p. 42.

ces ordres même étaient pénétrés d'esprit érémitique. De leurs règles, celle du plus illustre d'entre eux, l'ordre cistercien, peut être prise pour type. Point de rentes seigneuriales : le « moine blanc » doit vivre du travail de ses mains. Et un isolement, au moins au début, farouchement gardé. Comme l'abbaye elle-même, toujours bâtie loin des lieux habités — le plus souvent dans un vallon boisé dont le ruisseau, grâce à un opportun barrage, fournira les vivres nécessaires à l'observation du maigre —, les « granges », qui essaiment autour d'elle, évitent le voisinage des demeures paysannes. Elles s'établissent dans des « déserts », où les religieux, assistés de leurs frères convers, et aussi, bien vite, de serviteurs salariés, labourent quelques champs. Autour s'étendent des terrains de pâture, car l'ordre possède de grands troupeaux, de moutons surtout : l'élevage, plus que la culture, convenait à de vastes exploitations, que les statuts interdisaient de morceler en tenures, et à une main-d'œuvre forcément limitée. Mais jamais, ou peu s'en faut, la grange, pas plus que le monastère, n'est devenue le centre d'une « ville neuve » ; c'eût été, en mêlant les moines aux laïques, violer le fondement même de l'institution cistercienne. Ainsi une idée religieuse a déterminé un mode d'habitat. Ailleurs, d'autres exploitations isolées se créèrent, peut-être à l'imitation des fondations monastiques. Il ne semble pas qu'elles aient jamais été l'œuvre de simples rustres. Elles furent, pour la plupart, établies par de riches entrepreneurs de défrichements, moins asservis que les humbles gens aux habitudes communautaires : tel ce doyen de Saint-Martin qui, en 1234, dans la forêt briarde de Vernou, éleva la belle grange, soigneusement enclose d'un bon mur, pourvue d'un pressoir et protégée par une tour, dont le cartulaire de Notre-Dame de Paris nous a conservé une vivante description [1]. De nos jours encore, dans nos campagnes, à quelque distance des villages, il n'est point rare de rencontrer de ces grandes fermes qui, par quelque détail d'architecture un mur anormalement épais, une tourelle, le dessin d'une fenêtre révèlent leur origine médiévale.

Mais ce serait diminuer étrangement l'œuvre de défrichement que de la croire bornée aux alentours de centres d'habitat nouveaux. Les terroirs constitués de longue date autour d'agglomérations séculaires s'accrurent eux aussi, par une sorte de bourgeonnement

---

[1] GUÉRARD, *Cartulaire de Notre-Dame de Paris*, t. II, p. 236, n° XLIV.

régulier ; aux champs labourés par les ancêtres, d'autres champs vinrent s'accoler, conquis sur les landes ou les boqueteaux. Le bon curé de La Croix-en-Brie qui écrivit, vers 1220, la neuvième branche du *Roman de Renart*, sait bien que tout vilain aisé, à cette date, a son « novel essart ». Ce lent et patient travail a laissé dans les textes des traces moins éclatantes que les fondations de « villes neuves ». Il y transparaît cependant, à la lumière, notamment, des conflits que provoquait l'attribution des dîmes sur ces « novales ». Certainement une partie considérable, la plus considérable peut-être, du sol gagné à la culture le fut dans le rayon d'action des anciens villages et par leurs habitants [1].

***

Lorsque les études de détail qui nous font encore défaut auront été exécutées, nous constaterons sans doute dans cette conquête par la charrue de fortes variations régionales : différences d'intensité, de dates surtout. Le défrichement s'est accompagné çà et là de migrations : des pays pauvres vers les pays riches, des pays où la culture ne trouvait plus rien d'utile à exploiter vers ceux où les bonnes terres abondaient encore. Aux XIIe et XIIIe siècles, des Limousins, puis des Bretons viennent s'établir dans la région boisée, sur la rive gauche de la Basse Creuse ; des Saintongeais aident à coloniser l'Entre-Deux-Mers [2]. Pour l'instant nous ne pouvons qu'entrevoir certains grands contrastes. Le plus remarquable oppose, à l'ensemble de la France, le Sud-Ouest. Là, visiblement, le mouvement a commencé plus tard et s'est prolongé plus longtemps que, par exemple, dans les pays de la Seine et de la Loire. Pourquoi ? Selon toute vraisemblance, c'est au-delà des Pyrénées qu'il faut chercher le mot de l'énigme. Pour peupler les immenses espaces vides de la péninsule ibérique, notamment sur les confins des anciens émirats musulmans, les souverains espagnols durent avoir recours à des éléments étrangers ; de nombreux Français, attirés par les avantages qu'offraient les chartes de « *poblaciones* », passèrent les cols, les « ports ». Nul doute que la plupart d'entre eux ne vinssent des pays immédiatement limitrophes, de la Gascogne surtout. Cet appel de main-d'œuvre, tout naturellement, retarda, dans les contrées

---

1 Cf. plus loin la pl. VI.
2 E. Clouzot, *Cartulaire de La Merci-Dieu*, dans *Arch. historiques du Poitou*, 1905, n° VIII, CCLXXI, CCLXXV, *Arch. de la Gironde, Inv. sommaire, Série H*, t. I, p. VII.

Chapitre I

d'où la migration était partie, l'épanouissement de la colonisation intérieure,

Aussi bien — l'observation qui précède suffirait à nous le rappeler — nous touchons ici à un phénomène d'ampleur européenne. Ruée, vers la plaine slave, des colons allemands ou néerlandais, mise en valeur des déserts de l'Espagne du Nord, développement urbain par toute l'Europe, en France, comme dans la plupart des pays environnant, défrichement de vastes surfaces, jusque-là incapables de porter moisson, — autant d'aspects d'un même élan humain. La caractéristique propre du mouvement français, comparé, par exemple, à ce qu'on peut constater en Allemagne, fut sans doute — Gascogne à part — d'avoir été presque tout intérieur, sans autre déversoir vers le dehors que la faible émigration des croisades ou encore, soit vers les terres de conquête normande, soit vers les villes de l'Europe Orientale, de la Hongrie notamment, quelques départs isolés. Il en reçut une intensité particulière. En somme les faits sont clairs. Mais la cause ?

Certes, les raisons qui amenèrent les principaux pouvoirs de la société à favoriser le peuplement n'ont rien de bien difficile à pénétrer. Les seigneurs, en général, y avaient intérêt parce qu'ils tiraient de nouvelles tenures ou de tenures accrues des redevances nouvelles : d'où l'octroi, aux colons, comme appât, de toutes sortes de privilèges et de franchises et parfois le déploiement d'un véritable effort de propagande : dans le Languedoc on vit des hérauts parcourir le pays, annonçant à son de trompe la fondation des « bastides »[1]. D'où aussi cette sorte d'ivresse mégalomane, qui semble s'être emparée de certains fondateurs : tel l'abbé de Grandselve prévoyant, un jour, l'établissement de mille maisons, ailleurs de trois mille[2].

A ces motifs, communs à toute la classe seigneuriale, les seigneurs ecclésiastiques en ajoutaient d'autres, qui leur étaient propres. Pour beaucoup d'entre eux, depuis la réforme grégorienne, une grande part de leur fortune consistait en dîmes ; celles-ci, proportionnelles à la récolte, rapportaient d'autant plus que les labours étaient plus étendus. Leurs domaines étaient constitués à coups d'aumônes ; mais tous les donateurs n'étaient pas assez généreux pour céder volontiers des terres sous moissons : il était souvent

---
[1] Curie-Seimbre, *Essai sur les villes fondées dans le Sud-Ouest*, 1880, p. 297.
[2] Bibl. Nat., Doat 79, fol. 336 v° et 80, fol. 51 v°.

plus aisé d'obtenir des espaces incultes, qu'abbaye ou chapitre faisaient ensuite essarter. Le défrichement exigeait, à l'ordinaire, une mise de fond, probablement des avances aux cultivateurs, en tout cas l'arpentage du terrain et, s'il y avait création d'une exploitation réservée au seigneur, son établissement. Les grandes Communautés disposaient, en général, de trésors assez bien fournis, qu'il était tout indiqué d'employer ainsi. Ou, si la communauté elle-même ne le pouvait ou ne le voulait, elle trouvait sans trop de peine les ressources nécessaires chez un de ses membres ou chez un clerc ami, qui moyennant un honnête bénéfice, se chargeait de l'opération. Moins répandus en France qu'en Allemagne, les entrepreneurs de défrichements, cependant, n'y ont pas été un type social inconnu. Beaucoup d'entre eux furent des hommes d'Église : dans la premières moitié du XIIIe siècle, deux frères, qui devaient atteindre aux plus hautes dignités du clergé français, Aubri et Gautier Cornu, prirent ainsi à l'entreprise — quitte à distribuer ensuite les lots à des sous-entrepreneurs — l'essartage de nombreux terrains, découpés dans les forêts de la Brie. L'état des documents ne permet point de mesurer exactement, dans la grande œuvre de mise en valeur des friches, la part des prélats ou religieux d'un côté, des barons laïques de l'autre. Mais que le rôle du premier élément ait été de première importance, on n'en saurait douter ; les clercs avaient plus d'esprit de suite et des vues plus larges.

Enfin sur les rois, les chefs des principautés féodales, les grands abbés, d'autres considérations encore, outre celles qu'on vient de voir, exercèrent leur action. Souci de la défense militaire : les « bastides » du Midi, villes neuves fortifiées, gardaient, en ce pays contesté, les points d'appui de la frontière franco-anglaise. Préoccupation de la sécurité publique : qui dit population serrée dit brigandage moins aisé. Plusieurs chartes donnent expressément, pour motifs des fondations, le désir de porter la hache dans une forêt, jusque-là « repaire des larrons », ou d'assurer « aux pèlerins et aux voyageurs » un passage paisible dans une contrée longtemps infestée de malfaiteurs [1]. Au XIIe siècle, les Capétiens multiplièrent les nouveaux centres d'habitat, tout le long de la route de Paris à Orléans, axe de la monarchie (pl. II), pour la même raison que,

---

1 CURIE-SEIMBRE, p. 107 et 108 ; J. MAUBOURGUET, *Le Périgord Méridional*, 1926, p. 146 ; SUGER, *De rebus in administratione sua gestis*, c. VI ; G. DESJARDINS, *Cartulaire de l'abbaye de Conques*, n° 66.

Chapitre I

au XVIIIᵉ, les rois d'Espagne sur la voie, mal famée, qui réunissait Madrid à Séville [1].

Cependant, que nous apprennent ces observations ? Elles éclairent le développement du phénomène : son point de départ, non pas. Car, en fin de compte, pour peupler il faut avant tout des hommes et pour défricher (en l'absence de grands progrès techniques, inconnus, certainement, des XIᵉ et XIIᵉ siècles) il faut de nouveaux bras. A l'origine de ce prodigieux bond en avant dans l'occupation du sol, impossible de placer une autre cause qu'un fort accroissement spontané de la population. Par là, à vrai dire, le problème n'est que reculé et, dans l'état actuel des sciences de l'homme, rendu à peu près insoluble. Qui a jamais, jusqu'ici, véritablement expliqué une oscillation démographique ? Contentons-nous donc de noter le fait. Dans l'histoire de la civilisation européenne en général, de la civilisation française en particulier, il n'en est guère de plus lourd de conséquences. Entre les hommes, désormais plus proches les uns des autres, les échanges de toute sorte — matériels, intellectuels aussi — sont alors devenus plus aisés et plus fréquents qu'au cours de tout notre passé ils ne l'avaient sans doute jamais été. Pour toutes les activités, quelle source de renouveau ! M. Bédier a parlé quelque part de ce siècle qui, en France, a vu « le premier vitrail, la première ogive, la première chanson de geste » ; ajoutons, dans toute l'Europe, la renaissance du commerce, les premières autonomies urbaines et, en France encore, dans l'ordre politique, la reconstitution de l'autorité monarchique, qu'accompagne — autre symptôme du déclin de l'anarchie seigneuriale — la consolidation intérieure des grandes principautés féodales. Cet épanouissement, c'est la multiplication des hommes qui l'a rendu possible, c'est le hoyau ou la serpe du défricheur qui l'a préparé.

3. Des grands défrichements médiévaux à la révolution agricole

Aux approches de l'an 1300, ici plus tôt, là plus tard, la conquête des terres nouvelles se ralentit et finit par cesser tout à fait. Pour-

[1] R. LEONHARD, *Agrarpolitik und Agrarreform in Spanien*, 1909 p. 287. Lorsque les redevances réclamées par l'abbé de Saint-Germain des Prés menacèrent, sous Charles VII, d'amener le dépeuplement du village d'Antony situé sur la route de Paris à Orléans, le roi invoqua, pour demander au prélat de modérer ses exigences, les dangers qu'entraînerait, sur cette voie, la désertion d'un lieu habité : D. ANGER, *Les dépendances de l'abbaye de Saint-Germain des Prés*, t. II, 1907, p. 275.

tant il subsistait encore beaucoup de terrains boisés ou en friche. Certains d'entre eux, à vrai dire, étaient nettement impropres à la culture ou du moins ne promettaient qu'un rendement trop faible pour justifier les peines et les dépenses de la mise en valeur. Mais d'autres qui probablement, même avec la technique un peu sommaire du temps, eussent été susceptibles d'exploitation lucrative, ne furent pas attaqués. Pourquoi ? Manque de bras ? Peut-être : les ressources du peuplement n'étaient pas inépuisables et nous connaissons, de ci de là, des tentatives d'établissement de villages qui, faute d'hommes, échouèrent. Mais surtout il semble bien que le défrichement était allé à peu près aussi loin que les possibilités agricoles le permettaient. Car ni forêt, ni lande ne pouvaient indéfiniment être transformées en labours. Où eût-on envoyé paître les bestiaux ? où eût-on pris tous les produits que livrait la forêt ? Le salut de celle-ci principalement intéressait les puissants : à cause de l'agrément qu'ils en tiraient pour leur chasse, à cause aussi des gains, bien plus considérables que jadis, qu'il était désormais raisonnable d'en attendre. Les villes avaient grandi, mangeuses de poutres et de bûches ; dans les campagnes beaucoup de maisons nouvelles s'étaient élevées, beaucoup de nouveaux foyers brûlaient ; souvent, à l'ombre même des ramures, les forges s'étaient multipliées. D'autre part, les surfaces plantées d'arbres, mordues par l'essartage, avaient partout diminué. Raréfaction de la denrée, accroissement de la demande, devant ces facteurs classiques du renchérissement, comment s'étonner que le bois fût tenu désormais pour une marchandise de prix et qu'on vît les maîtres des forêts plus attentifs, dorénavant, à ménager leurs futaies ou leurs taillis que désireux de les remplacer par des champs ? A dire vrai, dès l'origine, ce n'est pas la nature seule que les défricheurs avaient eu à combattre. Les villageois, habitués à profiter de la pâture ou à puiser dans les richesses spontanées de la forêt, défendaient leurs droits. Souvent — surtout lorsque quelque seigneur, partageant leurs intérêts ou pourvu, à quelque titre que ce fût, de privilèges forestiers, soutenait leur résistance — il fallait plaider contre eux ou les indemniser ; les archives sont pleines de ces transactions. Gardons-nous de penser que la lutte se soit toujours bornée à un pacifique débat judiciaire ni que, mêlée ou non de violences, elle ait uniformément tourné à l'avantage des labours. Ce n'est pas un fait isolé que l'aventure de cette villeneuve, établie vers 1200 par un certain Frohier dans les taillis sur la rive droite de la Seine, qui, attaquée par les gens de Moret et de Montereau, usagers du bois, détruite ensuite par ordre du chapitre de Paris, ne fut jamais rebâtie. Vers le même temps, à l'autre bout du pays, sur la côte de Provence, les gens du village de Six-Fours se préoccupaient de mettre un frein, sur leurs pâtis, aux progrès de la culture [1]. Pourtant, au début, les espaces incultes étaient si nombreux et les intérêts attachés à l'extension des cultures si forts que la charrue, en général, l'emporta. Puis, l'équilibre à peu près atteint, le grand effort d'occupation, qui avait eu le temps de changer la figure agraire de la France, s'arrêta.

Pendant de longs siècles, on eut fort à faire pour maintenir les gains acquis. La seconde moitié du XIVe siècle et le XVe tout entier — nous aurons à y revenir — furent en France, comme dans presque toute l'Europe, mais plus encore qu'ailleurs, une époque de dépeuplement. Une fois la Guerre de Cent Ans finie et les grandes pestes diminuées d'intensité, la tâche qui s'offrit aux seigneurs comme aux paysans fut, non de créer des villages nouveaux ou d'agrandir les terroirs, mais de rebâtir les villages anciens et de nettoyer leurs champs, envahis par la brousse ; il n'y parvinrent que lentement, parfois incomplètement [2]. Dans tout l'Est — Bourgogne, Lorraine et sans doute dans d'autres régions qui n'ont pas encore été étudiées — les guerres du XVIe siècle, à leur tour, entraînèrent d'énormes ravages. Des villages, longtemps, restèrent abandonnés, les limites des parcelles quelquefois disparurent ; pour remettre un peu de régularité dans ce chaos il fallut souvent, une fois la tourmente passée, comme aujourd'hui, après la Grande Guerre, dans la zone dévastée, procéder à de véritables remembrements.

Pourtant, malgré ces troubles, le défrichement, depuis le XVIe siècle, avait par endroits repris — tant est tenace l'ardeur de l'homme à conquérir la terre ! — mais sans mouvement d'ensemble comparable à celui du moyen-âge. Ça et là, des marécages, ou bien d'anciens pâquis communaux étaient entamés ; dans certaines ré-

---

[1] GUÉRARD, *Cartulaire de Notre-Dame de Paris*, t. II, p. 223, n° XVIII ; Arch. Nat., S 275 n° 13. — GUÉRARD, *Cartulaire de l'abbaye de Saint-Victor de Marseille*, t. II, n° 1023 (1197, 27 févr.).
[2] La grande crise des XIVe et XVe siècles sera étudiée avec plus de détails, ci-dessous, au chapitre IV.

gions, comme le Jura septentrional, où l'essartage médiéval avait laissé encore beaucoup de sol vierge, quelques villes neuves furent fondées [1]. L'initiative ne venait que rarement de la masse paysanne ; celle-ci en redoutait, beaucoup plutôt, les résultats préjudiciables aux droits des collectivités. Ces entreprises étaient surtout le fait de quelques seigneurs, de quelques gros propriétaires à demi-bourgeois que toute une transformation sociale portait alors vers une utilisation plus complète du sol. Les dessèchements de marais, entrepris dans tout le royaume, sous Henri IV et Louis XIII, par une société de techniciens et d'hommes d'affaires où quelques grandes maisons de commerce — hollandaises pour la plupart — avaient placé leurs fonds, furent une des toutes premières applications des méthodes capitalistes à l'agriculture [2]. Au XVIIIe siècle, toujours selon la même ligne, l'élan devint plus vigoureux ; des compagnies financières se fondèrent pour le soutenir, voire pour spéculer sur lui ; le gouvernement royal le favorisa. Même à ce moment, il n'atteignit pas, de loin, l'ampleur du travail médiéval : quelques landes ou sablonnières écornées, notamment en Bretagne et Guyenne, de grandes exploitations encore accrues, quelques exploitations nouvelles constituées, mais point de villages nouveaux et, dans l'ensemble, un gain médiocre. L'œuvre de la « révolution agricole » des XVIIIe et XIXe siècles était ailleurs : non plus étendre les labours aux dépens des friches — le progrès technique, intensifiant l'effort sur les bonnes terres, amena au contraire, par endroits, l'abandon de sols plus pauvres, auparavant occupés — mais, comme nous le verrons, par l'abolition de la jachère, chasser des labours eux-mêmes la friche jusque là périodiquement renaissante.

Chapitre II.
La vie agraire [3]

---

1 Dans le comté de Montbéliard, quatre villages nouveaux furent fondés entre 1562 et 1690 ; en outre, en 1671 et 1704, deux villages anciennement détruits furent rebâtis : C. D., *Les villages ruinés du comté de Montbéliard*, 1847.
2 DE DIENNE, *Histoire du dessèchement des lacs et marais*, 1891.
3 Cf. pour ce chapitre, MARC BLOCH, *La lutte pour l'individualisme agraire au XVIIIe siècle*, dans *Annales d'histoire économique*, 1930 ; on y trouvera, en appendice, les références nécessaires aux grandes enquêtes du XVIIIe siècle.

1. Traits généraux de l'agriculture ancienne

Un mot domine la vie rurale de l'ancienne France, jusqu'au seuil du XIXe siècle, un vieux mot de notre pays, sûrement étranger au latin, probablement gaulois, comme tant d'autres termes — charrue, chemin, somart ou sombre (dans le sens de jachère), lande, arpent — par où notre vocabulaire agricole témoigne éloquemment de l'antiquité de nos labours : le mot de blé [1]. N'entendons point par ce nom, comme l'usage littéraire le veut aujourd'hui, le seul froment. Sous lui le parler des campagnes comprenait, au moyen-âge, et continua longtemps de comprendre, toutes les céréales panifiables, qu'elles donnassent le beau pain blanc, plaisir des riches, ou le pain noir, lourd de farines mêlées, que dévoraient les manants : avec le froment, le seigle — dont l'abus répandait le « feu Saint Antoine » — le méteil (mélange de froment et de seigle) l'épeautre, l'avoine, l'orge même [2]. Le blé, en ce sens, couvrait, de beaucoup, la plus grande partie de la terre cultivée. Point de village, point d'exploitation qui ne lui consacrât le meilleur de ses champs. L'on en poussait la culture jusque dans les cantons où la nature eût pu sembler l'interdire : âpres pentes alpestres et, dans l'Ouest et le Centre, ces terrains mal perméables et sans cesse trempés de pluie qui, aujourd'hui, nous paraissent prédestinés aux herbages. « L'agriculture de la plus grande partie des provinces de la France », disent, en 1787 encore, les commissaires de l'Assemblée Provinciale de l'Orléanais, « peut être considérée comme une grande. fabrique de blé ». Les conditions de vie s'opposèrent longtemps à toute spécialisation rationnelle des sols. Le pain était, pour tous, un aliment essentiel ; pour les humbles, la base même de la nourriture quotidienne. Comment se procurer la précieuse farine ? L'acheter ? Mais cette solution eût supposé un système économique fondé sur les échanges. Or ceux-ci, sans avoir, vraisemblablement, jamais été tout à fait absents, furent, pendant de longs

---

1 J. JUD dans *Romania* 1923, p. 405 ; cf. les belles recherches du même auteur, même périodique, 1920, 1921, 1926 et (en collaboration avec P. AEBISCHER) *Archivum romanicum*, 1921.

2 Parfois même, les pois et les fèves ; probablement parce qu'on en mélangeait la farine aux plus mauvais pains. GUÉRARD, *Cartulaire de Notre-Dame de Paris*, t. II, p. 314, n° XIII. Sur le pain anglais, comparer W. ASHLEY, *The bread of our forefathers*, 1928. En 1277, les chanoines du petit chapitre de Champeaux, en Brie, jugeaient la résidence dans ce village peu agréable parce que, souvent, on n'y trouvait pas à acheter de pain blanc : Bibl. Nat., lat. 10942, fol. 40.

siècles, rares et difficiles. Le plus sûr était encore pour le seigneur de faire ensemencer sur son domaine, pour le paysan d'ensemencer lui-même, sur sa tenure, les champs, pères des miches. Et restait-il au seigneur ou au riche laboureur quelques grains de trop dans leurs sacs ? l'espoir était toujours permis de les écouler vers les régions où les moissons avaient manqué.

Plus tard, il est vrai, depuis le XVIe siècle surtout, l'organisation générale de la société devint de nouveau favorable à la circulation des biens. Mais pour qu'une économie d'échanges parvienne à s'instituer dans un pays, il ne suffit pas que le milieu le permette ; il faut encore que naisse, dans la masse, une mentalité d'acheteur et de vendeur. Ce furent les seigneurs, les grands marchands acquéreurs de terres qui, habitués à un horizon plus large et au maniement des affaires, pourvus aussi de quelques capitaux ou assurés d'un certain crédit, s'adaptèrent les premiers. Le menu producteur, parfois même le bourgeois des petites villes, qu'on voit encore, sous la Révolution, tirer son pain de la farine fournie par ses métayers, restèrent longtemps fidèles aux mythes de l'économie fermée et du blé.

Cette suprématie des céréales donnait au paysage agraire une uniformité beaucoup plus grande qu'aujourd'hui. Point de contrées de monoculture, comme, de nos jours, l'immense vignoble du Bas-Languedoc ou les herbages de la vallée d'Auge. Tout au plus semble-t-il y avoir eu de bonne heure — à partir du XIIIe siècle sans doute — quelques rares finages presque exclusivement voués à la vigne. C'est que le vin était une denrée entre toutes précieuse, facile à transporter et de débouché sûr vers les pays que la nature condamnait à n'en point avoir, ou que de très mauvais. Seuls, d'ailleurs, les coins de terre à portée d'une grande voie de trafic — une voie d'eau surtout — pouvaient prendre la liberté de violer ainsi les principes traditionnels. Ce n'est pas un hasard si, vers 1290, le port de Collioure se trouve l'unique point du Roussillon d'où les ceps aient chassé les épis et Salimbene, un peu plus tôt, a fort bien noté la raison qui, aux villageois de la vineuse vallée où s'élève Auxerre, permettait de ne « semer ni moissonner » : la rivière, à leurs pieds, « s'en va vers Paris » où le vin se vend « noblement ». Même en ce qui regarde la vigne, la spécialisation culturale ne progressa qu'à pas lents. En Bourgogne, il n'y avait encore, au XVIIe siècle, que onze communautés où tout le monde était vigneron. Pendant longtemps on s'obstina à produire le vin, comme le blé, sur place, jusque dans des régions où, lors même que l'année avait été assez bonne pour que la vendange ne manquât point tout à fait, les conditions du sol et surtout du climat n'autorisaient à espérer qu'une triste piquette. On n'y renonça en Normandie et en Flandre qu'au XVIe siècle, plus tard encore dans la vallée de la Somme. Tant les communications étaient médiocres et le vin partout recherché — pour son alcool et son goût, certes ; aussi pour son emploi cultuel. Sans lui, point de messe et même — jusqu'au moment, où, vers le XIIIe siècle, le calice fut réservé au prêtre — point de communion pour les fidèles. Religion méditerranéenne, le christianisme a porté avec lui, vers le Nord, les grappes et les pampres dont il avait fait un élément indispensable de ses mystères.

Prédominantes à peu près part out, les céréales cependant n'occupaient point à elles seules toutes les terres. A leurs côtés vivaient quelques cultures accessoires. Les unes, comme certains fourrages — la vesce notamment —, parfois les pois et les fèves, alternaient avec le blé, sur les mêmes labours. D'autres avaient, sur les terroirs, une place à part : légumes des jardins, arbres fruitiers des vergers, chanvre dans les chènevières généralement encloses et — sauf en Provence où ils s'élevaient souvent parmi les emblavures même — ceps des vignobles. Diversement répandues selon les conditions naturelles, ces plantes annexes mettaient quelque variété dans les aspects régionaux. De même ce fut parmi elles qu'au cours des temps eurent lieu les changements les plus nets. Au XIIIe siècle, dans beaucoup de contrées, les environs de Paris, par exemple, les progrès de l'industrie drapière amenèrent la multiplication des champs de guède, l'indigo du temps. Puis ce fut l'apport américain : le maïs conquit quelques terres humides et chaudes, le haricot se substitua à la fève. Enfin, depuis le XVIe siècle, le sarrasin, venu d'Asie Mineure, peut-être par l'Espagne, et d'abord connu des seuls « droguistes », remplaça lentement, sur les plus pauvres labours de la Bresse, du Massif Central, de la Bretagne surtout, le seigle ou le méteil. Mais la grande révolution — apparition des fourrages artificiels et des plantes à tubercule — ne devait venir que plus tard, vers la fin du XVIIIe siècle : pour se produire elle exigeait la rupture de toute la vieille économie agraire.

Celle-ci n'était pas fondée, uniquement, sur la culture. En France, comme dans toute l'Europe, elle reposait sur l'association du labour et de la pâture : trait capital, un de ceux qui opposent le plus nettement nos civilisations techniques à celles de l'Extrême Orient. Les bestiaux étaient, de bien des façons différentes, nécessaires aux hommes, à qui ils fournissaient une part de l'alimentation carnée — le reste étant demandé à la chasse ou aux basses-cours —, les laitages, le cuir, la laine, leur force motrice enfin. Mais le blé aussi, pour croître, avait besoin d'eux : à la charrue, il fallait des bêtes de trait, aux champs, surtout, des engrais. Comment nourrir les animaux ? Grave problème, un des plus angoissants de la vie du village. Au bord des rivières ou des ruisseaux, dans les bas-fonds humides, s'étendaient des prairies naturelles ; on y récoltait le foin pour les mois d'hiver, on y laissait, une fois l'herbe coupée, paître le bétail. Mais tous les terroirs n'avaient point de prés ; les plus favorisés même ne pouvaient s'en contenter. La rareté des herbages ressort clairement de leur prix, presque constamment plus élevé que celui des champs, et du zèle que les riches — seigneurs, propriétaires bourgeois — mettaient à s'en saisir. Insuffisantes aussi, les rares plantes fourragères qui, çà et là, alternaient avec les céréales, sur la terre arable. En fait, deux procédés seulement, qu'il fallait, à l'ordinaire, employer tour à tour, pouvaient faire vivre les troupeaux : leur abandonner certains terrains de pâture, interdits par là même à la charrue, soit forêts, soit friches où se développaient librement les mille plantes de la lande ou de la steppe ; — sur les labours eux-mêmes, pendant les périodes plus ou moins longues qui séparaient la moisson des semailles, les envoyer vaguer à la recherche des chaumes, et surtout des herbes folles. Mais ces deux méthodes, à leur tour, posaient, l'une comme l'autre, de sérieux problèmes, de nature, à vrai dire, plutôt juridique que technique : statut du communal, organisation des servitudes collectives sur les champs. Même ces difficultés, d'ordre social, une fois supposées résolues, l'équilibre établi par l'agriculture ancienne entre l'élevage et les céréales restait passablement instable et mal balancé. L'engrais était peu abondant, — assez rare et, partant, assez précieux, pour que, à la grande indignation d'érudits modernes empressés à voir une volonté d'humiliation là où il n'y avait que sage souci d'agronome, certains seigneurs aient jugé bon d'exiger pour redevances

Chapitre II

des « pots de fiente » [1]. Et cette pénurie était une des raisons principales, non seulement de l'obligation où l'on se trouvait de s'attacher à la culture de plantes pauvres mais robustes — le seigle, par exemple, préféré au froment —, mais aussi de la faiblesse générale des rendements.

A expliquer celle-ci d'autres causes encore contribuaient. Pendant longtemps les façons avaient été insuffisantes. L'augmentation du nombre des labours, sur la terre vouée aux semailles, de deux à trois, parfois à quatre, avait été un des grands progrès techniques accomplis au moyen-âge, surtout à partir du XIIe siècle et probablement à la faveur de ce même accroissement de main-d'œuvre qui rendit possibles les grands défrichements. Mais la difficulté où l'on était toujours de nourrir les animaux forçait à utiliser des attelages trop peu nombreux et surtout mal composés. Au moyen-âge très souvent, dans certaines contrées jusqu'au XVIIIe siècle, voire au XIXe, on faisait tirer la charrue par des ânes, qui vivaient de peu — voyez les bourricots algériens d'aujourd'hui —, mais n'étaient guère aptes à fournir l'effort nécessaire. Les instruments eux-mêmes étaient souvent imparfaits. Il serait absurde de chercher à donner des chiffres de rendement moyen, censés s'appliquer à toutes les époques, jusqu'à la fin du XVIIIe siècle, à tous les sols et à tous les genres d'exploitation. Mais les témoignages concordent à nous montrer que, dans l'ancienne France, on ne s'estimait pas malheureux lorsqu'on parvenait à récolter de trois à six fois la valeur des semences. Quand on pense à tout ce qu'il a fallu de patientes observations, d'imagination technique, de sens coopératif pour établir et rendre efficace, en dehors de toute connaissance proprement scientifique, ce programme complexe d'adaptation de l'activité humaine à la nature que représente, dès l'aube de notre civilisation rurale, la culture pratiquée sur un terroir par un groupe d'exploitants, on est pénétré, pour les générations qui, depuis la pierre polie, s'y sont employées, de cette même admiration qui, après une visite à un musée ethnographique, inspirait jadis à Vidal de la Blache une si belle page. Mais notre gratitude pour les tenaces ancêtres qui ont créé le blé, inventé le labourage et noué entre l'emblavure, la forêt et le pâquis une féconde alliance, ne nous

[1] *Archives historiques de la Corrèze*, t. II, 1905, p. 370, n° LXV ; et les commentaires de l'éditeur, G. CLÉMENT-SIMON. Plus fréquemment, le seigneur exige que les troupeaux viennent, à certains jours, parquer sur ses terres, pour y laisser leur fumier.

oblige point à fermer les yeux aux imperfections de leur œuvre, à la maigreur des champs, au peu d'épaisseur de la marge qui séparait l'homme de la disette, perpétuellement côtoyée.

2. Les types d'assolement

Partout fondée sur le blé, l'exploitation du sol n'en obéissait pas moins, selon les régions, à des principes techniques fort différents. Pour bien saisir ces contrastes, c'est — abstraction faite de toutes les productions accessoires — vers les emblavures qu'il faut regarder.

Les anciens agriculteurs avaient observé que les champs, à moins de fumure intensive, ont par moments besoin de « repos » : entendez que sous peine d'épuiser le sol il est nécessaire, non seulement de varier la culture, mais aussi, à certaines époques, de l'interrompre totalement. Aujourd'hui périmé, ce principe était alors parfaitement raisonnable : la médiocrité des engrais, le peu de choix que, en raison de la prédominance nécessaire des céréales, offraient les différentes productions capables de se succéder sur les labours, empêchaient qu'un simple changement dans la nature des récoltes suffît à renouveler l'humus et à prévenir son gaspillage par les mauvaises. herbes. La règle, ainsi dégagée par l'expérience, prêtait a une grande variété d'application. Il fallait, dans la suite des périodes d'activité — elles mêmes souvent diverses — et des temps de repos, un certain ordre, plus ou moins ferme et méthodique. On pouvait imaginer et l'on imagina, en effet, plusieurs types d'alternance, — en d'autres termes plusieurs assolements.

***

Au XVIIIe siècle encore, quelques terroirs, dans les pays de sol pauvre, l'Ardenne, les Vosges, les zones granitiques ou schisteuses de l'Ouest, pratiquaient sur toute leur étendue la culture temporaire. Dans les friches, une parcelle, un jour, est découpée. On la nettoie, souvent par écobuage, c'est à dire par le feu [1], on la laboure, la sème ; souvent aussi on l'enclôt pour la protéger de la dent

---

1 La médiocrité des instruments et la pénurie des engrais ont longtemps amené un grand usage du feu, qui débarrasse rapidement le sol et y accumule les cendres, riches en potasse ; on brûlait parfois jusqu'aux chaumes : A. Eyssette, *Histoire administrative de Beaucaire*, t. II, 1888, p. 291 ; R. Brun, *La ville de Salon*, 1924, p. 309, c. 63.

des bestiaux. Elle porte moisson, plusieurs années de suite, trois, quatre, jusqu'à huit parfois. Puis, lorsque la médiocrité du rendement semble dénoncer la fatigue du sol, on abandonne de nouveau la pièce à la végétation spontanée des herbes et des broussailles. Elle demeure assez longtemps en cet état de liberté. Ne disons point qu'elle est alors improductive. Elle n'est plus champ, mais elle est redevenue pâture ; ses buissons même, dont on fait des litières, des fagots, parfois — ainsi pour la fougère et l'ajonc — des engrais, ne sont point inutiles. Au bout d'un temps qui, généralement, est au moins aussi long que la période de culture et souvent davantage, la juge-t-on de nouveau propre à donner des récoltes ? On y ramène la charrue, et le cycle recommence. Ce système en lui-même n'était pas incompatible avec une certaine régularité : délimitation des portions du terroir qui, à l'exclusion d'autres espaces, destinés à demeurer perpétuellement incultes, étaient réservées à cette exploitation transitoire, établissement d'une périodicité fixe. Il est bien probable, en effet, que la coutume locale limitait l'arbitraire des individus ; mais, généralement, sans beaucoup de rigueur. Aux agronomes du XVIIIe siècle, les villages de culture temporaire donnaient une impression, non seulement de barbarie, mais aussi d'anarchie : ils n'ont pas, disent les textes, de « saisons bien réglées ». Les principales raisons qui, ailleurs, devaient amener un strict contrôle de l'activité individuelle manquaient ici. Les champs provisoirement essartés étant fort disséminés, les exploitants ne risquaient guère de se gêner les uns les autres. Par surcroît, comme les pâquis étaient toujours beaucoup plus étendus que la surface mise en labour, il n'y avait guère lieu de se préoccuper d'établir entre les pâtures et les moissons cet équilibre dont le souci dominait la règlementation des terroirs plus savamment cultivés.

Rares étaient, au XVIIIe siècle, les groupes ruraux qui appliquaient encore intégralement ce mode d'occupation singulièrement lâche. Mais on ne saurait douter qu'il n'eût été autrefois beaucoup plus répandu. Probablement il faut voir en lui un des plus anciens, le plus ancien peut-être, des procédés inventés par l'ingéniosité humaine pour faire travailler la terre, sans l'épuiser, et pour associer au blé le pacage. Nous savons qu'au XVIIIe siècle plusieurs communautés, qui l'employaient encore, décidèrent ou furent contraintes de lui substituer un assolement « réglé », ce qui imposa toute une nouvelle distribution des biens [1]. Selon toute apparence, elles répétaient ainsi, d'un seul coup, l'évolution que, dans des âges déjà lointains, beaucoup d'autres villages avaient accomplie, avec plus de lenteur.

Aussi bien ce passage à un système plus perfectionné n'avait-il été souvent que partiel. Aux temps modernes, la culture temporaire ne régnait plus que par exception sur des terroirs entiers ; mais, très fréquemment, elle occupait encore, côte à côte avec des labours plus régulièrement ordonnés, une partie notable du sol du village ou du hameau. En Béarn, par exemple, c'était la règle : chaque communauté, ou presque, possédait, auprès de sa « plaine », toute en terre arable, ses « coteaux » couverts de fougères, d'ajoncs nains, de graminées, où chaque année les paysans venaient déblayer la place de quelques champs voués à une prompte disparition. Mêmes pratiques dans la Bretagne intérieure et le Maine, dans l'Ardenne et les Hautes Vosges, où l'essart, de brève durée, se faisait, pour une large part, aux dépens de la forêt, sur les plateaux de la Lorraine allemande, dans le Jura, les Alpes et les Pyrénées, en Provence, sur toutes les hautes terres du Massif Central. Dans ces contrées, une foule de finages renfermaient, à côté de « terres chaudes », régulièrement ensemencées, de vastes espaces en « terres froides » — dans le Nord-Est on employait, de préférence, le mot germanique de « trieux » —, en grande partie incultes, mais où les habitants traçaient, ça et là, d'éphémères sillons. Des plaines au nord de la Loire, par contre, ces usages avaient à peu près disparu. Les défrichements y avaient laissé moins d'espaces vides ; ce qui restait de sol vierge était, ou décidément impropre au labourage, ou tenu pour indispensable à la pâture, à la production du bois, à la recherche de la tourbe. Mais il n'en avait pas toujours été ainsi. Vraisemblablement, à l'époque même des grands défrichements, la mise en valeur définitive avait souvent été précédée par une exploitation intermittente. Dans la forêt de Corbreuse, qui dépendait du chapitre de Paris, mais sur laquelle le roi étendait ce droit de protection, accompagné de divers privilèges rémunérateurs, qu'on appelait « gruerie », Louis VI ne permettait aux villageois que cette forme

---

1 Mariembourg et subdélégation de Givet : Arch. du Nord, Hainaut. C 695bis. Cf., tout près de notre frontière, les très curieuses ordonnances des princes de Nassau-Sarrebrück : J. M. SITTEL, *Sammlung der Provincial — und Partikular Gesetze...*, t. I. 1843, p. 324 et 394.

de déboisement : « ils feront seulement deux moissons ; puis ils se transporteront dans une autre partie du bois et, de même, y récolteront, en deux moissons successives, le produit des semailles sur l'essart » [1]. Ainsi le montagnard de l'Indo-Chine et de l'Insulinde promène, de place en place, dans la forêt ou dans la brousse, son *ray*, son *ladang*, qui parfois donne naissance à une rizière stable.

Avec ce va-et-vient cultural, l'assolement continu forme, en apparence du moins, le plus étrange contraste. N'imaginons point une rotation savante entre plusieurs espèces végétales, semblable à celles qui aujourd'hui, à peu près partout, ont pris la place des vieux systèmes à jachère morte. Sur un même quartier de terres, indéfiniment, sans que jamais une interruption fût prévue, c'étaient, dans les villages soumis anciennement à l'assolement continu, les céréales qui succédaient aux céréales ; tout au plus faisait-on alterner, mais sans beaucoup de régularité, les semailles d'automne avec celles de printemps. Ne voilà-t-il pas à la règle du repos le plus étonnant démenti ! Comment même parvenait-on à obtenir encore quelques épis de cette terre qui, semble-t-il, eût dû s'épuiser et devenir la proie des mauvaises herbes ? C'est qu'on ne cultivait jamais ainsi qu'une petite partie du terroir ; à cette section privilégiée, on réservait toutes les fumures. Autour, le sol n'était que pâquis, où l'on découpait, au besoin, quelques essarts provisoires. D'ailleurs nous voyons clairement qu'en dépit de cette accumulation d'engrais, le rendement n'était pas bon. Très répandu en Grande Bretagne, en Écosse surtout, ce régime, en France, semble avoir été exceptionnel. On en relève des traces çà et là : autour de Chauny, en Picardie, dans quelques villages du Hainaut, en Bretagne, en Angoumois, en Lorraine [2]. Peut-être avait-il été moins

---

1 GUÉRARD, *Cartulaire de Notre-Dame de Paris*, t. I, p. 258, n° XVI.
2 Arch. Nat., H. 1502, n° 229, 230, 233 (Chauny) et H 1503, n° 32 (Angoumois). — Arch. du Nord, C Hainaut 176 (Bruille-Saint-Amand et Château l'Abbaye) ; le dossier renferme un plan de Bruille, avec des parcelles très irrégulières ; la population de ce village, qui avait été ruiné pendant les guerres de Louis XIV et repeuplé ensuite, était fort pauvre. — H. SÉE, *Les classes rurales en Bretagne du XVIe siècle à la Révolution*, p. 381 et suiv. ; BORIE, *Statistique du département d'Ille et Vilaine*, an IX, p. 31. — CH. ETIENNE, *Cahiers du bailliage de Vic*, 1907, p. 55 et 107. — Le pays de Chauny est le seul pour lequel l'existence d'une culture temporaire à côté de la culture continue n'est pas ou certaine ou du moins très vraisemblable ; s'y agissait-il d'un essai malheureux d'amélioration ? En tout cas, l'assolement continu n'y comportait pas, en 1770, de prairies artificielles ; impossible donc de confondre cette

rare autrefois. On peut croire que, sortant de la culture temporaire, les groupes ruraux passèrent quelques fois par cette expérience.

***

Les deux grands systèmes d'assolement, qui, sur presque toute la surface du pays, permirent de substituer à la confusion d'une mise en valeur par à-coups une suite bien réglée, comportaient un temps de repos, une jachère. Ils différaient l'un de l'autre par, la durée du cycle.

Le plus court était biennal : à une année de labour, avec semailles, en général, à l'automne, par moments aussi au printemps, succède, sur chaque champ, une année de jachère. Bien entendu, à l'intérieur de chaque exploitation et, par suite, du terroir entier, l'ordre était tel que la moitié, approximativement, des champs se trouvait une même année sous culture, alors que l'autre restait vide de moisson, et ainsi de suite, par simple roulement.

Plus complexe, l'assolement triennal supposait une adaptation plus délicate des plantes à la terre nourricière. Il reposait, en effet, sur la distinction de deux catégories de récoltes. Chaque exploitation, en principe, et chaque terroir se divisent en trois sections égales en gros — en gros seulement [1], On les appelle, selon les lieux, « soles », « saisons », « cours », « cotaisons », « royes », « coutures », — en Bourgogne, « fins », « épis », « fins de pie ». Rien de plus variable que ce vocabulaire rural ; les réalités étaient foncièrement unes sur de larges espaces ; mais comme le groupe où s'échangeaient les idées et les mots était fort petit, la nomenclature différait région par région, voire village par village. Plaçons-nous après la moisson. Une des soles va être ensemencée dès l'automne ; elle portera des « blés d'hivers » — dits aussi « hivernois » ou « bons blés » — : froment, épeautre, ou seigle. La seconde est réservée au « blé de printemps » (« gros blés », « marsage », « trémois », « grains de ca-

---

pratique avec celles qu'introduisit la révolution agricole. Sur le rendement d'une terre constamment sous moisson et même sans fumure, — rendement qui est naturellement mauvais, mais non point inexistant —, cf. *The Economic Journal*, 1922, p. 27.

[1] Voici, pris au hasard, quelques chiffres. En Bourgogne, à Saint-Seine-l'Église (1736-1737), 227, 243, 246 journaux ; mais à Romagne-sous-Mont-Faucon en Clermontois, (1778), 758, 649, 654 « jours » ; à Magny-sur-Tille, en Bourgogne, un laboureur (J. B. Gevrey) possède, en 1728, entre 4 et 5 journaux dans chaque sole : Arch. Côte d'Or E 1163 et 332 ; Chantilly, reg. E 33.

rême »), dont les semailles se font aux premiers beaux jours : orge, avoine, quelquefois fourrages, comme la vesce, ou légumineuses, comme les pois ou les fèves. La troisième reste en jachère un an plein. A l'automne suivant, elle sera ensemencée en blés d'hiver ; les deux autres passeront, la première des blés d'hiver aux blés de printemps, la seconde, des blés de printemps à la jachère. Ainsi, d'année en année, se renouvelle la triple alternance.

La répartition géographique des deux grands assolements n'est pas connue avec exactitude. Telle qu'elle se présentait à la fin du XVIIIe siècle et au début du XIXe — avant la révolution agricole, qui devait peu à peu mettre fin à la jachère et introduire des rotations plus souples — il ne serait sans doute pas impossible de la restituer. Mais les études précises manquent. Très certainement, cependant, les deux systèmes s'opposaient, dès le moyen-âge, par grandes masses. Le biennal régnait en maître dans ce qu'on peut appeler, en bref, le Midi : pays de la Garonne, Languedoc, Midi rhodanien, versant méridional du Massif Central ; il poussait jusqu'au Poitou. Plus au nord, dominait le triennal.

Telles sont, du moins, les grandes lignes du groupement. Vu dans le détail et dans ses fluctuations à travers le temps, il perd un peu de sa simplicité. Tout d'abord, il convient de tenir compte d'irrégularités, d'autant plus fréquentes qu'on remonte plus haut dans le cours de l'histoire. Sans doute, au moins sur diverses catégories de terroirs, les intérêts et les nécessités matérielles elles-mêmes empêchaient ou limitaient avec force les écarts de la fantaisie individuelle. Au début du XIVe siècle, un fermier artésien, ayant pris possession d'une parcelle, sur la sole des blés d'hiver, trop tard pour y pratiquer les labours nécessaires aux semailles d'automne, dut se contenter d'y semer, en mars, de l'avoine. L'année suivante, force lui fut d'y refaire des semailles de printemps ; il fallait bien qu'il « aroyât » sa terre à la « roye » des terres voisines [1]. Mais quoi ! manquait-on, une année, de semences ou de bras ? on était obligé d'étendre les jachères. Avait-on, par contre, trop de bouches à nourrir ? on pouvait bien, quitte à diminuer un peu les pâtures, s'entendre pour multiplier les moissons. Aussi bien, les habitudes primitives de la culture temporaire étaient encore très proches des esprits. Parfois elles influençaient jusqu'au jeu régulier des asso-

---

1 *Bibliothèque de l'École des Chartes*, t. LIII, p. 389, n. 5.

lements, faisant succéder dans le Maine, comme on le verra tout à l'heure, à plusieurs cycles où la jachère ne durait qu'un an, une période où le champ cessait, pendant plusieurs années, de porter moisson. Encore était-ce là un système mixte, mais à peu près stable. Ailleurs, c'était par intermittence que l'on en revenait à la vieille recette des longs repos. En 1225, la charte de fondation du village de Bonlieu, en Beauce, par les religieuses d'Yerres, stipule que les labours seront cultivés « selon les soles usuelles », mais prévoit le cas où un paysan, « par pauvreté ou pour améliorer sa terre », laissera celle-ci pendant quelques années sans culture [1]. Enfin la vie, longtemps, fut trop troublée pour que les usages agraires, non plus que les autres, fussent parfaitement fixes et ordonnés. Divers édits des ducs de Lorraine, après les guerres du XVIIe siècle, se plaignent que les paysans, revenus sur leurs terres, eussent cessé d'observer les « soles accoutumées » [2]. Évitons d'exagérer la rigueur, non plus que la parfaite continuité, des mœurs anciennes. Ce sont qualités de temps plus proches de nous, de sociétés plus pacifiques et plus stables. Mais ces oscillations n'avaient pas pour résultat seulement la « confusion » dont se plaignaient les fonctionnaires lorrains ; elles facilitèrent les passages d'un régime d'assolement à un autre.

Observons, en effet, de plus près, la répartition des deux grands systèmes : biennal, triennal. La carte, si on pouvait la dresser, ne procéderait pas uniquement par larges teintes plates ; on y verrait quelques zones pointillées. Dans le Midi, il est vrai, le triennal semble avoir été toujours excessivement rare, si même il s'y rencontra jamais. Assez loin vers le nord, par contre, le rythme biennal a longtemps occupé, côte à côte avec le type concurrent, de larges espaces. Jusqu'à la révolution agricole, toute une partie de la plaine d'Alsace, des portes de Strasbourg, au sud, jusqu'à Wissembourg, au nord, l'a fidèlement pratiqué. De même, plusieurs villages de la montagne franc-comtoise et, sur les côtes septentrionales de la

---

[1] Arch. Nat., LL 1599[B], p. 143.
[2] Ordonnance du 20 janvier 1641, dans un *Mémoire* du Parlement de Nancy, Arch. Nat., H 1486, n° 158 ; arrêt de la Cour Souveraine, 18 avril 1670 dans FRANÇOIS DE NEUFCHÂTEAU, *Recueil authentique*, t II, 1784 p. 164 ; cf. requête, non datée, du fermier du domaine d'Épinal, Arch. Meurthe-et-Moselle, B 845, n. 175 ; et, pour le comté de Montbéliard, ordonnances du 19 septembre 1662 et du 27 août 1705, Arch. Nat., K 2195 (6).

Bretagne, d'assez nombreux terroirs [1]. Plus anciennement, ces îlots étaient beaucoup plus fréquents. On en a décelé de fort étendus dans la Normandie médiévale. Il s'en rencontrait, d'assez vastes aussi, vers le même temps, dans l'Anjou et le Maine [2]. En ce dernier pays, le cycle biennal subsista par places jusqu'au début du XIXe siècle, mais en s'unissant, de la façon la plus curieuse, à la pratique de la culture temporaire et à une division tripartite du sol. On avait trois saisons : sur chacune la terre demeurait six ans en culture alternative, le froment ou le seigle roulant avec la jachère ; puis venaient trois années de friche complète [3]. Il n'est guère possible de douter que ce ne fussent là des survivances. Et l'on entrevoit des stades intermédiaires. Les inventaires carolingiens signalent, sur les réserves seigneuriales, au nord de la Loire, l'existence de trois saisons, la distinction de l'hivernois et du trémois ; mais constamment — l'étude des corvées exigées des tenanciers, qui mettaient en valeur les champs du seigneur, le montre avec clarté — les blés d'hiver occupent une place beaucoup plus grande que ceux de mars : soit qu'une partie du domaine demeurât soumise à un rythme biennal, soit plutôt que certaines parcelles dussent subir deux années de jachère, alors que sur leurs voisines les semailles de printemps précédaient régulièrement l'unique année de repos. De toutes façons, une périodicité à trois temps encore embryonnaire. Dans le Nord, l'assolement triennal était certainement très ancien ; il est attesté dès l'époque franque et remontait sans doute beaucoup plus haut. Mais pendant des siècles — les mêmes constatations ont été faites, tout près de nous, en Grande-Bretagne — il se mêla au biennal et comporta des formes mitigées.

1 R. Krzymowski, *Die landwirtschattlichen Wirtschaftsysteme Elsass-Lothringens*, 1914 ; Cf. Ph. Hammer, *Zweifeldwirtschaft im Unterelsass* dans *Elsass-Lothringisches Jahrbuch*, 1927 (les conclusions ethnographiques de ce dernier article sont dépourvues de toute preuve). — R. Pyot, *Statistique générale du Jura*, 1838, p. 394. — A. Aulanier et F. Habasque, *Usages ... du département des Côtes du Nord*, 2e ed., 1851, p. 137-139.
2 Restitution du cartulaire de Saint-Serge d'Angers, par Marchegay, aux Arch. de Maine-et-Loire, fol. 106, 280, 285 ; G. Durville, *Catalogue du Musée Dobrée*, 1903, p. 138, n° 127 (mentions de deux saisons).
3 15 Marc, dans *Bulletin de la Soc. d'agriculture ... de la Sarthe*, 1re série, t. VII (1846-1847). Quoiqu'en pense R. Musset, *Le Bas-Maine*, p. 288 et suiv., il ne s'aurait s'agir ici d'assolement triennal, puisqu'il n'y a pas succession du blé d'hiver et du blé de printemps. Mais il semble bien que, plus ou moins mêlé de culture temporaire, l'assolement triennal ait aussi existé, à côté du type ci-dessus décrit.

Ne nous y trompons pas, cependant : par ces observations, le contraste fondamental entre les deux grandes zones d'assolement n'est nullement atténué. Chose du Nord, le système triennal y a fait tache d'huile. Le Midi lui est toujours resté obstinément rebelle, comme à un élément étranger. Dans le Nord, visiblement, à mesure que la population augmentait, les préférences allèrent vers la méthode qui permettait, chaque année, de ne maintenir vide de moisson que le tiers, au lieu de la moitié du terroir. Nul doute que, dans le Midi, les mêmes besoins ne se soient faits sentir. Pourtant, avant la révolution agricole, jamais, semble-t-il, on n'y eut l'idée d'accroître la production en introduisant les trois soles : tant ce qu'on pourrait appeler l'habitude biennale était enracinée. Cette antithèse pose à l'histoire agraire une véritable énigme. Évidemment les raisons géographiques, au sens étroit du mot, sont inopérantes : les aires d'extension sont trop vastes et chacune d'elles, dans ses conditions naturelles, trop diverse. Aussi bien dépassent-elles, l'une comme l'autre, et de beaucoup, les frontières de notre pays. Le cycle à deux temps est le vieil assolement méditerranéen, pratiqué par les Grecs et les Italiotes, chanté par Pindare comme par Virgile. Le triennal couvre la majeure partie de l'Angleterre, et toutes les grandes plaines de l'Europe du Nord. Leur opposition, dans notre pays, traduit le heurt de deux grandes formes de civilisation agraire, que l'on peut, faute de mieux, appeler civilisation du Nord et civilisation du Midi, constituées, toutes deux, sous des influences qui nous demeurent encore profondément mystérieuses : ethniques et historiques sans doute, géographiques aussi. Car, si des circonstances d'ordre physique s'avèrent incapables d'expliquer, à elles seules, la répartition finale des régimes d'assolement, il se peut fort bien qu'elles rendent compte de l'origine, loin de la Méditerranée, du point de rayonnement du rythme triennal. L'agronomie romaine n'ignorait par les bienfaits de la rotation culturale, que, sur les terres les plus riches, elle poussait jusqu'à interdire au sol tout repos. Mais c'étaient des légumineuses ou du lin qu'elle insérait entre les récoltes des grains ; entre céréales, elle ne pratiquait, d'espèce à espèce, aucune relève régulière. Elle connaissait bien le blé de printemps, mais ne voyait en lui qu'un expédient commode pour les cas où les ensemencements, avant l'hiver, avaient manqué [1]. Sans doute, pour faire de l'alternance des semailles printanières avec celles de l'automne la base même de tout un système de culture, fallait-il des étés qui, mieux que les siens, fussent garantis contre la sécheresse. On ne peut parler que de peut-être. Une chose cependant est certaine, nous aurons, par la suite encore, l'occasion de nous en assurer : la coexistence de deux grands types d'institutions agraires — type méridional, type septentrional, — est à la fois une des originalités les plus frappantes de notre vie rurale, et l'une des plus précieuses révélations que nous apporte, sur les racines profondes de notre civilisation, en général, l'étude de l'économie champêtre.

3. Les régimes agraires : les champs ouverts et allongés

Un régime agraire ne se caractérise pas seulement par l'ordre de la succession des cultures. Chacun d'eux forme un réseau complexe de recettes techniques et de principes d'organisation sociale. Cherchons à reconnaître ceux qui se partageaient la France.

Il faut, dans cette enquête, laisser de côté, sauf à y revenir chercher, par la suite, quelques clartés sur les origines, les terroirs voués tout entiers à la culture temporaire, — à la culture « arbitraire », comme disait un agronome franc-comtois. Sur ces sols où le laboureur « plante sa charrue » selon la direction que lui-même « a donnée à ses travaux agricoles » [2]. des systèmes réguliers d'organisation pouvaient bien s'esquisser, non s'établir fermement. Nous éviterons également de nous arrêter aux singularités de certains finages que commandaient des conditions naturelles toutes particulières. Les hautes montagnes, notamment, ont toujours dû à la prépondérance obligée de l'élément pastoral une vie agraire sensiblement différente de celle des basses et moyennes terres. Encore ce contraste était-il, dans l'ancienne France, beaucoup moins accusé qu'aujourd'hui. Nos civilisations rurales sont filles des plaines ou des collines ; les zones de grande altitude en ont adapté les institutions, plutôt qu'elles ne s'en sont créé de profondément originales. Je ne saurais ici faire autre chose que dégager — fût-ce au prix de quelques simplifications — les traits fondamentaux d'un

---
1 Columelle, II, 6.
2 R. Pyot, *Statistique générale du Jura*, 1838, p. 418.

classement qui, pour être exposé dans toutes ses nuances, exigerait un volume.

D'abord s'offre à nous le plus clair, le plus cohérent des régimes agraires : celui des champs allongés et obligatoirement ouverts.

Figurons-nous une agglomération rurale, en règle générale d'une certaine importance. Le système n'est point incompatible, notamment en pays de défrichement relativement récent, avec un habitat par petits groupes ; mais il semble bien avoir été lié originellement au village, plutôt qu'au hameau. Autour des maisons, voici les jardins et vergers, toujours entourés d'une clôture. Qui dit jardin, dit clos ; les deux mots se prennent constamment l'un pour l'autre et le terme même de jardin — qui est germanique — primitivement n'avait sans doute pas d'autre sens. Ces barrières sont le signe que, en aucun cas, la pâture collective ne sera permise sur le sol qu'elles protègent. A l'intérieur même du terroir, on trouve parfois, çà et là, d'autres enclos : vignobles, au moins dans le Nord (dans les pays méridionaux ils étaient au contraire souvent ouverts et la vigne, là-bas particulièrement vivace, s'abandonnait, après, la vendange, à la dent des bêtes), ou encore chènevières. Au bord du cours d'eau, s'il en est, s'étendent quelques prés. Puis ce sont les labours, et enveloppant ceux-ci ou les pénétrant, les pâquis. Portons nos yeux sur les labours.

Le premier trait qui frappe en eux, c'est qu'ils sont largement ouverts.

N'entendons point par là, cependant, qu'on ne saurait y voir absolument aucune clôture. Tout d'abord une distinction s'impose : fermetures permanentes, fermetures temporaires. Pendant une grande partie du moyen-âge, l'usage fut d'élever, vers le début de la belle saison, autour, non, sans doute, de chaque champ, mais de chaque groupe de champs, des clayonnages provisoires ; parfois, on préférait creuser un fossé. Les calendriers rustiques rangeaient cette tâche parmi les besognes du printemps. Au XIIe siècle encore, dans un des villages de l'abbaye Saint-Vaast d'Arras, un sergent héréditaire « relevait les fossés avant la moisson », probablement sur le domaine seigneurial [1]. Aussitôt la moisson faite, on abattait ou comblait ces légères défenses. Puis, à partir des XIIe et XIIIe siècles, plus ou moins lentement selon les lieux, cette habitude se perdit.

---

1 *Cartulaire de l'abbaye de Saint-Vaast*, éd. Van Drival, 1875, p. 252.

Elle datait d'un temps où l'occupation était encore très lâche ; les friches, fréquentées par le bétail, se glissaient alors de toutes parts au milieu de la terre arable. Lorsque les cultures, après les grands essartages, se présentèrent désormais en masses plus compactes et plus nettement isolées des pâquis, ce travail de Pénélope parut inutile. Dans beaucoup de régions généralement ouvertes, en revanche, on maintint, sur certaines des frontières qui bornaient la zone cultivée, des clôtures, cette fois durables. Dans le Clermontois, les barrières, qui, obligatoirement, limitaient les champs du côté des chemins, d'abord transitoires, se transformèrent souvent, au cours des temps, en fortes haies d'épines [1]. En Hainaut, en Lorraine, ces fermetures bordières, le long des chemins encore ou des communaux, étaient de règle. En Béarn, elles protégeaient les « plaines » régulièrement ensemencées, contre les « coteaux » où, parmi quelques champs provisoires, eux-mêmes enclos, vaguaient les troupeaux : ainsi un mur sépare de l'*in-field* écossais l'*out-field*, voué au pacage et à la culture intermittente. Ailleurs, comme, en Alsace, autour de Haguenau, elles compartimentaient le terroir en quelques grandes sections.

Mais franchissons ces lignes de défense, s'il en est (elles manquaient en bien des lieux). Sur les labours, aucun obstacle n'arrêtera plus nos regards ou nos pas. De parcelle à parcelle toujours, souvent le groupe de parcelles à groupe de parcelles, point d'autre limite que tout au plus quelques bornes, enfoncées dans le sol, parfois un sillon laissé inculte, plus souvent encore une ligne purement idéale. Tentation bien dangereuse offerte à ceux que la langue paysanne appelait du nom pittoresque de « mangeurs de raies » ! Un soc de charrue promené, plusieurs années durant, un peu au-delà de la démarcation légitime, et voilà un champ agrandi de plusieurs sillons (ou « raies »), c'est à dire d'une quantité de terre qui, pour peu, comme c'est généralement le cas, que la pièce soit longue, représente un gain fort appréciable. On cite telle parcelle qui s'accrut ainsi, en une soixantaine d'années, de plus du tiers de sa contenance primitive. Ce « vol » « le plus subtil et le plus difficile à prouver qu'il puisse y avoir », dénoncé par les prédicateurs du moyen-âge comme par les magistrats de l'Ancien Régime, était

---

1 *Description de la terre et seigneurie de Varennes* (1763) : Chantilly, reg. E 31, fol. 162 v°.

— est peut être encore — un des signes sociaux caractéristiques de ces « rases campagnes » où le champ indéfiniment succède au champ, sans que rien de visible avertisse que l'on passe d'un bien à un autre, où, comme dit un texte du XVIIIe siècle, à moins que le relief ne s'y oppose, « un cultivateur voit du même coup d'œil ce qui se passe sur toutes les pièces de terre qu'il a dans une plaine ou dans un même canton »[1]. On a reconnu — car, sur ce point le paysage agraire ne s'est guère modifié — les aspects « désencombrés » chers à Maurice Barrès.

Mais, pour n'être marquées par aucune clôture, les limites des possessions n'en existent pas moins. Leurs lignes composent un étrange dessin, à double compartimentage[2]. D'abord, un certain nombre d'une dizaine environ — à quelques dizaines — de grandes divisions. Comment les appeler ? Variable, à son ordinaire, le langage rural nous offre un grand choix de termes, qui diffèrent selon les régions ou même les villages : « quartiers », « climats », « cantons », « contrées », « bènes », « triages », dans la plaine de Caen le mot, sûrement scandinave (il se retrouve dans l'Angleterre de l'Est, longtemps occupée par les Danois) de « delle », et j'en passe. Pour simplifier, adoptons quartier. Chacune de ces sections a son nom propre, constitue, an sens du cadastre, un « lieu dit ». On parlera, par exemple, du « Quartier de la Grosse Borne », du « Climat du Creux des Fourches », de la « Delle des Trahisons ». Parfois des limites visibles bornent telle ou telle de ces unités : replis du sol, ruisseau, talus fait de main d'homme, haies. Mais souvent rien ne

---

1 Arch. de la Somme, C 136 (subdélégué de Doullens). Sur les mangeurs de raies, textes innombrables. L'exemple d'agrandissement est pris à F.-H.-V. Noizet, *Du cadastre*, 2e éd., 1863, p. 193 ; le texte sur le « vol » à un mémoire de 1768, Bibl. Nat., Joly de Fleury, 438, fol. 19., Pour le moyen-âge, Jacques de Vitry, *Sermo ad agricolas*, Bibl. Nat., 17509, fol. 123.

2 Outre le plan de Hubert-Folie et Bras (pl. III), voir ceux de Spoy, Thomirey, Monnerville (pl. VI, XIII, XIV et XV) et plus haut celui du petit terroir de Bois-Saint-Denis (pl. I). Il se trouve que certains de ces villages attestent, par leur nom (Monnerville) ou leur terminologie agraire (« delle » à Hubert-Folie et Bras) l'influence d'établissements germaniques. C'est pur hasard. D'impérieuses raisons techniques ont guidé le choix des planches ; mais — pour ne citer que deux exemples — si les plans de Jancigny et de Magny-sur-Tille, en Bourgogne (Arch. Côte d'Or, E 1126 et 334) ne s'étaient trouvés impropres à la reproduction, ils auraient mis sous les yeux du lecteur, en des lieux d'origine incontestablement gallo-romaine, un dessin des champs de tout point semblable à celui qui apparaît si nettement à Hubert-Folie et Bras.

la distingue de ses voisines sinon une orientation différente des sillons. Car la caractéristique même d'un quartier est d'être un groupe de parcelles accolées, dont les « raies » sont toutes dirigées dans le même sens, qui s'impose aux occupants. Parmi les griefs que l'administration lorraine faisait aux paysans qui, revenus sur leurs terres après la guerre, négligeaient d'en respecter les coutumes, figure celui de « labourer de travers ».

Quant aux parcelles, entre lesquelles se subdivise ce premier quadrillage, elles forment, sur toute la surface du terroir, un réseau très menu — car leur nombre est fort élevé — et d'apparence très singulière : car elles ont à peu près toutes la même forme, qui est étonnamment dissymétrique. Chacune d'elles s'étire dans le sens des sillons. Sa largeur, au contraire, perpendiculaire à cet axe, est des plus faibles, égalant à peine, en bien des cas, le vingtième de la longueur. Certaines se composent de quelques sillons, qui se prolongent sur une centaine de mètres. Il est possible que cette disposition ait été parfois exagérée, en des temps proches de nous, par les partages entre héritiers ; pourtant, lorsque les pièces avaient atteint un certain excès de minceur, on s'accordait en général à ne plus les sectionner que par des lignes perpendiculaires à leur plus grande dimension, rompant ainsi avec le principe qui voulait que chaque bande touchât, des deux bouts, les limites du quartier. De même, du IXe au XIIe siècle, la fragmentation des anciens domaines seigneuriaux, composés généralement de portions plus vastes, qui furent alors alloties entre les paysans, multiplia, selon toute apparence, les parcelles allongées. Mais certainement le dessin, dans ses traits fondamentaux, était très ancien. Les temps modernes, en amenant, comme nous le verrons, d'assez fréquents rassemblements de terres, en ont plutôt atténué qu'accentué les particularités. Déjà les textes médiévaux, dans les terroirs ainsi constitués, se contentent, à l'ordinaire, pour indiquer la position d'un champ, de noter le nom du quartier et les possesseurs des pièces situées sur les deux longs côtés du morceau envisagé : la place de la lanière dans le faisceau de lanières parallèles.

Évidemment chacune de ces étroites découpures, si longue fût-elle, ne représentait qu'une étendue, au total, assez faible. Toute exploitation individuelle, même médiocre, devait donc comprendre et comprenait en effet un nombre considérable de parcelles, réparties en beaucoup de quartiers. Le morcellement et la dispersion des biens était la loi, très antique, de ces terroirs.

Deux coutumes, qui touchaient au plus profond de la vie agraire, complétaient le système décrit : l'assolement forcé [1], la vaine pâture obligatoire.

Sur ses champs, le cultivateur devait suivre l'ordre accoutumé des, « saisons », c'est-à-dire soumettre chacune de ses parcelles au cycle d'assolement traditionnel sur le quartier auquel elle appartenait : semer à l'automne l'année prescrite, au printemps (si nous sommes en régime triennal) l'année suivante, abandonner toute culture lorsque revenait le tour de la jachère. Souvent, les quartiers se groupaient en soles, fortement constituées, pourvues, comme les quartiers eux-mêmes, d'un état civil régulier que constatait le langage : à Nantillois, en Clermontois, on distinguait ainsi les trois « royes » de Harupré, des Hames, de Cottenière ; à Magny-sur-Tille, en Bourgogne, les « fins » de la Chapelle-de-l'Abayotte, du Rouilleux, de la Chapelle-des-Champs. Sur certains finages, ces soles étaient presque rigoureusement d'un seul tenant, en sorte qu'à la belle saison deux ou trois grandes zones de culture opposaient les contrastes visibles de leur végétation : ici les blés d'hiver ou de printemps, différents par leur taille et leurs couleurs ; là les « sombres », les « versaines », dont la terre brune qui, une année durant, se refusait aux épis, était piquetée par la verdure des graminées sauvages. Tel était le cas, notamment, dans beaucoup de villages lorrains dont les labours, peut-être, ne se trouvaient, aux temps modernes, si régulièrement disposés que parce que, après les ravages des grandes guerres du XVIIe siècle, on les avait été recréés ou régularisés. Ailleurs, tout en conservant assez d'unité pour être désignée par un nom particulier, chaque sole se composait de plusieurs groupes distincts de quartiers : les vicissitudes mêmes de la conquête agricole avaient souvent imposé cette fragmentation. Ou bien encore, comme en Beauce, l'éparpillement était poussé si loin que le terme même de sole n'était plus prononcé : le quartier, pris à part, formait élément d'assolement. A l'intérieur de chacun d'eux, l'uniformité n'en était pas moins rigoureuse. Bien entendu,

---

1 J'emprunte cette expression, analogue au *Flurzwang* des historiens allemands, à un éloge, véritablement dithyrambique, que faisait de cette pratique, au début du XIXe siècle ; un agronome poitevin : DE VERNEILH, *Observations des commissions consultatives*, t. III, 1811, p. 63 et suiv.

dans chaque sole ou quartier, les semailles, la moisson, toutes les principales façons culturales devaient se faire en même temps, à des dates que fixaient la collectivité ou sa coutume.

Fondé sur la tradition, ce système n'était pourtant pas étranger à toute souplesse. Il arrivait qu'une décision de la communauté fît passer un quartier d'une sole à une autre : tel, à Jancigny, en Bourgogne, le « climat » de Derrière l'Église, cédé, peu après 1667, par l'« épy » de la Fin-du-Port à l'« épy » des Champs-Roux. Le principe même de l'assolement forcé, si impérieux fût-il, souffrait parfois des accrocs. Sur trois finages des vallées de la Meuse et de l'Aire, à Dun, à Varennes, à Clermont, certaines terres, au XVIIIe siècle, — sises, pour la plupart, aux environs des maisons, où la fumure était plus aisée — pouvaient être « ensemencées à volonté » ; elles étaient « hors couture ». Mais, là même, elles ne constituaient qu'une très faible part des labours ; tout le reste était « assujetti à la police de la culture en roye réglée ». Aussi bien, dans ce pays de Clermontois dont nous connaissons, avec une rare exactitude, les usages agraires, ces champs de liberté ne se rencontraient qu'autour des trois agglomérations qui viennent d'être nommées : petites villes, toutes trois, dont la population bourgeoise, plus que tout autre, inclinait à l'individualisme. Des simples villages, sans exception, il était loisible de dire, comme le faisait, de l'un d'eux, un document de 1769, « que l'universalité du territoire » y était « divisée en trois coutures... qui ne peuvent être changées par les cultivateurs »[1].

Mais voici la moisson faite. Les guérets désormais sont vides de blé ; ils sont terres « vides » ou « vaines » — c'était tout un dans le vieux langage. Tels ils resteront, si le rythme est biennal, pendant plus d'un an. Sommes-nous au contraire sous le règne du triennal ? Les champs qui viennent de porter le blé d'hiver attendent les semailles prochaines jusqu'au printemps ; ceux qui étaient déjà en blé de mars vont entrer dans l'année de jachère. Tout ce « vide » va-t-il demeurer improductif ? Que non ! Les chaumes et surtout, entre les chaumes et après la disparition de ceux-ci, la végétation spontanée qui toujours est si empressée à se développer sur le sol

---

[1] Jancigny : comparaison de l'arpentage de 1667 et de sa table, un peu postérieure : Arch. Côte d'Or, E 1119. — Dun, Varennes, Clermont, Montblainville : Chantilly, E reg. 39 (1783) légende ; E reg. 31 (1762), fol. 161 ; E reg. 28 (1774), légende ; E reg. 35 (1769), légende. Cf. pl. IV et V.

que nul n'a semé, s'offre à la nourriture du bétail. « Pendant les deux tiers de l'année », dit, des paysans franc-comtois, un mémoire du XVIIIe siècle, « les habitans de la campagne ne donnent presque pas d'autres subsistances à leurs troupeaux que la vaine pâture » [1]. Entendez : la pâture sur les terres vaines. Mais faut-il comprendre que chaque exploitant, à son gré, peut réserver son bien à ses bêtes ? La vaine pâture, tout au contraire, est essentiellement chose collective. Ce sont tous les animaux du village, formés en un troupeau commun, qui, selon un ordre que fixent soit les autorités du lieu, soit la tradition, expression elle aussi des besoins généraux, parcourent, en « champoyant », les labours débarrassés d'épis, et le possesseur du champ doit les accueillir, au même titre que les siens propres, confondus dans cette masse.

Aussi bien, ces troupeaux errants exigeaient de si vastes espaces que les frontières des propriétés n'étaient pas les seules à s'abaisser devant eux, celles même des terroirs ne les arrêtaient pas toujours. Dans la plupart des pays où régnait la vaine pâture, elle s'exerçait — sous le nom de parcours ou entrecours — de finage voisin à finage voisin : chaque communauté avait le droit d'envoyer paître ses bêtes sur tout ou partie, selon les régions, des guérets du village limitrophe, parfois même jusqu'au troisième village. Tant il est vrai que la terre vide était soumise à un régime d'appropriation bien distinct de celui de la terre « empouillée ».

Cette dépaissance, enfin, n'étendait pas son empire sur les seuls labours. Les prés, eux aussi tout ouverts, y étaient également sujets ; cela, à l'ordinaire, dès la première herbe fauchée. Seul le « premier poil », comme disent les vieux textes, appartenait à l'exploitant. Le regain revenait à la communauté : soit que celle-ci — tel était, sans doute, l'usage le plus ancien — l'abandonnât, sur pied, aux troupeaux, soit qu'elle choisît plutôt de le faire couper, pour le distribuer entre tous les villageois ou même le vendre. Possesseurs de prairies ou de champs, « les détenteurs de fonds », pour parler comme un juriste du XVIIIe siècle, n'avaient « qu'une propriété restreinte et subordonnée aux droits de la communauté » [2].

***

---

1 Arch. Nat , E 2661, n° 243. Cf. E. MARTIN, *Cahiers de doléances du bailliage de Mirecourt*, p. 164 : « ce n'est que la pâture commune qui fait vivre les campagnes ».
2 P. GUYOT, *Répertoire*, 1784-85, art. *Regain* (par HENRY).

Un pareil système, qui réduisait à l'extrême la liberté de l'exploitant, supposait évidemment des contraintes. La clôture des parcelles n'était pas que contraire aux usages ; elle était formellement prohibée [1]. La pratique de l'assolement forcé n'était pas seulement une habitude ou une commodité ; elle constituait une règle impérative. Le troupeau commun et ses privilèges de dépaissance s'imposaient strictement aux habitants. Mais comme, dans l'ancienne France, les sources du droit étaient fort diverses et passablement incohérentes, l'origine juridique de ces obligations variait selon les lieux. Pour mieux dire, elles reposaient partout sur la tradition ; mais celle-ci s'exprimait sous des formes diverses. Lorsque, vers la fin du XVe siècle et au cours du XVIe, la monarchie fit mettre par écrit les coutumes des provinces, plusieurs d'entre elles insérèrent, dans leurs prescriptions, le principe de la vaine pâture collective et l'interdiction de clore les labours. D'autres s'en abstinrent, soit oubli, soit, dans certaines régions qui obéissaient, selon les lieux, à des régimes agraires différents, difficulté d'exprimer en détail des usages discordants, soit enfin, comme en Berry, mépris de juristes, formés au droit romain, pour des mœurs fort éloignées de la propriété quiritaire. Mais les tribunaux veillaient. Dès le règne de saint Louis, le Parlement s'opposait, en Brie, à la fermeture des labours. Il devait, en plein XVIIIe siècle, maintenir, dans toute sa force, sur plusieurs villages champenois, l'assolement forcé [2]. « Les coutumes d'Anjou et de Touraine », exposait, en 1787, l'intendant de Tours « ne parlent point de la vaine pâture... mais l'usage immémorial a passé tellement en force de loi sur ce point dans les deux provinces

---

1 Certaines coutumes n'interdisent explicitement que la clôture des terres à champart, c'est-à-dire soumises envers le seigneur à une redevance en nature proportionnelle à la récolte. Gardons-nous d'entendre qu'elles tiennent pour libre la clôture des autres terres. Elles partent de cette idée qu'on ne saurait songer à clore un labour que pour le transformer en jardin, vigne, chènevière, etc., en un mot pour y changer la nature des cultures : ce qui est, en principe, prohibé sur les champs dont la récolte, pour une part revient an seigneur, à moins, bien entendu, d'autorisation de celui-ci. Cf. un texte, très précis, des *Coutumes du bailliage d'Amiens*, c. 115. (*Coutume réformée*, c. 197).
2 *Olim*, I, p. 516, n° VI. Arch. Nat., AD IV 1 (Nogent-sur-Seine, 1721 ; Essoyes, 1779). Les arrêts du XVIIe siècle, dans Delamare, *Traité de la Police*, t. II, p. 1137 et suiv., se contentent d'interdire le profit de la vaine pâture aux habitants qui ne suivront pas l'assolement commun. Sur le sens de ces décisions, voir plus loin p. 218. Cf. une ordonnance du comté de Montbéliard, 30 août 1759, Arch. Nat., K 2195 (6), et aussi, plus haut, p. 41 et 42.

que tout propriétaire en défendrait en vain ses domaines devant les tribunaux ». Enfin, en dernier recours, là même où la loi écrite manquait et aux époques où les magistrats n'appliquaient plus qu'avec une répugnance croissante une tradition qu'attaquaient les agronomes et que les grands propriétaires estimaient fort gênante, la pression collective savait souvent se faire assez énergique pour imposer, par persuasion ou par violence, le respect des vieilles mœurs agraires. Celles-ci, comme l'écrivait, en 1772, l'intendant de Bordeaux, « n'avaient force de loi que par le vœu des habitants » ; elles n'en étaient pas moins contraignantes pour cela. Malheur, notamment, au propriétaire qui élevait une barrière autour de son champ. « Un enclos de haie ne servirait à rien », disait vers 1787, — un propriétaire alsacien qu'on exhortait à des améliorations agricoles, incompatibles avec le pacage commun, « puisqu'on ne manquerait point de l'arracher ». Quelque particulier s'avise-t-il, dans l'Auvergne du XVIIIe siècle, de transformer un champ en verger clos, ce dont la coutume rédigée lui donne le droit ? les voisins abattent la barrière « et il s'en suit des procédures criminelles dont les suites mettent en fuite et en désordre des communautés entières, sans les contenir » [1]. Les textes du XVIIIe siècle parlent à l'envi des « lois rigoureuses qui défendent aux cultivateurs d'enclorre leurs héritages », de la « Loy de la division des finages en trois saisons » [2]. De fait, interdiction de clore, vaine pâture, assolement forcé étaient si bien ressentis comme des « lois » — écrites ou non, pourvues de sanctions officielles ou tirant leur seule force d'une impérieuse volonté de groupe — qu'il fallut, pour les abolir, au temps des grandes métamorphoses agricoles du XVIIIe siècle finissant, toute une législation nouvelle.

Mais ce qui, peut-être plus que toute autre raison, contribua à maintenir ces règles, — lors même, parfois, qu'elles avaient déjà perdu toute sanction juridique — ce fut qu'elles constituaient, matériellement, un admirable engrenage. Rien de mieux lié, en effet, qu'un pareil système, dont l'« harmonie » forçait encore, en plein

---

[1] J. M. Ortlieb, *Plan ... pour l'amélioration ... des biens de la terre*, 1789, p. 32, n. *. — Arch. Nat., H 1486, n° 206 ; exemple concret d'une affaire de cette sorte : Puy de Dôme, C 1840 (subdélégué de Thiers).
[2] *Procès-verbal ... de l'Assemblée provinciale de l'Ile de France ...* 1787, p. 367. — Arch. de Meurthe-et-Moselle, C 320.

XIXᵉ siècle, l'admiration de ses plus intelligents adversaires [1]. La forme des champs et la pratique de la vaine pâture conspiraient, avec une vigueur égale, à imposer l'assolement commun. Sur ces bandes invraisemblablement étroites et qui souvent, enclavées dans le quartier, ne pouvaient s'atteindre sans franchir les bandes voisines, les façons culturales fussent devenues presque impossibles si un même rythme n'avait commandé tous les exploitants. Et comment, sans l'obligation régulière du repos, les bêtes du village eussent-elles trouvé d'assez grandes étendues de jachère pour assurer leur nourriture ? Les nécessités du pacage s'opposaient, de même, à toute fermeture permanente autour des parcelles : ces obstacles eussent empêché le cheminement du troupeau. Mais les clôtures n'étaient pas moins incompatibles avec la forme des champs : pour enclore chacun de ces parallélogrammes étirés, quelles ridicules longueurs de barrière ! que d'ombre jetée sur l'humus ! et par quel moyen, si toutes les pièces avaient été ainsi défendues, passer, pour les cultiver, de l'une à l'autre ? Enfin, sur ces minces lanières, il eût été évidemment difficile de faire paître, sans qu'elles tondissent l'herbe du voisin, les seules bêtes de l'exploitant : en sorte qu'un système de dépaissance collective, pouvait, vu le dessin du terroir, paraître le plus commode de tous.

Sous ces traits sensibles, sachons cependant voir les causes humaines. Un pareil régime n'a pu naître que grâce à une grande cohésion sociale et à une mentalité foncièrement communautaire. Œuvre collective, d'abord, le terroir lui-même. On ne saurait douter que les divers quartiers n'aient été constitués peu à peu, à mesure que, sur les terres naguère incultes, progressait l'occupation. Aussi bien, en avons-nous des preuves irréfutables, qui attestent, du même coup, que les principes auxquels avait obéi, dans la nuit des temps, la constitution de terroirs peut-être préhistoriques, continuèrent, à travers les siècles, à présider aux créations nouvelles. Autour de plus d'un village, que son nom dénonce comme pour le moins gallo-romain, tel ou tel faisceau de champs en longues bandes, par le mot même qui le désigne (les Rotures, par exemple, de *ruptura*, défrichement) ou parce qu'il est soumis aux dîmes « novales », se révèle conquête médiévale. Sur le sol des « villes

---

[1] Voir une belle page de Mathieu de Dombasle, *Annales agricoles de Roville*, t. I, 1824, p. 2.

neuves », établies, aux XIIe et XIIIe siècles, en pays de champs généralement ouverts et allongés, on relève, avec plus de régularité parfois, un compartimentage et un dessin parcellaire analogues à ceux des plus vieilles terres. Le finage de l'agglomération détruite de Bessey, en Bourgogne, qui fut récupéré sur la brousse, aux XVe et XVIe siècles, par les habitants des localités voisines, présente tous les traits qui ont été dépeints plus haut. En plein XIXe siècle encore, des villages de l'Auxois, partageant leurs communaux, constituaient les lots sous forme de champs très minces et très longs, parallèles les uns aux autres [1]. Or, à l'intérieur de chaque quartier, qu'il fût issu de défrichements relativement récents ou remontât au lointain des âges, la disposition des étroites parcelles qui se serrent les unes contre les autres n'a guère pu être réalisée, chaque fois, que sur un plan d'ensemble, réalisé en commun. Fut-ce sous les ordres et la direction d'un maître ? La question, pour le moment, n'est pas là. Pour avoir un chef, un groupe, après tout, n'est pas moins groupe. Cet arrangement imposait la concordance des assolements. Comment croire que cette conséquence n'ait pas été prévue ? et acceptée comme toute naturelle, parce qu'elle répondait aux tendances de l'opinion commune [2] ?

---

1 Défrichements et villes neuves : pl. I et VI et ci-dessous p. 55, n. 46. — Bessey, ci-dessous p. 120, n. 10. — Auxoir : *Bull. de la soc. des sciences histor. de Semur*, t. XXXVI, p. 44, n. 1.

2 Y eut-il, originellement, après le défrichement sur un plan commun, au lieu d'une répartition définitive, une redistribution périodique ? En Schaumbourg, à la fin du XVIIIe siècle et au début du XIXe, on a des exemples certains de la pratique du partage périodique, associé à une culture intermittente (Arch. Nat., H 1486, n° 158, p. 5 ; COLCHEN, *Mémoire statistique du département de la Moselle*, an XI, p. 119) ; mais ces usages ne sont qu'une forme de l'institution, souvent décrite des *Gehöferschaften* mosellanes, qu'on ne saurait étudier ici, d'ensemble ; les *Gehöferschaften* sont probablement d'institution assez récente, mais elles attestent un esprit communautaire ancien et fortement enraciné (cf. F. RÖRIG, *Die Entstehung der Landeshoheit des Trierer Erzbischofs*, 1906, p. 70 et suiv.). Ailleurs, à des époques également assez proches de nous, on rencontre des cas de « propriété alternative » : en Lorraine, sur des prés (Arch. Nat., F[10] 284. Soc. des Amis de la Constitution de Verdun ; cf. en Angleterre, l'institution très répandue, des *lot-meadows*) ; en Mayenne, dans quelques coins non clos, sur les labours (Arch. Parlementaires, t. CVI, p. 688) : faits trop rares et dont, pour l'instant, l'évolution est trop mal connue pour qu'on en puisse tirer la moindre conclusion générale. Quant à la coutume du labour en commun, à laquelle Seebohm, sans doute à tort, attribuait l'origine de l'*open-field system* anglais, je n'en connais pas de traces en France ; les paysans s'entre-aidaient souvent, les « laboureurs » prêtaient ou louaient leurs attelages aux « manouvriers » ; mais ce n'étaient

Quant à la vaine pâture, ne disons point qu'elle était impérieusement exigée par la forme des champs. A tout prendre, on eût pu parer aux inconvénients de cette disposition, si chaque cultivateur, réservant son champ à ses bêtes, les y avait, comme on le faisait et le fait encore, nous le verrons, en d'autres régimes agraires, maintenues à l'attache. Collective, la dépaissance, en vérité, l'était, avant tout, en vertu d'une idée, ou d'une habitude de pensée : la terre vide de fruits cessait, croyait-on, d'être capable d'appropriation individuelle. Écoutons nos vieux jurisconsultes. Plusieurs d'entre eux ont admirablement dégagé cette notion ; nul mieux que, sous Louis XIV, Eusèbe Laurière : « Par le droit général de la France » — entendez celui des contrées de champs ouverts, seules bien connues de Laurière — « les héritages ne sont en défense et en garde que quand les fruits sont dessus ; et dès qu'ils sont enlevés, la terre, par une espèce de droit des gens, devient commune à tous les hommes, riches ou pauvres également »[1].

Aussi bien, cette pression vigoureuse de la collectivité se faisait sentir par bien d'autres usages encore. Laissons, si l'on veut, le droit de glanage ; particulièrement tenace dans les régions qui nous occupent en ce moment et, chez elles, en fait sinon en droit, étendu le plus souvent, non seulement aux invalides ou aux femmes, mais, sur tous les champs indistinctement, à la population entière, il ne saurait pourtant être tenu pour caractéristique d'aucun régime agraire ; appuyé sur la Bible, il était en France, sous des formes plus ou moins accentuées ou atténuées, presque universel. Rien de plus significatif, en revanche, que le droit d'« éteule ». Une fois libre de moissons, la terre n'est pas immédiatement abandonnée aux bêtes ; les hommes d'abord s'y répandent à la recherche des chaumes — c'est le sens d'éteule — qu'ils emploient à couvrir leurs maisons, dont ils feront des litières pour leurs étables, parfois qu'ils

---

là qu'une obligation morale ou la sage utilisation d'un capital ; ni l'une ni l'autre pratique n'aboutissait à un travail de groupe. Reste la thèse récente de P. STEINBACH (*Gewanndorf und Einzeldorf*, dans *Historische Aufsätze Aloys Schulte gewidmet*, 1927) qui tient le morcellement et les servitudes collectives pour des phénomènes tardifs ; elle me paraît dépourvue de toute preuve.

1 *Commentaire sur les Institutes de Loysel*, II, II, 15. Ce développement qui ne figure pas dans la première édition — 1710 — apparaît dans la seconde, de 1783, d'où il a passé dans l'édition DUPIN, 1846. Il est vraisemblable — mais non certain — qu'il a été emprunté, comme les autres compléments de cette édition, à des notes laissées par Laurière.

brûleront à leurs foyers ; ils les prélèvent sur les labours, sans se préoccuper des limites des parcelles. Et cette faculté paraît si respectable que l'exploitant n'a point la permission d'en réduire le profit, en faisant couper les blés trop près du sol. La faux est réservée aux prairies ; sur les emblavures — les Parlements, au XVIIIe siècle encore, y tiendront la main — seule est autorisée fa faucille, qui tranche haut. Ainsi, sur les nombreux terroirs où cette servitude s'exerce, et qui tous sont de champs allongés, la récolte elle-même n'appartient pas tout entière au maître de la terre ; l'épi est à lui, la paille, à tout le monde [1].

Certes, il n'est pas absolument vrai que, comme pourrait le faire croire la phrase de Laurière, ce système fût égalitaire. Pauvres et riches participaient aux servitudes collectives, mais non point pareillement. D'ordinaire chaque habitant, n'eût-il pas le moindre lopin de terre, a le droit d'envoyer au troupeau commun quelques bêtes ; mais, en plus de cette part, qui constitue le minimum attribué à chacun, le nombre des animaux est, pour tout cultivateur, proportionnel à l'étendue des terres qu'il exploite. La société rurale comportait des classes, et fort tranchées. Les riches comme les pauvres cependant subissaient la loi traditionnelle du groupe, gardien à la fois d'une sorte d'équilibre social et de la balance entre les diverses formes de mise en valeur du sol. Du type de civilisation agraire qui s'exprime par le régime des champs allongés et obligatoirement ouverts, ce « communisme rudimentaire » — pour parler comme Jaurès, dans les premières pages de son *Histoire de la Révolution*, toutes brillantes de divination historique — était le signe propre et la raison d'être profonde.

Très largement répandu en France, ce régime n'était d'ailleurs point spécifiquement français. Impossible, jusqu'à achèvement d'une plus minutieuse enquête, d'en tracer les frontières précises. Quelques indications devront suffire. Il régnait en maître sur toute la France au nord de la Loire, à l'exception du Pays de Caux et des régions encloses de l'Ouest ; de même, sur les deux Bourgognes. Mais cette zone elle-même n'était qu'un fragment d'une aire beaucoup plus vaste qui couvrait une grande partie de l'Angleterre,

---

[1] Parfois, dans la distribution des chaumes, les propriétaires des champs prélevaient une part, par préférence ; le seigneur aussi y participait : Arch. Nat., F[10] 284 (Gricourt).

presque toute l'Allemagne et jusqu'à de larges espaces des plaines polonaise et russe. Les problèmes d'origine, sur lesquels nous aurons à revenir, ne peuvent donc être traités que sur le plan européen. Ce qui formait un trait beaucoup plus particulier à notre pays, c'était la coexistence, sur notre sol, de ce système avec deux autres, qu'il va maintenant falloir examiner.

4. Les régimes agraires : champs ouverts et irréguliers

Imaginons des labours dépourvus de clôture, pareils, en cela, à ceux qui viennent d'être décrits ; mais les parcelles, au lieu d'affecter l'apparence de longues et minces bandes, régulièrement groupées en quartiers de même orientation, sont de formes variables, sans grande différence entre leurs deux dimensions et, jetées sur le terroir comme au hasard, elles le découpent en une sorte de puzzle, plus ou moins capricieux. Nous aurons sous les yeux le tableau qu'offraient à nos ancêtres et qu'offrent encore, à qui sait voir, les campagnes de la plus grande partie du Midi rhodanien, du Languedoc, des pays de la Garonne, du Poitou, du Berry, et plus au nord, du Pays de Caux (pl. VII à IX). Dès le XIe siècle, en Provence, des champs dont les dimensions, par chance, nous sont données, ont une largeur qui atteint, selon les cas, de 48 à 77 % de la longueur [1]. Européen, comme le précédent, plutôt que français, ce régime, hors de nos frontières, paraît avoir été surtout répandu dans des pays dont la constitution agraire, malheureusement, a été moins étudiée que celle de l'Allemagne ou de l'Angleterre : l'Italie par exemple. Appelons le, faute d'un meilleur nom, régime des champs ouverts et irréguliers.

Ce n'était point, en son principe, un système d'individualisme. Sous ses formes anciennes, il comportait la vaine pâture collective et obligatoire (« compascuité », disait-on dans le vocabulaire juridique du Midi), avec ses suites naturelles : interdiction de clore et, probablement, une certaine uniformité d'assolement [2]. Mais

---

[1] GUÉRARD, *Cartulaire de Saint-Victor*, n° 269 ; longueur un peu plus marquée dans l'Uzégeois, n° 198.
[2] Vaine pâture ancienne dans les régions de champs ouverts et irréguliers : Provence, voir plus loin p. 202. — Languedoc et Gascogne : nombreux exemples, par exemple E. BLIGNY-BONDURAND, *Les coutumes de Saint Gilles*, 1915, p. 180 et 229 ; B. ALART, *Privilèges et titres relatifs aux franchises... du Roussillon*, 1874, t. I, p. 270 ; *Arch. histor. de la Gascogne*, t. V, p. 60, c. 34. — Caux, Berry, Poitou, exemples in-

— nous aurons l'occasion de nous en convaincre — ces servitudes ici disparurent beaucoup plus vite que dans les pays de champs allongés. Selon toute apparence elles n'avaient jamais été aussi rigoureuses. La vaine pâture même, la plus générale et la plus résistante de toutes, existait souvent, dans le Midi, sans être accompagnée de l'obligation du troupeau commun. C'est que le réseau des contraintes sociales était dépourvu de cette solide armature que lui prêtait, ailleurs, la constitution des terroirs. Le possesseur d'une longue parcelle, insérée dans un quartier de parcelles pareilles, ne songeait guère à échapper à la pression collective, parce que, pratiquement, cette tentative se fût heurtée à des difficultés presque insurmontables. Sur un champ large et bien à part, la tentation était plus forte. Aussi bien le dessin agraire lui-même semble indiquer que, sur ces terroirs, l'établissement, dès l'origine, s'était fait sans travail réglé d'ensemble. Parfois, en une contrée de champs allongés, sur un finage qui, dans l'ensemble, est de tout point conforme au schéma normal, on rencontre une petite fraction où les limites parcellaires tracent une figure semblable à celle des régions de champs irréguliers ; ou bien ce sont, soit à l'extrémité de la zone cultivée, soit en clairières au milieu d'un espace inculte, de grandes pièces de terre, d'un seul tenant et presque carrées. Il s'agit de coins qui ont été défrichés tardivement et en dehors de tout plan collectif. Exception là-bas, cet individualisme dans l'occupation, sur les terroirs en puzzle avait évidemment été la règle. Mais, surtout, la raison immédiate du contraste entre les deux types se ramène, selon toute apparence, à l'antithèse de deux techniques [1].

Deux instruments de labour se partageaient l'ancienne France [2].

nombrables jusqu'au XVIIIe siècle et plus tard ; noter un très intéressant arrêt, pour le Poitou, J. LELET, *Observations sur la coutume*, 1683, t., I, p. 400. — Obligation de la jachère ; VILLENEUVE, *Statistique du département des B. du Rhône*, t. IV, 1829, p. 178. — Dans le ressort du Parlement de Toulouse, le droit de clore avait fini, au XVIIIe siècle, par être à peu près partout tenu pour légal, ce qui ne veut point dire qu'il ne rencontrait, en pratique, aucune difficulté.

1 Naturellement, çà et là, des partages postérieurs — parfois l'introduction, à une date récente, de la charrue à roues, dont on verra tout à l'heure le rôle — ont pu, dans certains terroirs irréguliers, donner naissance à des groupes de parcelles allongées ; le même phénomène a joué, nous aurons à le montrer dans les pays d'enclos. Mais il n'est pas malaisé de voir que ce sont là des exceptions.

2 Sur l'histoire de l'instrument de labour, bibliographie fort abondante, mais très mêlée. Les documents iconographiques anciens sont médiocres et d'utilisation difficile. Je citerai simplement le mémoire encore utile de K. H. RAU, *Geschichte des*

Semblables dans la plupart de leurs traits qui, chez l'un comme chez l'autre, allèrent se compliquant à mesure qu'à l'unique pointe des temps primitifs se substituait le double jeu du coutre et du soc et qu'aux parties tranchantes s'ajoutait le versoir, ils différaient cependant, profondément, par un caractère fondamental : le premier dépourvu d'avant-train roulant, traîné, tel quel, par les bêtes sur le champ, le second monté sur deux roues [1]. Rien de plus instructif que, leurs noms. Le modèle sans roues était le vieil outil des agriculteurs qui, les premiers, parlèrent les langues mères des nôtres ; il a gardé partout, en France, et presque partout, en Europe, son nom indo-européen qui, chez nous, est venu par le latin : c'est l'araire de Provence (*aratrum*), l'« éreau » du Berry et du Poitou, l'« érère » du pays wallon, comme, ailleurs, l'*erling* des dialectes haut-allemands, l'*oralo* du russe et ses congénères slaves [2]. Pour le modèle rival, au contraire, pas de terme indo-européen commun :

Pfluges, 1845 ; H. Bahlen, *Der Pflug und das Pflügen*, 1904 — les travaux de R. Braungart, *Die Ackerbaugeräthe*, 1881 ; *Die Urheimat der Landwirtschaft*, 1912 (cf. aussi *Landwirtschafliche Jahrbücher*, t. XXVI, 1897), qu'il ne faut consulter qu'avec, la plus extrême méfiance ; quelques études d'archéologues (J. Chr. Ginzrot, *Die Wagen und Fuhrwerke der Griechen und Römer*, 1817 ; Sophus Müller, dans *Mémoires de la Soc. royale des Antiquaires du Nord*, 1902), de slavisants (J. Peisker, dans *Zeitschrift für Sozial und Wirtschaftgeschichte*, 1897 ; et, les divers ouvrages, en tchèque ou en français de L. Niederlé), et surtout de linguistes (R. Meringer, dans *Indogermanische Forschungen*, t. XVI, XVII, XVIII ; A. Guenhardt, dans *Deutsche Literaturzeitung*, 1909, col. 1445). Le carte *charrue* de l'Atlas Linguistique de Gilliéron et Edmont est à peu près inutilisable, parce qu'elle manque à distinguer les divers types d'instruments et traite ainsi comme des mots différents désignant un même objet les noms, légitimement discordants, d'objets absolument distincts. Mais elle a donné lieu à un article lumineux de W. Foerster dans *Zeitschrift für romanische Philologie*, 1905 (avec les *Nachträge*).

1 Certains auteurs ont considéré l'introduction du coutre comme propre à la charrue à roues. Cela est certainement une erreur. Ce qui est vrai c'est que, l'araire ne pénétrant pas les sols un peu compacts aussi à fond que la charrue, la présence de deux pièces tranchantes y eût été moins utile qu'encombrante et n'y est pas aussi fréquente que dans l'autre type.Exceptionnellement une roue unique, tout autrement placée que l'avant-train à deux roues de la charrue et servant simplement à guider le sillon, est venue s'ajouter à l'araire provençal.

2 Naturellement, il y a quelques flottements. Dans l'Italie du Nord, notamment *pio* (qui serait dérivé du mot germanique représenté par l'allemand *Pflug*) en serait venu, selon Foerster, à désigner un araire, et *ara*, me dit M. Jaberg, une charrue. En Norvège, semble-t-il, *ard* ne s'applique plus aujourd'hui qu'aux types archaïques sans versoir ou avec versoir à double pente ; *plog* sert à nommer des instruments plus perfectionnés, mais encore dépourvus de roues.

son apparition, pour cela, fut trop tardive et son aire d'extension, trop limitée. Dans le français, non plus, pas d'étiquette tirée du latin : car l'ancienne agriculture italiote, en dehors de la Cisalpine, l'a toujours ignoré ou dédaigné. En France, on disait : charrue. Le mot, incontestablement, est gaulois. Pas de doute, non plus, sur son sens premier : tout proche de « char » ou « charrette », il s'était appliqué, originairement, à une forme particulière de voiture ; quoi de plus naturel que d'emprunter à l'objet qui, par essence, comportait des roues, le nom de l'ensemble nouveau où la roue s'unissait au soc [1] ? De la même façon, Virgile appelait l'instrument aratoire qu'il décrivait, non *aratrum* — car, élevé dans un pays plus qu'à demi celtique, il ne le concevait pas sana avant-train, — mais, tout bonnement, char, « currus » [2]. Les langues germaniques de l'Ouest usaient, pour désigner le même type technique, d'un tout autre mot, qui, d'elles, a passé aux langues slaves : celui dont l'allemand moderne a fait *Pflug*, — vocable mystérieux qui, si l'on en croit Pline, eût d'abord été employé au sud du haut Danube, par les Rètes, tirerait, par conséquent, son origine d'un vieux parler, aujourd'hui et dès longtemps tout à fait effacé, peut être étranger au groupe indo-européen [3]. Quant à l'invention elle-même, il semble bien que Pline — son texte malheureusement est obscur et a dû être restitué — la plaçât en « Gaule ». Mais quel crédit attribuer à son opinion ? Il voyait l'instrument employé chez les Gaulois. Que savait-il de plus ? Une seule chose est certaine : quel que soit le point où, peut-être avant que Celtes ni Germains n'occupassent leurs habitats historiques, la charrue, au sens propre du mot, apparut d'abord et d'où elle rayonna, on doit la tenir, sans hésitation, pour une création de cette civilisation technique des plaines du Nord qui, de toutes façons — les Romains en avaient été frappés —, fit de la roue un si large et si ingénieux emploi. Aussi bien comment douter qu'elle ne soit fille des plaines ? C'est pour tirer de belles raies toutes droites sur les vastes espaces limoneux arrachés

---

1 *Carrugo*, dans le Rouergue, pays d'araire, désigne encore une petite voiture : Mistral, *Tresor*, mot cité.
2 Voir le commentaire de Servius à *Georg.*, I, 174.
3 *Hist. Nat.*, XVIII, 18, texte restitué par G. Baist, *Archiv für lateinische Lexikographie*, 1886, p. 285 : « Non pridem inventum in Gallia duas addere tali rotulas, quod genus vocant *ploum* Raeti » (les manuscrits donnent « in Raetia Galliae » et « vocant plaumorati »).

à la steppe primitive qu'elle fut d'abord construite. Aujourd'hui encore elle répugne aux pays trop accidentés ; ce n'est point chez eux qu'elle pouvait prendre naissance.

Si l'on s'était préoccupé à temps de recueillir les renseignements nécessaires — aujourd'hui encore la tâche ne serait pas tout à fait impossible ; mais il faudrait se hâter — on connaîtrait sans doute avec assez d'exactitude la répartition sur notre sol de la charrue et de l'araire, telle qu'elle se présentait avant les grands bouleversements techniques de l'époque contemporaine [1]. Dans l'état actuel des recherches, même pour ce moment si proche de nous, elle ne peut être reconstituée avec précision. A plus forte raison, voit-on son détail et ses vicissitudes se brouiller de plus en plus, à mesure qu'on remonte vers un passé plus lointain. Elle n'était d'ailleurs pas sans complexité : l'araire étant l'instrument le plus ancien, il a parfois été conservé pour certains labours légers dans les pays même qui, en principe, avaient, et dès longtemps, adopté la charrue. En dépit de toutes ces difficultés, cependant, ce qu'on aperçoit suffit à nous montrer que la zone moderne de la charrue — qui, par là même, se révèle comme très anciennement fixée dans son extension — correspond à peu près aux champs allongés ; celle de l'araire, par contre, aux champs irréguliers. Les champagnes berrichonnes et poitevines nous offrent l'occasion d'une expérience véritablement cruciale. Dans leur constitution géographique tout semblait appeler des terroirs d'un dessin pareil à ceux de la Beauce ou de la Picardie (j'avoue qu'avant de les connaître, je m'attendais à les trouver telles). Mais elles sont pays d'« éreau » [2]. Donc, point de longues bandes, groupées en quartiers ; au contraire un réseau assez incohérent de champs grossièrement voisins du carré.

Le Pays de Caux pose un problème plus délicat. Probablement les particularités de sa carte agraire en puzzle sont une suite de son peuplement. Dans la péninsule scandinave, la charrue à roues a été longtemps ignorée et l'est encore en beaucoup de lieux ; l'araire est traditionnel. Sans doute les compagnons de Rollon, occupant en

---

1 J'ai procédé moi-même, avec beaucoup de profit, à une enquête auprès de M.M. les Directeurs Départementaux de l'Agriculture, que j'ai plaisir à remercier ici de leur obligeance. Pour interpréter correctement les faits actuels, il importe de se souvenir que, dans la première moitié du XIXe siècle, l'instrument sans roues, vanté par l'agronome Mathieu de Dombasle, a gagné quelque terrain.
2 Sur le labour, en Poitou, très intéressant mémoire, Arch. Nat., H 1510³, n° 16.

masse, comme nous le savons, le Caux, en ont remanié les terroirs à la mode de leur patrie, usant des instruments dont ils avaient l'habitude. Simple conjecture ? D'accord, et qui ne pourrait être fondée en droit que par une minutieuse étude locale. Jusqu'ici l'histoire de l'occupation scandinave ne s'est guère faite qu'à l'aide des noms de lieux ; il y faudrait joindre l'étude des plans parcellaires. Et qui sait si cette recherche, que seule une alliance entre savants de spécialités et peut-être de nationalités différentes pourrait permettre de mener à bien, n'apporterait pas, entre autres résultats, le mot d'une vieille énigme ? Rien de plus malaisé que de faire le tri, parmi les envahisseurs, entre les divers groupes ethniques. Suédois, Norvégiens, Danois, comment les reconnaître ? Il semble cependant que les établissements danois, à tout le moins, devraient se distinguer des autres, précisément par leur dessin agraire : car, contrairement aux Suédois et aux Norvégiens, les Danois, de bonne heure, ont connu et la charrue et les parcelles étirées en groupes réguliers. Pour l'instant, l'explication de la forme des champs cauchois par l'influence scandinave, ou plutôt suédo-norvégienne, peut trouver une confirmation dans l'examen des nouveaux terroirs créés, dans cette même région, lors des grands défrichements, autour des villes neuves. Là, par un frappant contraste, de nouveau les champs allongés triomphèrent, et, avec eux, le compartimentage par quartiers [1]. C'est que les mœurs agraires des premiers temps de la conquête étaient alors bien oubliées et la charrue, comme aujourd'hui partout en Haute-Normandie, revenue en usage.

Qu'aux deux types principaux d'instruments aratoires correspondent deux types de champs différents, il n'y a sans doute à cela rien de bien étrange. La charrue est un admirable outil qui permet, à attelage égal, de fouiller le sol beaucoup plus profondément que l'araire. Mais ses roues même font que, pour tourner, elle exige quelque espace. Gros problème, à la fois technique et juridique, dans les pays de charrue, que ce virage, une fois la raie tracée ! Parfois on disposait sur les deux côtés des quartiers, perpendiculairement à l'axe général des sillons, une bande de terre, qu'on laissait inculte, au moins jusqu'à achèvement du labour sur l'ensemble ; *fourrière* picarde, *butier* de la plaine de Caen. Ou bien,

---

[1] Outre les plans de l'Aliermont, signalés p. 10, n. 15, admirable plan de Neuville-Champ-d'Oisel, du XVIIIe siècle, Arch. Seine Inf., pl. n° 172.

de quartier à quartier, les exploitants exerçaient des servitudes de « tournaille » : on imagine quels nids à procès ! De toutes façons, il convient de diminuer le nombre des tournants : d'où la nécessité d'allonger, à l'extrême, les parcelles. L'araire, plus souple, invite, au contraire, à rapprocher les champs du carré, ce qui permet de varier, en cas de besoin, la direction des sillons, voire de les entrecroiser [1]. Partout où, en Europe, nous le rencontrons — en Scandinavie, dans les anciens villages slaves de l'Allemagne orientale, constitués au temps de l'antique *oralo* —, nous trouvons aussi le dessin parcellaire à deux dimensions presque égales.

Mais ces considérations matérielles suffisent-elles à tout expliquer ? Certes la tentation est grande de dérouler, à partir d'une invention technique, la chaîne des causes. La charrue commande les champs allongés ; ceux-ci a leur tour maintiennent fortement l'emprise collective ; d'un avant-train ajouté à un soc découle toute une structure sociale. Prenons y garde : à raisonner ainsi, nous oublierions les mille ressources de l'ingéniosité humaine. La charrue, sans doute, oblige à faire les champs longs. A les faire étroits, non pas. Rien, a priori, n'eût empêché les occupants de partager le terroir en un nombre assez faible de grandes pièces, dont chacune se fût étendue assez loin dans les deux sens ; chaque exploitation, au lieu de se composer d'une multitude de bandes, très minces, eut été formée de quelques champs fort longs, mais aussi fort larges. En fait, une pareille concentration semble avoir été, généralement, moins recherchée qu'évitée. En dispersant les possessions, on croyait égaliser les chances ; on permettait à tout habitant de participer à des sols différents ; on lui laissait l'espoir de ne jamais succomber entièrement aux divers fléaux naturels ou humains — grêles, maladies des plantes, dévastations — qui, s'abattant sur le finage, ne l'éprouvaient pas toujours dans son entier. Ces idées, si profondément ancrées dans la conscience paysanne qu'elles s'op-

---

1 47 Meitzen a probablement attribué une importance excessive aux labours entrecroisés ; mais il n'est pas douteux que l'araire ne conduisit à multiplier en tous sens les légers sillons. Cette pratique est notamment attestée, pour le Poitou, dans le mémoire signalé plus haut p. 54, n. 45. A titre de contre-épreuve, comparez les modifications introduites dans la forme de. certaines parcelles de vigne par la substitution de la charrue à la pioche : R. MILLOT, *La réforme du cadastre*, 1906, p. 49. En Chine, la charrue à roues semble avoir amené aussi l'allongement des champs : cf. ci-dessus p. 10, n. 15.

posent aujourd'hui encore aux tentatives de maniement rationnel, ont exercé leur action sur la répartition des biens presque autant en pays de champs irréguliers que de champs allongés. Mais dans les premiers, où on se servait de l'araire, pour ne pas faire les pièces trop vastes, tout en leur maintenant une honnête largeur, il suffisait de réduire sur la longueur. L'emploi de la charrue interdisait de procéder ainsi. Là où elle était en usage, on fut donc amené, pour ne pas raccourcir les parcelles et en même temps ne pas leur donner une étendue excessive, à les amincir ; c'était se condamner à les grouper en faisceaux réguliers, sans quoi — hypothèse absurde ! — elles se fussent croisées. Mais ce groupement à son tour supposait une entente préalable entre les occupants et leur acquiescement à certaines contraintes collectives. Si bien qu'on aurait presque le droit, retournant, ou à peu près, les déductions de tout à l'heure, de dire que, sans les habitudes communautaires, l'adoption de la charrue eût été impossible. Mais sans doute est-il bien difficile, dans une histoire que nous ne reconstituons qu'à coups de conjectures, de peser aussi exactement les effets et les causes. Bornons-nous donc, moins ambitieusement, à constater qu'aussi loin que nous pouvons remonter, la charrue, mère des champs allongés, et la pratique d'une forte vie collective s'associent pour caractériser un type, très net, de civilisation agraire ; l'absence de ces deux critères, un type tout différent.

5. Les régimes agraires : les enclos

Aux deux systèmes « ouverts » — et marqués par des servitudes collectives, fortes ou mitigées, — s'oppose, par une étonnante antithèse, celui des enclos (pl. X à XII).

Les agronomes anglais du XVIIIe siècle associaient en général l'idée de clôture à celle de progrès agricole ; chez eux, dans les campagnes les plus riches, la suppression des assolements périmés et de la vaine pâture s'était accompagnée de la fermeture des champs. Or l'un d'eux, Arthur Young, ayant, en 1789, passé la Manche, eut une grande surprise. Il vit, en France, des provinces entières qui, coupées d'enclos, n'étaient pas moins étroitement soumises que leurs voisines à des procédés de culture tout à fait antiques : « par la folie singulière des habitants, dans les neuf dixièmes des enclos de France, le même système prévaut que dans les champs ouverts, c'est-à-dire qu'il y a autant de jachères. »

Donc, dans ces pays scandaleux, de toutes parts des clôtures compartimentent les labours, en règle générale parcelle par parcelle : clôtures permanentes, bien entendu, et que leur structure même, à l'ordinaire, proclamait faites pour de longues durées. C'étaient le plus souvent des haies vives, montées parfois, comme dans l'Ouest, sur de hautes levées de terre, qu'on appelle là-bas « fossés » (ce que le français commun nomme fossé s'y dit ordinairement « douve »). Tout ce feuillage — buissons, arbres aussi qui ne manquent point dans les haies — fait qu'encore aujourd'hui ces espaces cultivés, vus d'un peu loin, présentent, pour parler comme un mémoire du XVIIIe siècle, « le coup d'œil d'une mouvante forêt », à peine un peu clairsemée [1]. D'où le vieux nom de bocage que le langage populaire, l'opposant à ceux de « champagnes » ou de « plaines », évocateurs des terroirs sans obstacles, appliquait volontiers aux régions encloses. Ils sont venus — écrivait, vers 1170, le poëte normand Wace, dépeignant un rassemblement de paysans de la Normandie, qui se partage entre pays d'enclos et pays ouverts, — ils sont venus,

« cil del bocage e cil del plain ».

Mais toute clôture stable n'était pas forcément végétale. Parfois, le climat, le sol, ou tout simplement l'usage imposait un autre mode de fermeture : on élevait alors — comme dans certains coins de la côte bretonne, battus par le vent de mer, ou en Quercy — des petits murs de pierre sèche, qui, sans boucher la vue, traçaient sur le sol un immense damier aux lignes dures.

Ici, comme en régions de champs ouverts, les caractères matériels n'étaient que le signe visible de réalités sociales profondes.

Ne disons point que le régime des enclos était tout individualiste. Ce serait oublier que les villages où il régnait possédaient à l'ordinaire des pâquis communaux fort étendus et sur lesquels ils surent souvent — en Bretagne par exemple — maintenir avec une énergie farouche les droits de la collectivité ; oublier aussi que parfois — mais non toujours ; ce n'était le cas ni dans la Bretagne du Nord ni dans le Cotentin — les prés contrastaient avec les labours enclos par l'absence de toute fermeture et accueillaient, dès après la première herbe, les bêtes de tous les habitants. Disons plutôt que l'em-

[1] Arch. Nat., H 1486, n° 191, p. 19.

pire de la collectivité s'arrêtait devant les labours : fait d'autant plus frappant qu'en pays ouverts, en pays de champs allongés surtout, c'était la terre arable, au contraire, qui, par excellence, était soumise à ces contraintes [1]. Protégé par sa haie ou son mur, le champ ne connaît point la vaine pâture commune — bien entendu, la jachère, comme ailleurs, sert à la nourriture des animaux ; mais ce sont ceux de l'exploitant — et chaque cultivateur est maître de son assolement.

Ces habitudes d'autonomie agraire formaient si bien l'essence même du système qu'elles subsistaient parfois là même où les circonstances avaient amené la suppression de leur symbole sensible : la clôture. Il y avait alors, si je puis dire, enclos moral. Dans la Bretagne du Sud-Ouest, les terroirs voisins de la mer ignoraient naturellement les haies vives et ne prenaient pas toujours la peine d'y substituer des murs. Ils n'en étaient pas moins tout à fait étrangers aux servitudes collectives. Comme le constatait, en 1768, le subdélégué de Pont-Croix, dont le témoignage concorde avec d'autres observations, un peu postérieures : « Chaque propriétaire lie ses bestiaux au piquet dans ses portions de terre afin qu'ils ne courent point et ne paissent point sur celles des autres » [2]. Un égal respect du chacun-chez-soi tendait à prévaloir lorsque plusieurs parcelles se trouvaient comprises à l'intérieur d'un même enclos. Originairement, selon toute apparence, chaque pièce, dépendant d'un possesseur unique, avait possédé son rempart de verdure ou de pierres, comme elle avait son nom à elle : car ici c'est chaque champ, en principe, qui était — qui est encore — un lieu dit. Ces pièces étaient, à l'ordinaire, assez vastes et de formes irrégulières, mais sans grande inégalité entre leurs deux dimensions ; dans beaucoup de pays d'enclos on labourait avec l'araire, probablement parce qu'ils étaient, pour la plupart, fort accidentés ; lors même que, comme dans le Maine, on employait la charrue, on ne craignait pas de faire le champ assez large, parce qu'on n'avait pas de raison de ne pas le faire, au total, assez vaste, la règle de la dispersion — nous

---

1 Rien de plus caractéristique qu'une vieille maxime de droit rural, appliquée à peu près partout en pays ouvert. Lorsqu'il s'y rencontre une haie, séparant des parcelles de natures différentes, elle est présumée appartenir à celle d'entre elles qui est, en principe, la plus capable de clôture : au jardin ou à la vigne plutôt qu'au pré, au pré plutôt qu'au labour. La plupart des pays d'enclos ne connaissent point cette règle.
2 Arch. Ille-et-Vilaine, C 1632.

comprendrons pourquoi dans un instant — n'étant guère observée. Mais il arriva qu'au cours des temps ces étendues trop considérables se trouvèrent, par aliénations ou héritages, divisées entre plusieurs exploitants. Parfois ce morcellement avait pour résultat l'établissement de clôtures nouvelles. Sur certains plans normands, qui donnent le même terroir à deux dates différentes, on peut voir ainsi, par endroits, deux parcelles primitivement comprises dans le même enclos qui, sur le plus ancien document, sont séparées par une ligne purement idéale et, sur le second, par une haie [1]. Le paysan aimait à cultiver à l'abri d'une défense. Souvent, cependant, il reculait devant les frais ou les difficultés d'un pareil travail, surtout lorsque son lot était petit. Alors se constituait, derrière l'enceinte de l'enclos, un petit groupe de parcelles, souvent étroites et étirées, dont le dessin, sur les cartes qui négligent de marquer les haies par un signe distinctif, donne aisément aux observateurs un peu pressés l'illusion d'un quartier de champs allongés ; c'est ce qu'on appelait en Bretagne de langue française du nom caractéristique de « champagne ». Il était difficile qu'une entente manquât à s'établir entre les divers possesseurs qui se partageaient la champagne, entraînant une certaine uniformité d'assolement, parfois la dépaissance commune. On a en effet des exemples historiques de ces pratiques qui semblaient recréer, sur un petit coin de terre, les habitudes des finages ouverts [2]. Mais l'individualisme ambiant ne leur était pas favorable. Comme je montrais un jour à un employé du cadastre de la Manche, fort au courant des mœurs rurales de son pays, le croquis d'une de ces champagnes et lui disais : « Là du moins vous êtes bien obligés d'avoir une sorte de vaine pâture, — « Eh non, Monsieur », me répliqua-t-il, d'un air de pitié, « et c'est tout simple : chacun attache ses bêtes ». Tant il est vrai que tout usage agraire est, avant tout, l'expression d'un état d'esprit. Envisageant le projet d'introduire, en Bretagne, au moins sur les

---

1 Cf. la pl. X. Dans le pays breton de Broërech, soumis au « domaine congéable — mode d'appropriation où la terre appartenait au bailleur et les édifices aux preneurs — les clôtures nouvelles, considérées comme « édifices » et dont le prix, par conséquent, en cas de congé, devait être remboursé au fermier évincé, ne pouvaient être élevées sans l'assentiment du bailleur (qui, en fait, était le seigneur, le preneur étant un tenancier) : cf. E. CHÉNON, *L'ancien droit dans le Morbihan*, 1894, p. 80.

2 Nombreux témoignages des XVIIIe et XIXe siècles. C'est aux champagnes sans doute que s'applique un arrêt, assez énigmatique, du Parlement de Bretagne : POULLAIN DU PARC, *Journal des Audiences*, t. III, 1763, p. 186.

communaux, cette règle du troupeau commun qui, en Picardie, en Champagne, en Lorraine, semblait aux paysans appartenir à l'ordre même des choses, les représentants des États bretons écrivaient en 1750. « Il ne paraît pas possible d'espérer que la raison et l'esprit d'union règnent parmi tous les habitants du même village au point de réunir leurs moutons pour n'en former qu'un seul troupeau sous la garde d'un seul berger... » [1]

Comment un pareil système est-il né ? comment même était-il possible ? Pour le comprendre, il faut d'abord examiner sa répartition géographique et, du même coup, les genres de vie auxquels il s'associait. Pas plus que les autres régimes qui viennent d'être décrits, il n'est propre à la France. Le bon Arthur Young, s'il avait bien regardé, l'eût trouvé, avec les mêmes recettes techniques désuètes, en Angleterre même. Là aussi, par un parallélisme frappant, le vieux langage opposait aux *champaigns* ou *champions* tout ouvertes, le *woodland*, coupé de haies. Mais nous n'avons ici à considérer que les enclos français.

Toute la Bretagne — excepté, près de la Loire, le pays de Pontchâteau, ouvert et soumis aux servitudes collectives —, le Cotentin avec les régions de collines qui à l'Est et au Sud entourent la plaine de Caen, le Maine, le Perche, les « Bocages » poitevins et vendéens, la plus grande partie du Massif Central — à l'exclusion des plaines limoneuses qui y forment autant d'oasis sans barrières — le Bugey et le Pays de Gex, dans l'extrême Sud-Ouest le Pays Basque, voilà, telle qu'on peut aujourd'hui la tracer — trop sommaire certainement et sujette à être précisée et révisée par des enquêtes plus poussées — la carte des pays d'enclos. Donc des régions souvent accidentées, en tout cas de sol maigre.

D'occupation fort lâche aussi. Presque toujours, les terres encloses avaient pour centre, non un village, au sens général du terme, mais un hameau, une poignée de maisons. Parfois même, de nos jours, elles dépendent d'une maison tout à fait isolée ; mais ceci n'est vraisemblablement qu'un phénomène relativement récent, résultat soit d'un défrichement individuel, soit de l'un de ces accaparements du sol d'un hameau par un seul propriétaire, dont nous rencontrerons plus loin des exemples. L'agglomération ancienne était petite ; il y avait cependant agglomération.

---

1 Arch. d'Ille-et-Vilaine, C 3243.

Ce menu groupe d'hommes ne cultivait pas en permanence tout son terroir. Autour des labours, coupés de haies ou de murs, s'étendaient inévitablement de vastes friches : telles, par exemple, les landes bretonnes. Elles servaient de pâquis, et l'on y pratiquait d'ordinaire, assez largement, la culture temporaire. Ainsi s'explique que ces petites communautés aient pu renoncer aisément à la vaine pâture collective sur les champs. La dépaissance sur les espaces incultes leur offrait des ressources que ne connaissaient plus, avec une pareille ampleur, les régions plus complètement essartées. De là vient aussi que l'occupation s'y fit par vastes pièces, dont chaque exploitant ne possédait qu'un petit nombre : car de toute façon cette occupation stable ne s'appliquait qu'à une faible partie du finage ; la culture temporaire, sur le reste, se présentait naturellement en ordre dispersé.

Aussi bien, est-ce de la culture temporaire précisément qu'il faut partir pour reconstituer la genèse de ces terroirs enclos. L'évolution est difficile à suivre. Pourtant les faits bretons permettent de nous en faire une idée. Nous connaissons assez bien, dans la Bretagne du XVIIIe siècle, le régime des « terres froides », alternativement friches et labours intermittents. Une partie servait de communaux, une autre, plus considérable, peut-être, était objet d'appropriation individuelle : mais cela, sous réserves de servitudes collectives, absolument ignorées des « terres chaudes ». Chaque exploitant, à côté de ses champs permanents et enclos, possédait des morceaux de landes. De temps à autre, à larges intervalles, il venait y semer du seigle, dont il ne faisait qu'une récolte, puis, pour la litière et le fumier, du genêt, qui avait droit à une durée un peu plus longue. Il les fermait alors, mais à titre tout provisoire. « Suivant un usage invétéré et qui passe presque en loy », écrivait, en 1769, dans un très remarquable rapport, l'intendant de Rennes, « ces genêts ne peuvent rester que trois ans en terre et... après ce terme fatal les clôtures qui avaient été faites pour conserver les levées de ces terres froides doivent être détruites ». C'est qu'il fallait rendre le sol, un moment protégé contre elle, à la dépaissance commune. Primitivement, la plus large part, de beaucoup, la totalité peut-être de ces terroirs, constitués par un petit nombre d'exploitants, avait été (jardins exceptés) « terre froide », soumise, comme telle, en dehors des périodes d'ensemencement, à de rigoureuses obligations de pacage. Le plus ancien coutumier breton, la *Très Ancienne Coutume*, rédigée au début du XIVe siècle, dans ses dispositions, souvent passablement obscures, reflète visiblement les incertitudes d'une époque de transition. La clôture est autorisée, mais la vaine pâture – appelée « guerb », parce qu'elle obligeait les possesseurs à abandonner, à « guerpir » leurs champs — est présentée comme encore largement pratiquée. Tenue pour nécessaire au bien commun, elle est, à ce titre, l'objet de certaines faveurs juridiques. Enfin la culture semble sujette à bien des intermittences [1]. De même, dans la Marche, au XIIIe siècle, la vaine pâture, qui, aujourd'hui, y est ignorée, semble avoir été la règle [2]. Peu à peu, sur certaines sections des terroirs, les défrichements, opérés, comme plus tard les essartages temporaires de la lande, par initiative individuelle, en conséquence sous forme de champs irrégulièrement disposés, devinrent définitifs et comme eux permanentes, leur clôtures, qui, dans un système où les friches parcourues par les bêtes étaient toujours proches des maisons, semblaient indispensables à la défense des grains [3]. Ainsi se constitua ce régime d'enclos, où la collectivité ne pouvait abdiquer ses droits sur les labours que parce qu'elle les conservait, en réalité, sur la majeure partie des terres dont la zone régulièrement ensemencée ne constituait qu'une faible fraction.

***

De ces divers régimes agraires, l'opposition, plus ou moins nettement conçue, a dès longtemps frappé les historiens. Au temps

---

1 Ed. PLANIOL, § 256, 273, 274, 279, 280, 283. Les nobles peuvent défendre leurs terres, si elles sont suffisamment vastes, même sans clôture et, de toute façon, se contenter d'une clôture légère ; ils conservent, dans ces deux cas, leurs droits de *guerb* sur les autres champs. Les non-nobles peuvent clore, mais doivent le faire fortement ; au cas où, sans clôture de cette sorte, ils voudraient défendre leurs terres, ils le peuvent encore, mais sans avoir vis-à-vis des bêtes qui viendraient néanmoins pâturer chez eux d'autre droit que de les expulser : point d'amendes ni de dommages et intérêts ; car la dépaissance commune est nécessaire à la vie du « monde » et doit être favorisée. Les non-nobles qui enclosent ou défendent tous leurs biens perdent tout faculté d'exercer la vaine pâture sur les labours d'autrui. Enfin le § 280 fait observer que, jusqu'à la mi-avril, il est impossible de savoir si une terre sera mise en « labourage » ou laissée en jachère : preuve d'un système d'assolement fort irrégulier.
2 Voir les donations de droits de pâture sur toute la terre « tant plaine que couverte de bois », « excepté sur les terres ensemencées et les prés », dans le cartulaire de Bonlieu, Bibl. Nat., lat. 9196, fol. 33, 83, 74, 104, 130.
3 La haie était souvent, pour cette raison, obligatoire : POULLAIN DU PARC, *Journal des Audiences et Arrêts du Parlement de Bretagne*, t. V, 1778, p. 240.

où la race semblait devoir donner la clef du passé, on songea, tout naturellement, à demander au *Volksgeist* le mot de cette énigme, comme de tant d'autres. Tel fut, notamment, hors de France, l'objet de la grande tentative de Meitzen, précieuse comme initiatrice, mais qu'on doit tenir aujourd'hui pour définitivement ruinée. Aussi bien, entre autres torts, avait-elle celui de ne tenir compte que des peuples historiquement attestés : Celtes, Romains, Germains, Slaves. C'est bien plus haut, jusqu'aux populations anonymes de la préhistoire, créatrices de nos terroirs, qu'il faudrait pouvoir remonter. Mais ne parlons ni de race, ni de peuple ; rien de plus obscur que la notion d'unité ethnographique. Mieux vaut dire : types de civilisation. Et reconnaissons que, pas plus que les faits de langage ne se groupent aisément en dialectes — les frontières des diverses particularités linguistiques ne se recouvrant pas exactement les unes les autres – les faits agraires ne se laissent enfermer dans des limites géographiques qui, pour toutes les catégories de phénomènes apparentés, seraient rigoureusement les mêmes. La charrue et la pratique de l'assolement triennal semblent bien, toutes deux, nées dans les plaines du Nord ; mais leurs aires d'extension ne coïncident point. La charrue, d'autre part, est liée d'ordinaire aux champs allongés ; elle s'associe, cependant, quelquefois aux enclos. Compte tenu des zones de contact, favorables toujours à l'éclosion de types mixtes, et sous réserve de divers chevauchements, on peut néanmoins distinguer, en France, trois grands types de civilisation agraire, en liaison étroite, à la fois, avec les conditions naturelles et l'histoire humaine. D'abord un type de sol pauvre et d'occupation lâche, longtemps tout à fait intermittente et qui toujours — jusqu'au XIXe siècle — demeura telle, pour une large part : régime des enclos. Viennent ensuite deux types d'occupation plus serrée, comportant tous deux, en principe, une emprise collective sur les labours, seul moyen, vu l'extension des cultures, d'assurer entre les moissons et le pacage l'exact équilibre nécessaire à la vie de tous, — tous deux, par conséquent, sans clôtures. L'un, que l'on peut dire « septentrional », a inventé la charrue et se caractérise par une cohésion particulièrement forte des communautés ; son signe visible est l'allongement général des champs et leur groupement en séries parallèles. Probablement, ce fut des mêmes milieux que partit l'assolement triennal, dont le rayonnement a, en général, largement dépassé, vers le sud, mais sur d'autres points — voyez la plaine d'Alsace n'a pas tout à fait atteint celui de la charrue et des terroirs à parcelles régulières et allongées. Le second des deux types ouverts, enfin, qu'il est permis, pour simplifier, mais avec quelques réserves, d'appeler « méridional », unit la fidélité au vieil araire et — dans le Midi proprement dit, du moins — à l'assolement biennal, avec, dans l'occupation et la vie agraire elle-même, une dose sensiblement moins forte d'esprit communautaire. Il n'est pas interdit de penser que ces contrastes, si vifs, dans l'organisation et la mentalité des vieilles sociétés rurales n'ont point été, sur l'évolution du pays en général, sans profonds retentissements [1].

Chapitre III.
La seigneurie jusqu'à la crise des XIVe et XVe siècles

1. La seigneurie du haut moyen-âge et ses origines

Toute étude de la seigneurie doit prendre son point de départ dans le haut moyen-âge. Non que l'institution elle-même ne remonte à un passé beaucoup plus ancien ; nous chercherons, le moment venu, à dégager ces lointaines racines. Mais, aux VIIIe et IXe

---

[1] J'ai, dans tout ceci, envisagé le tracé des champs comme un phénomène d'ordre purement économique. On peut se demander si, dans la constitution des terroirs, le facteur religieux, singulièrement actif au sein de toutes les sociétés primitives, n'a pas joué son rôle. Les actes religieux, qui dégénérèrent plus tard en actes magiques, ont longtemps été tenus pour indispensables à la prospérité des moissons. Les limites, par ailleurs, celles des champs entre autres, furent souvent pourvues d'une valeur sacrée (Cf. S. CZARNOWSKI, dans *Actes du Congrès international d'histoire des religions ... en octobre 1923*, t. I). Des conceptions religieuses différentes ont pu donner naissance à des dessins agraires divers. Mais on ne saurait qu'indiquer le problème ; pour le traiter, le terrain se dérobe sous nos pas. D'autre part, n'y a-t-il pas, dans notre pays, des traces de *centuriatio* romaine, analogues aux vestiges qu'on a relevés en Italie, en Afrique, peut-être en pays rhénan ? La question a été posée (cf. *Revue des Études Anciennes*, 1920, p. 209) ; elle attend encore sa solution. Mais, à l'intérieur des grandes lignes de la *centuriatio*, quelle était la forme des parcelles et quels étaient les usages agraires ? Une fois de plus, l'examen de la carte ne saurait suffire ; il y faut toujours ajouter celui des coutumes d'exploitation. Aussi bien rejoignons-nous ici le problème signalé au début de cette note : le champ romain ne représente-t-il pas une sorte de régularisation religieuse — *templum*, — du champ à deux dimensions presque égales, qui s'impose dans les pays d'araire ? On voit combien les points d'interrogation sont encore nombreux.

Chapitre III

siècles, pour la première fois, l'abondance relative des documents — chartes, textes législatifs et surtout ces précieux inventaires seigneuriaux qu'on a pris l'habitude d'appeler polyptyques — permet une description d'ensemble, qu'il serait bien vain de tenter pour une époque plus reculée.

Le sol de la Gaule franque nous apparaît comme fractionné en un très grand nombre de seigneuries. On les appelait alors, généralement, des *villae*, bien que ce mot commençât déjà à glisser au sens de lieu habité. Qu'était-ce, en ce temps, qu'une seigneurie, ou *villa* ? dans l'espace, un territoire organisé de telle sorte qu'une grande partie des profits du sol revînt, directement ou indirectement, à un seul maître ; humainement, un groupe qui obéissait à un seul chef.

***

Le sol de la seigneurie se divise en eux portions, nettement distinctes, mais unies par des liens d'interdépendance extrêmement étroits. D'une part, une grande exploitation, mise en valeur directement par le seigneur ou ses représentants : c'est ce qu'on appelait généralement, dans le latin du temps, *mansus indominicatus*, plus tard, en français, domaine ; nous dirons domaine, ou encore réserve seigneuriale. D'autre part, un nombre assez élevé de petites ou moyennes exploitations dont les détenteurs doivent au seigneur diverses prestations et, surtout, contribuent au travail sur la réserve : les historiens, usant d'un mot du droit médiéval postérieur, les appellent tenures. La coexistence, dans un même organisme, de cette grande et de ces médiocres exploitations est, du point de vue économique, le caractère fondamental de l'institution.

Jetons d'abord les yeux sur la réserve. Ce sont des bâtiments d'habitation et d'exploitation, des jardins, des landes ou forêts, mais surtout des champs, des prés, des vignes : essentiellement un domaine agricole. Tout cela est-il d'une seule pièce ? On devine bien que nous n'avons pas de cartes. Mais là où les textes laissent percer quelques lueurs, nous constatons que les labours de la réserve sont normalement divisés en plusieurs « champs » ou « coutures », plus ou moins enchevêtrés avec les biens des tenanciers. Seulement, ces parcelles, de superficie certainement très variable selon les cas — à Verrières, en Parisis, jusqu'à 89 hectares en moyenne, à Neuillay, en Berry, 5 hectares 1/2, à Anthenay, au pays rémois, moins d'un hectare [1] —, sont, en règle générale, même dans la zone des champs ouverts et allongés, beaucoup plus étendues que celles dont se composent les tenures. Ayant plus de terres, le seigneur échappe, dans une certaine mesure, à la loi du morcellement, faite pour de petits et moyens occupants qui peu à peu avaient poussé en avant leurs sillons, avec le souci d'égaliser entre eux les chances. Car la réserve est, à l'ordinaire, très vaste. Laissons de côté maisons, bois et friches. Du sol cultivé, quelle part revient au domaine, et quelle part aux tenures ? Question capitale : selon qu'on la résoudra dans un sens ou un autre, la nature même de l'organisme seigneurial variera du tout au tout. Question très embarrassante aussi, vu la pénurie et l'obscurité des données statistiques. Aussi bien y avait-il vraisemblablement, non seulement de lieu à lieu, mais aussi entre les diverses catégories de seigneuries, de très fortes différences. Les riches fortunes terriennes sont les seules dont les documents nous donnent une idée un peu précise. Même en nous en tenant à elles, il faut renoncer à atteindre autre chose qu'un ordre de grandeur. Du quart, à peu près, à la moitié du total des cultures, en superficie souvent plusieurs centaines d'hectares, voilà, sur les terres du roi, de la haute aristocratie, des principales églises, l'image que nous pouvons, sans trop de risque d'erreurs, nous faire des champs seigneuriaux.

Donc une grande, voire une très grande exploitation. Pour en tirer profit une main d'œuvre assez abondante était nécessaire. Où le seigneur en trouvait-il les éléments ?

Trois systèmes pouvaient, en principe, les lui procurer et les lui procuraient en effet, mais dans des proportions extrêmement variables : le salariat, l'esclavage, la corvée due par les tenanciers.

La salariat, à son tour, peut s'envisager de deux façons. Ou bien l'employeur rémunère le travailleur par un salaire fixe, en argent ou en nature Ou bien il l'accueille chez lui et prend à sa charge les dépenses nécessaires à son entretien ou même à son habillement ; le versement d'une somme d'argent, s'il s'ajoute à ces fournitures, ne figure guère que comme appoint. Le premier procédé, aujourd'hui

1 Cf. L. Halphen, *Études critiques sur l'histoire de Charlemagne*, 1921, p. 260-261. Pour Anthenay, B. Guérard, *Polyptyque de l'abbaye de Saint-Rémi de Reims*, 1853 ; malheureusement les mesures, ici, sont indiquées en *mappae*, qui paraissent avoir été de grandeur variable selon les lieux ; il est sûr, néanmoins, qu'aucun calcul ne saurait nous donner plus d'un hectare.

constant dans la grande industrie, permet une certaine aisance dans l'emploi de la main-d'œuvre ; il convient à des occupations transitoires ou favorise le libre renouvellement du personnel ; en outre, lorsqu'il comporte une allocation en numéraire, il exige, évidemment, une économie largement fondée sur la monnaie et les échanges. Le second, en usage aujourd'hui encore dans l'agriculture, suppose plus de stabilité et une circulation des biens moins intense.

Le haut moyen-âge, quoiqu'on en ait dit, a connu le louage d'ouvrage, sous ses deux formes, et l'a pratiqué sur les réserves seigneuriales. C'étaient de véritables salariés que ces travailleurs employés par les moines de Corbie, dans leurs jardins, au bêchage des plates-bandes pendant l'automne, aux plantations du printemps, au sarclage en été, moyennant quelques pains, quelques muids de cervoise, quelques légumes et aussi quelques deniers. De même, ces paysans venus de régions dévastées qui, au témoignage d'un capitulaire de Charles le Chauve, se louaient pour les vendanges [1]. Occupations saisonnières de part et d'autre, et qui exigeaient, pour un temps assez court, un brusque surcroît d'effort. L'existence de ces ouvriers temporaires prouve, dans la population rurale, plus de mobilité qu'on ne l'imagine parfois et une certaine surabondance de main-d'œuvre, qu'expliquent les maigres cultures du temps. Mais sur les grands domaines seigneuriaux, le salariat pur n'a jamais joué que le rôle d'un appoint exceptionnel, et passager.

Des travailleurs vivant aux frais du maître, recevant de lui, comme on disait en français médiéval, la « provende » (*praebendam*), des « provendiers », en un mot, pour parler comme nos vieux textes, il y en eut, également, à toutes les époques du moyen-âge, et notamment dans la Gaule franque. Mais seuls, parmi eux, les hommes libres méritent le nom de salariés ; nourri lui aussi par son maître, l'esclave n'en occupe pas moins une position toute différente. Or la période franque avait encore des esclaves et parmi les « provendiers » dont nous entretiennent des documents assez nombreux — ce sont surtout des règlements relatifs aux distributions alimentaires, beaucoup plus préoccupés de fixer les rations que d'entrer dans l'analyse des conditions sociales —, il est souvent difficile de

---

[1] *Statuts*, éd. Levillain, dans *Le Moyen-Age*, 1900, p. 361, cf. p. 359. *Capitularia*, t. II, n° 273, c. 31.

distinguer les divers statuts juridiques. Il est possible, cependant, que, dans le monde bigarré et souvent passablement turbulent qui recevait la provende des mains des celleriers seigneuriaux, à côté d'esclaves, d'artisans libres, d'hommes d'armes, de vassaux, aient figuré quelques garçons ou filles de fermes, dont la présence était volontaire. Mais pas assez, bien certainement, pour suffire à la culture de très vastes exploitations.

Et les esclaves ?

Ici encore une distinction s'impose. Il y a deux manières différentes d'employer l'esclave aux champs : comme valet, peinant sur l'exploitation du maître, à des tâches fixées chaque jour par celui-ci ou son représentant ; ou bien en lui affectant un lopin de terre dont la culture tout entière lui est confiée et dont les profits, selon des modalités diverses, seront partagés entre le maître et lui. Dans ce second cas, l'esclave est, au vrai, un tenancier ; s'il fournit, en outre, un travail sur la réserve, ce travail sera une corvée. Restent les esclaves « provendiers ».

Le monde romain avait connu de vastes exploitations, cultivées uniquement par des équipes d'esclaves, selon un système fort analogue à celui que devaient pratiquer, bien des siècles plus tard, les plantations de l'Amérique tropicale. Mais dès la fin de l'Empire cette méthode, qui n'avait sans doute jamais été générale, avait été progressivement délaissée. Des raisons à la fois matérielles et psychologiques en expliquent l'abandon. Un pareil régime supposait une main d'œuvre servile abondante et — ce qui va naturellement avec l'abondance — bon marché. Les agronomes romains avaient déjà observé que l'esclave en équipes travaille mal ; il en faut beaucoup pour faire peu de besogne. En outre, lorsqu'il meurt ou tombe malade, c'est un capital qui s'évanouit et dont le remplacement s'impose. Il n'y a point, pour cela, grand fond à faire sur les naissances, à l'intérieur du domaine lui-même ; l'expérience prouve que l'élève du bétail humain est, entre toutes, difficile à réussir. Il faut donc, à l'ordinaire, acheter le remplaçant ; si le prix en est élevé, la perte devient singulièrement lourde. Or c'étaient les guerres, et les guerres heureuses, les razzias en pays barbare, qui alimentaient les marchés d'esclaves. Vers la fin de l'Empire, réduit à la défensive et peu à peu acculé à la défaite, la marchandise servile devint rare, et chère. L'esclave tenancier, au contraire, travaille mieux, au moins sur sa tenure, parce qu'il y besogne en partie pour soi et, comme il vit en familles constituées et qui ne risquent guère la dispersion, la main d'œuvre, en ce cas, se perpétue d'elle-même. Il y a plus. Une grande plantation est véritablement une entreprise capitaliste ; elle exige un ajustement délicat entre le capital-main-d'œuvre et les produits, des comptes de recettes et dépenses difficiles à établir, un contrôle constant et efficace du travail ; toutes choses que l'état économique du monde occidental et les conditions de vie de la société romaine, puis romano-barbare, rendirent de plus en plus malaisées. La plupart des esclaves, sous les Carolingiens, étaient des tenanciers, — comme on disait, étaient « chasés » (*casati*), c'est à dire pourvus d'une maison à eux (*casa*), avec les champs qui en dépendaient. Ou, du moins, ce qui subsistait d'esclaves ; car beaucoup avaient été affranchis, à condition, précisément, de continuer à vivre sur la tenure.

Cependant, comme, à l'époque carolingienne, les sources de l'esclavage — surtout la guerre contre les infidèles — étaient loin d'être taries, et que le commerce de la marchandise humaine conservait une assez grande étendue, on voyait encore, sur les réserves, quelques esclaves non chasés, constamment à la disposition du maître. Leurs services n'étaient sans doute pas négligeables. Mais leur nombre, visiblement, était beaucoup trop faible pour qu'ils pussent, à eux seuls, assurer la culture des champs seigneuriaux, ou même y contribuer bien sensiblement. Tout nous ramène, en somme, à la même conclusion. Pour sa mise en valeur, le domaine dépendait des corvées, c'est à dire des tenures. Voyons donc ce qu'étaient celles-ci.

***

Représentons-nous de petites exploitations, en nombre, selon les cas, très variable. Les unes sont proches de la réserve, champ contre champ ; les maisons de leurs occupants voisinent avec la vaste « cour » — parfois, déjà, le château — où vivent le seigneur et sa domesticité. Ailleurs, la distance est plus grande ; il arrive que le hasard des donations, des partages, des achats, des contrats générateurs de relations de dépendance, ait lié à un *mansus indominicatus* des tenures qui déploient leurs parcelles dans des terroirs assez lointains, quelquefois à une bonne journée de marche. De même, il n'est point rare que plusieurs seigneuries différentes enchevêtrent leurs domaines et les biens de leurs tenanciers à l'intérieur d'un même village et de son finage. Évitons de nous faire de ces sociétés anciennes une image trop régulière ; dans l'assiette topographique des droits exercés sur le sol, comme dans leur définition, elles comportaient une large part de confusion et de chevauchements. La plupart de ces tenures, mais non pas toutes, forment, au regard de la fiscalité seigneuriale, des unités fixes, indivisibles, qu'on appelle généralement des manses (*mansi*) [1]. Les hommes qui les occupent et les exploitent appartiennent à des conditions originellement fort différentes. Pour nous en tenir à l'essentiel, on trouve parmi eux des esclaves (*servi*) et, en beaucoup plus grand nombre, des colons. Ces derniers étaient des paysans théoriquement libres, que la législation du Bas-Empire romain avait héréditairement fixés sur le sol. A l'époque carolingienne, la règle de l'attache au sol n'existait plus guère ; mais les colons demeuraient soumis, très fortement, à la sujétion seigneuriale. On tendait à confondre avec eux les affranchis, anciens esclaves libérés à charge d'obligations assez strictes. D'autres catégories encore ajoutaient à cette bigarrure juridique. En outre la terre elle-même avait son statut, qui ne correspondait pas toujours à celui de l'homme. On distinguait des manses « ingénuiles » (d'hommes libres), « serviles », d'autres encore ; chaque classe de tenures était, en principe, différemment chargée. Mais il arrivait fort bien que le manse ingénuile, fait primitivement pour le colon, fût, maintenant, occupé par un esclave, qu'un colon, inversement, vécût sur un manse servile : discordances caractéristiques d'un système de hiérarchie sociale en plein renouvellement. De plus en plus ces classifications, si compliquées, tendaient à perdre leur valeur pratique. L'essentiel était que tous les tenanciers se trouvaient sous la dépendance du seigneur ; comme on disait dès lors, usant d'une expression à laquelle le moyen-âge tout entier donna un sens très plein, ils étaient « ses hommes ».

La plupart des tenures n'étaient pas attribuées pour un temps spécifié à l'avance. Il existait bien, çà et là, des exploitations louées pour un certain nombre d'années, à vie ou pour plusieurs vies (trois en général) : c'étaient les « manses censiles », dits aussi

---

[1] Les nécessités de l'exposé, me forceront à revenir, plus loin (chapitre V), avec plus de détails, sur la définition du manse et la classification de ses diverses catégories. On ne trouvera ici que les indications strictement nécessaires à l'intelligence de la seigneurie.

Chapitre III

« mainfermes ». Mais en Gaule, à la différence de l'Italie, ces fermages à temps étaient rares. La masse des tenures étaient de durée indéterminée. Et, pas plus que leur durée, leurs charges n'étaient fixées par un contrat écrit, ou même qui fût, d'aucune façon, explicite. La coutume de la seigneurie réglait seule les rapports du seigneur et de ses hommes.

Nous touchons là à une notion qui, capitale, au moyen-âge, dans tous les domaines de la pensée juridique, n'a nulle part exercé une plus forte action que sur la structure de la société rurale. Foncièrement traditionaliste, cette époque, peut-on dire avec un peu, mais très peu d'exagération, a vécu sur l'idée que ce qui est depuis longtemps a, par là même, et a seul le droit d'exister. La tradition — la « coutume » — du groupe en commandait la vie. Il semblerait, au premier abord, qu'un pareil système dût s'opposer à toute évolution. Il n'en fut rien. La coutume, à l'occasion, prenait corps dans des actes écrits, décisions de jurisprudence, inventaires de seigneuries, établis par enquête ; mais dans la plupart des cas, elle demeurait purement orale. Somme toute, on se fiait au souvenir humain. Reconnaissait-on que telle institution avait été en vigueur « de mémoire d'homme » ? on la tenait pour valable. Or la « mémoire d'homme » est un instrument singulièrement imparfait et malléable ; ses facultés d'oubli et surtout de déformation sont proprement merveilleuses. Le résultat de l'idée coutumière fut beaucoup moins d'arrêter la vie que, transformant peu à peu les précédents en droits, de légitimer une foule d'abus de forces, ou bien de négligences : arme à double tranchant qui, tour à tour, servit les seigneurs et leurs paysans. Du moins le principe, qui avait les avantages et les inconvénients d'une relative souplesse, était-il évidemment préférable au pur arbitraire seigneurial. Sous les Carolingiens, alors que la justice publique avait encore quelque activité, on voit la coutume de la seigneurie invoquée tantôt par le seigneur contre ses hommes, tantôt par les hommes contre leur seigneur ; et dès ce temps son empire s'étend, parmi les tenanciers, non seulement aux colons, mais aussi aux esclaves [1].

Un des principaux résultats de son action fut de rendre les tenures. dans quelque catégorie juridique qu'elles rentrassent ou que rentrassent leurs habitants, en pratique à peu près uniformément

---

1 *Capitularia*, t. II, n° 297, c. 14.

héréditaires. Les seigneurs n'avaient aucune raison de s'opposer à ce mouvement. En laissant se créer d'innombrables précédents, ils le favorisèrent. Quel intérêt, à l'ordinaire, eussent-ils trouvé à retirer aux enfants du colon ou de l'esclave morts l'exploitation paternelle ? L'ajouter à la réserve ? mais celle-ci, cultivée grâce aux corvées des tenanciers, sous peine, comme valeur agricole, de se détruire elle-même, ne pouvait s'accroître indéfiniment. Aussi bien, à terre sans hommes, chef sans prestige. Appeler un autre occupant ? la population était trop peu dense, les terres en friche trop abondantes pour qu'un bien vacant ne risquât pas un long abandon. Le fait nouveau à l'époque franque ne fut pas la perpétuité des tenures ingénuiles, dès longtemps reconnue, selon toute apparence, par les coutumes des petits groupes ruraux, mais l'extension de cette règle traditionnelle à l'ensemble des tenanciers, même de condition servile.

Rien ne serait plus inexact que de voir dans les relations du seigneur et de ses hommes seulement leur aspect économique, si important fût-il. Le seigneur est un chef, non pas seulement un directeur d'entreprise. Il exerce sur ses tenanciers un pouvoir de commandement, tire d'eux au besoin sa force armée et, comme compensation, étend sur leur groupe sa protection, son « mondebour ». Impossible d'entrer ici dans l'étude, effroyablement compliquée, des droits de justice. Il suffira de rappeler que, dès l'époque franque, en théorie pour une part et plus encore, sans doute, en fait, c'était devant la cour seigneuriale que se trouvaient portées le plus grand nombre des causes qui intéressaient les dépendants. Plus d'un, sans doute, des barons francs ou plus tard français aurait volontiers répondu comme ce Highlander auquel on demandait combien lui rapportait sa terre : « cinq cents hommes » [1].

Du point de vue économique, le tenancier est soumis envers le seigneur à deux catégories d'obligation : il lui paye des redevances, et lui doit des services.

Dans l'ensemble complexe que forment les redevances, la signification première de chacune d'elles n'est pas toujours aisée à discerner. Les unes constituent une sorte de reconnaissance du droit réel supérieur que le seigneur possède sur le sol, une sorte de compensation pour la jouissance reconnue au tenancier. D'autres, payées

---

[1] S. F. Grant, *Every day life in an old Highland farm*, 1924, p. 98.

par tête, sont le signe de la sujétion personnelle à laquelle certaines catégories de dépendants se trouvent soumises ; d'autres encore, le prix de certains avantages annexes — de pâture par exemple — accordés aux petits exploitants. Il en est enfin qui représentent, tout simplement, d'anciennes charges d'État que les seigneurs ont su accaparer à leur profit. Certaines d'entre elles sont perçues sous forme d'une part proportionnelle de la récolte. Mais le cas n'est pas très fréquent. Le plus grand nombre sont fixes, payées en argent quelquefois, le plus souvent en nature. Leur poids, dans l'ensemble, est lourd, — moins lourd cependant que celui des services. A l'époque carolingienne, le tenancier est moins un débiteur qu'un corvéable. Par son rôle essentiel, il ressemble à ces *husmend* auxquels le grand propriétaire norvégien d'aujourd'hui cède quelques lopins de terre, à charge de prêter le secours de leurs bras à la ferme principale.

Dans la masse, également assez bigarrée, des services, on peut, laissant de côté quelques cas moins intéressants — les charrois par exemple —, distinguer deux groupes vraiment caractéristiques : services de culture, services de fabrication.

A l'intérieur du premier groupe, une nouvelle division s'impose travail aux pièces, travail à la journée. D'une part, en effet, chaque chef de petite exploitation reçoit en charge une certaine étendue de terre, prise dans le domaine ; en même temps, le plus souvent, les semences nécessaires. Il est responsable de la culture de ces champs. Leurs profits vont tout entiers au seigneur. C'est le travail aux pièces. Par ailleurs il doit au, seigneur un certain nombre de journées de travail — parfois on précise davantage : tant de journées de labour, tant pour la coupe des bois, etc. Affaire au maître ou à ses représentants de disposer de ce temps au mieux des intérêts de la réserve.

Des journées de travail, soit ; mais combien ? Là était la question vitale. Le poids de la corvée variait selon les seigneuries, et, à l'intérieur de chacune d'elles, selon la condition juridique des paysans, ou de leurs manses. Il arrivait que, sur ce point, la coutume n'eût apporté aucune limite, au moins officiellement acceptée, à l'arbitraire seigneurial : le tenancier « fait des jours quand cela est nécessaire », « quand il en reçoit l'ordre ». Le cas se présentait quelquefois pour les manses ingénuiles. Sur les manses serviles, il était fréquent : vestige, sans aucun doute, des habitudes de l'esclavage ; l'esclave n'est-il point, par définition, constamment à la disposition du maître ? Ailleurs, le nombre des journées était expressément fixé par la tradition. Il était généralement très considérable. Trois jours par semaine : voilà le taux le plus répandu. Encore était-il assez souvent dépassé, soit pour certaines saisons, comme la moisson, soit même durant l'année entière. Comment les paysans trouvaient-ils donc le temps de cultiver leurs propres terres ? Les chiffres, ne l'oublions pas, sont donnés non par individu, mais par tenure — en général, par « manse ». Or, sur chacune de ces unités agraires, vivait une famille au moins, parfois davantage. Un des hommes du groupe, pendant une grande partie de la semaine, était détaché au service du seigneur, parfois obligatoirement accompagné, pour les grands travaux saisonniers, par un ou deux « ouvriers » supplémentaires ; ses camarades besognaient sur les champs de la petite exploitation. Il n'en est pas moins vrai qu'un pareil système mettait entre les mains du régisseur, du domaine une main-d'œuvre extrêmement considérable [1].

Ce n'était pas tout. Au seigneur, les paysans ou du moins certains d'entre eux devaient remettre, chaque année, un nombre fixe de produits fabriqués : objets de bois, étoffes, vêtements, même, sur certains manses où se perpétuaient, de père en fils, les recettes d'un métier qualifié, outils de métal. Parfois la matière première était, comme le travail, à la charge du tenancier : c'était probablement, pour le bois, le cas ordinaire. Mais, lorsqu'il s'agissait d'étoffes, les matériaux étaient souvent fournis par le seigneur : le paysan ou sa femme ne donnait que son temps, sa peine et son adresse. La tâche était exécutée, tantôt à domicile, tantôt, afin d'éviter les gaspillages et les vols — mais cette obligation vraiment servile ne pesait que sur les esclaves chasés, à l'exclusion des colons — dans un atelier seigneurial que, même lorsqu'il s'y trouvait des hommes, on appelait, d'un nom déjà familier au Bas-Empire, le « gynécée ». Ainsi la tenure était si bien conçue comme une source de main-d'œuvre qu'elle était employée, à ce titre, au service de la production industrielle, aussi bien que de l'agriculture. En ce sens, on peut définir la

---

[1] Travail obligatoire, la corvée n'était pas toujours un travail absolument gratuit ; elle entraînait parfois, pour le seigneur, le devoir de nourrir les paysans. Exemple : *Polyptyque de Saint-Maur des Fossés*, c. 10, dans B. Guérard, *Polyptyque de l'abbé Irminon*, t. II, 1844. Nombreux exemples postérieurs.

Chapitre III

seigneurie comme une vaste entreprise, ferme et manufacture tout à la fois — mais ferme surtout — où le salaire était généralement remplacé par des allocations en terre.

***

Cette seigneurie de l'époque franque, était-ce une institution toute récente, née de conditions sociales et politiques nouvelles ? ou bien un antique mode de groupement, profondément enraciné dans les habitudes rurales ? La réponse est plus difficile qu'on ne voudrait, Nous rendons-nous toujours bien compte de l'ignorance profonde où nous nous trouvons de la vie sociale de la Gaule romaine, surtout pendant les trois premiers siècles de notre ère. Diverses considérations cependant nous inclinent à voir, dans la seigneurie médiévale, la suite directe d'usages remontant à une époque très reculée, celtique pour le moins.

César nous dépeint les peuples de la Gaule comme dominés presque partout par les grands. Ces puissants sont en même temps des riches. Nul doute qu'ils n'aient tiré de la terre le plus clair de leurs ressources. Mais comment ? On ne saurait guère leur attribuer la direction de grandes exploitations, mises en valeur par des troupes d'esclaves. Leur force nous est donnée comme reposant avant tout sur des « clients », sujets, mais de naissance libre. Ces dépendants étaient visiblement trop nombreux pour vivre tous dans la maison du maître ; et comme on ne peut les imaginer concentrés dans les villes, rares et médiocrement peuplées, il faut bien qu'ils aient été pour la plupart des campagnards. Tout conduit à se représenter la noblesse gauloise comme une classe de chefs de villages, puisant le plus clair de leurs revenus dans les prestations de paysans placés sous leur autorité. Aussi bien César ne nous apprend-il pas, incidemment, que le Cadurque Lucter avait, dans sa « clientèle », Uxellodunum, qui était un bourg fortifié et presque une ville ? Comment croire que d'autres agglomérations, purement rurales celles-là, n'étaient pas, elles aussi, « clientes » ? Peut-être — mais ceci n'est plus que conjecture — ce régime avait-il son origine dans un ancien système tribal : l'exemple des sociétés celtiques non romanisées, tel qu'on peut l'observer, en plein moyen-âge, dans le Pays de Galles, semble, bien montrer, du chef de tribu ou de clan au seigneur, un passage assez aisé.

Sous la façade romaine, dans un Empire où de toutes parts se rencontraient, dans l'exploitation des terres, des modes d'organisation analogues, ces institutions se maintinrent probablement, pour l'essentiel. Elles durent s'adapter, bien entendu, aux conditions nouvelles du droit et de l'économie. L'abondance des esclaves entraîna, sans doute, au début, la création de vastes réserves seigneuriales. Il n'est point sûr que l'époque celtique en eût connu de bien considérables. L'exemple du Pays de Galles, ici encore, prouve que l'existence d'un domaine, en tout cas d'un domaine étendu, n'est point indispensable au fonctionnement d'un régime de « clientèle » terrienne ; les revenus du chef peuvent provenir uniquement ou principalement des prestations fournies par ses paysans. L'esclavage, par contre, invite à la grande exploitation. Puis, quand la main-d'œuvre servile, se fit plus rare, comme les réserves étaient là et que leurs possesseurs ne se souciaient point de s'en priver tout à fait, des corvées, plus lourdes que par le passé, soit à la place de certaines redevances, soit s'ajoutant aux anciennes charges, furent réclamées des tenanciers [1]. L'aristocratie terrienne était puissante, dans l'Empire, et capable d'exiger beaucoup de ses hommes. Pourtant dans le monde romain déjà — en Gaule probablement, comme ailleurs — chaque seigneurie rurale, en principe, avait sa loi, qui était sa coutume — *consuetudo praedii* [2].

De cette ancienneté du régime seigneurial, sur notre sol, le langage fournit des preuves frappantes. La toponymie, d'abord. Un très grand nombre des noms de nos villages français sont formés d'un nom de personne auquel s'ajoute un suffixe désignant l'appartenance, Parmi les noms d'hommes qui entrent dans ces composés, il en est, nous l'avons vu, de germaniques. Mais d'autres, en plus grande quantité, — avec adjonction de suffixes différents — sont plus anciens : celtes ou romains. Ces derniers, bien entendu, dépourvus de toute portée ethnique, attestent simplement l'usage, devenu général après la conquête, de l'onomastique des conquérants. De Brennos, par exemple, qui est gaulois, est venu

---

[1] Sous le Haut-Empire, les corvées, dans les *villae*, paraissent avoir été faibles ; mais, comme d'habitude, nous manquons de renseignements sur la Gaule : quel jour la découverte, chez nous, d'une inscription comparable à celles des grands *saltus* africains ne jetterait-elle pas sur notre histoire agraire ! Cf. H. GUMMERUS, *Die Fronden der Kolonen*, dans *Oefversigt af Finska Vetenskapssocietetens Förhandlingar*, 1907-1908.
[2] FUSTEL DE COULANGES, *Recherches*, 1885, p. 125. Cf. l'inscription d'Henchir-Mettich, *C. I. L.*, t. VIII, n° 25902, *ex consuetudine Manciane*.

Brennacum dont nous avons fait Berny ou Brenac ; de Florus, qui est latin, *Floriacum*, qui a donné, entre autres, Fleury et Florac. Le fait n'est point spécifiquement français : bien des villages italiens, pour ne citer qu'eux, ont de même conservé, à travers les âges, le souvenir de primitifs éponymes. Mais — autant du moins que l'état actuel des recherches comparatives permet de s'en rendre compte — nulle part cet usage ne fut aussi répandu et aussi tenace qu'en Gaule. Et de qui tant de lieux habités auraient-ils tiré leurs noms, sinon de chefs ou de seigneurs ? Il y a plus. Alors que dans les langues germaniques, les substantifs communs qui servent à désigner le centre d'habitat rural font allusion aux clôtures qui l'entourent (*town* ou *township*), ou bien, autant qu'on peut risquer sur ce point une explication, évoquent simplement l'idée d'une réunion d'hommes (*dorf*), le gallo-roman a eu recours, pour la même fin, au terme qui, dans le latin classique, s'appliquait à la grande propriété (comprenant à la fois, en règle générale, un domaine et des tenures), en somme à la seigneurie : *villa*, dont nous avons fait ville, puis, bien plus tard, avec un suffixe diminutif destiné à marquer la différence entre les grandes agglomérations urbaines (auxquelles désormais « ville » fut réservé) et les petites agglomérations rurales : *village*. Comment mieux faire connaître que la plupart des villages avaient eu, originellement, un seigneur ? On doit admettre, je crois, qu'à travers beaucoup de vicissitudes et — cela va de soi — de dépossessions, les seigneurs médiévaux étaient, par l'intermédiaire des maîtres des *villae* romaines, les héritiers authentiques d'anciens chefs de villages gaulois.

Mais les seigneuries, à l'époque franque, couvraient-elles toute la Gaule ? Très probablement non. Selon toute apparence, il existait encore de petits exploitants, libres de toute redevance et de tout service — sauf, bien entendu, envers le roi et ses représentants —, et soumis seulement, dans la culture de leurs terres, au moins sur un grand nombre de terroirs, aux servitudes collectives, fondement de la vie agraire. Ces gens là vivaient, soit dans des villages à eux, soit, mêlés aux tenanciers des *villae*, dans les mêmes agglomérations et sur les mêmes finages. De petits propriétaires de cette sorte, il y en avait toujours eu dans le monde romain, — en moins grand nombre peut-être dans la Gaule, dès longtemps dominée par les « clientèles » rurales, que, par exemple, en Italie. Sans doute, après les invasions, leur nombre s'accrut d'une partie des Germains nouvellement établis sur le sol gaulois. Non d'ailleurs que tous les barbares, ni même, vraisemblablement, le plus grand nombre d'entre eux, aient ainsi vécu en marge de l'organisation seigneuriale ; dans leur première patrie, ils avaient déjà — Tacite nous en est témoin — l'habitude d'obéir et de fournir des « dons » — entendez des prestations — à des chefs de villages, tout prêts à se transformer en seigneurs. Il nous est absolument impossible de chiffrer, même approximativement, la proportion, à l'ensemble de la population, de ces possesseurs « d'alleux » paysans (on appelait déjà alleu, pendant le haut moyen-âge, et on ne cessera plus d'appeler de ce nom la terre qui ne connaît pas au-dessus d'elle de droit réel supérieur). En revanche, ce qu'on voit clairement, c'est la perpétuelle menace qui pesait sur leur indépendance, et cela en vertu d'un état de choses qui remontait, pour le moins, aux derniers temps de l'Empire romain. Les troubles constants, les habitudes de violence, le besoin que chacun éprouvait de rechercher la protection d'un plus puissant que soi, les abus de pouvoir que permettait la carence de l'État et que si aisément légitimait la coutume, avaient pour effet de pousser, bon gré mal gré, une foule toujours croissante de paysans dans les liens de la sujétion seigneuriale. La seigneurie était bien antérieure à l'époque franque ; mais alors elle fit tache d'huile.

2. De grand propriétaire à rentier du sol.

Plaçons-nous maintenant vers l'an 1200, dans la France de Philippe-Auguste. Qu'est devenue la seigneurie ?

Dès le premier coup d'œil, nous observons qu'elle n'a point cessé de dominer le monde rural. A certains égards, elle paraît plus forte et plus envahissante que jamais. Ça et là, en Hainaut par exemple, on rencontre encore des alleux paysans ; ils sont très rares et, exempts de redevances foncières, leurs possesseurs sont cependant fort éloignés d'échapper complètement à l'emprise seigneuriale. Tout alleutiers qu'ils sont, ils n'en s'en trouvent pas moins quelquefois attachés à un seigneur par les liens du servage qui, sans toucher la terre, comme nous le verrons, tiennent l'homme très serré. A peu près partout, les tribunaux dont ils dépendent sont ceux des seigneurs voisins.

Car les seigneurs ont accaparé la justice. Non qu'il ne reste encore beaucoup plus que des traces des juridictions de droit public, en vigueur à l'époque précédente. La distinction, fondamentale dans l'État carolingien, entre les « causes majeures », réservées au comte — alors fonctionnaire royal — et les « causes mineures », abandonnées à des officiers d'ordre inférieur ou à certains seigneurs, survit, plus ou moins transformée mais encore reconnaissable, dans l'opposition de la « haute justice » (droit de juger les procès entraînant la peine de mort ou comportant, comme moyen de preuve, le duel) avec la « basse ». Sur un grand nombre de terres se réunissent encore les trois « plaids généraux » — les trois grandes assemblées judiciaires annuelles — régularisés par la législation de Charlemagne. Dans la France du Nord au moins, les vieux juges carolingiens, les « échevins », n'ont pas cessé de tenir leurs assises. Mais, par l'effet des concessions — les « immunités » — accordées en masse par les rois, par le jeu de l'hérédité des charges qui a transformé en chefs inamovibles les descendants des anciens fonctionnaires, à la suite enfin d'une foule d'abus de pouvoirs et d'usurpations, ces institutions d'État ont échappé à l'État. Ce sont des seigneurs qui, en vertu d'un droit dont on hérite, qu'on cède ou achète, nomment les échevins ou convoquent les plaids [1]. La haute justice, également, est le privilège, héréditaire et susceptible d'être aliéné, d'un grand nombre de seigneurs qui, en dehors de tout contrôle du souverain, l'exercent sur leurs terres et parfois aussi sur des terres voisines, dont les maîtres ont été moins favorisés. Enfin la basse justice et la justice foncière (c'est à dire le jugement des petits délits et celui des causes relatives aux tenures) appartiennent, sur chaque seigneurie, au seigneur lui-même ou du moins à la cour qu'il compose, convoque, préside — par lui-même ou son représentant — et dont il fait exécuter les sentences. A la différence de l'Angleterre, où survivent, sous la forme des cours de comté et parfois de centaine, les anciens tribunaux populaires du droit germanique, à la différence de l'Allemagne même où, jusqu'au XIIIe siècle, le souverain conserve le droit, au moins théorique, d'investir directement les

---

[1] Il est arrivé, aux XIIe et XIIIe siècles, que les habitants de beaucoup de villes et même de certains villages aient obtenu le droit de nommer les échevins ou de participer à leur désignation. Mais ce fut l'effet d'un mouvement, nouveau, vers l'autonomie des groupes.

hauts-justiciers et d'où les cours d'hommes libres n'ont point tout à fait disparu, la justice, en France, est chose des seigneurs. Et au moment où nous sommes, l'effort des rois pour la ramener à eux, par des moyens dont le détail n'importe pas ici, commence seulement à se dessiner, beaucoup plus timidement qu'en Angleterre.

Or, aux mains des seigneurs, l'exercice presque sans restriction des droits de justice a mis une arme d'exploitation économique infiniment redoutable. Il renforce leur pouvoir de commandement, ce que la langue du temps — usant d'un vieux mot germanique qui précisément voulait dire « ordre » — nomme leur « ban ». « Vous pouvez nous contraindre à observer ces règlements » (ceux du four), reconnaissent, en 1246, les habitants d'un village roussillonnais, s'adressant aux Templiers, maîtres du lieu, « *ainsi qu'un seigneur peut et doit contraindre ses sujets* ». Vers 1319 encore, le représentant d'un seigneur picard demande à un paysan d'aller couper du bois. Ce n'est point une corvée ; le travail sera rémunéré à taux d'« ouvrier ». L'homme refuse. La cour seigneuriale, alors, le frappe d'une amende : il a « désobéi ». [1] Parmi les multiples applications de cette discipline, l'une des plus significatives, et, pratiquement, des plus importantes, fut la formation des monopoles seigneuriaux.

A l'époque carolingienne, le domaine comprenait fréquemment un moulin à eau (le moulin à vent ne s'était pas encore propagé en Occident). Nul doute que les habitants des manses n'y portassent assez souvent leur blé : d'où, pour le seigneur, d'appréciables profits. Mais rien n'indique qu'ils y fussent obligés. Probablement beaucoup d'entre eux se servaient encore, à domicile, des antiques meules à bras. A partir du Xe siècle, un très grand nombre de seigneurs tirèrent parti de leur droit de contrainte pour astreindre à l'usage de leur moulin — contre rémunération, cela va de soi — tous les hommes de leur terre, parfois même, lorsque leur justice ou leur pouvoir de fait s'étendait à d'autres seigneuries, plus humbles, les hommes des terres voisines. Cette concentration s'accompagna d'un progrès technique : la substitution définitive de la force hydraulique à l'effort de l'homme ou des animaux. Peut-être fut-elle aidée par ce perfectionnement : car le moulin à eau sup-

---

[1] B. ALART, *Privilèges et titres... du Roussillon*, t. I, p. 185 ; A. J. MARNIER, *Ancien Coutumier inédit de Picardie*, 1840, p. 70, n° LXXIX.

pose nécessairement une installation commune à tout un groupe et, par ailleurs, la rivière elle même ou le ruisseau étaient souvent propriété domaniale. Surtout, elle le servit : sans un ordre venu d'en haut, combien de temps les paysans ne seraient-ils pas demeurés fidèles aux meules domestiques ? Mais, ni l'évolution de l'outillage, ni les droits du seigneur sur les eaux courantes ne furent, dans ce resserrement de l'exploitation seigneuriale, les facteurs décisifs ; car si le « ban » du moulin — le terme même est caractéristique — semble bien avoir été le plus répandu des monopoles seigneuriaux, il fut très loin d'être le seul. Aux modifications techniques, pas plus qu'à la propriété des eaux, les autres formes ne durent rien.

La « banalité » du four fut presque aussi générale que celle du moulin. Celle du pressoir, dans les pays à vin ou à cidre, de la brasserie dans les pays à bière ou cervoise, guère moins. On vit, fréquemment, imposer aux cultivateurs désireux d'accroître leurs troupeaux le recours au taureau ou au verrat banal. Dans le Midi, où, d'ordinaire, pour séparer le grain de l'épi, au lieu de le battre au fléau on le faisait fouler au pied par des chevaux, beaucoup de seigneurs interdisaient aux tenanciers d'employer à cette besogne d'autres bêtes que celles des écuries domaniales, louées à bon prix. Assez souvent, enfin, le monopole prenait une forme plus exorbitante encore : le seigneur se réservait le droit de vendre seul, pendant quelques semaines dans l'année, telle ou telle denrée, ordinairement le vin : c'était le « banvin ».

Certes, la France ne fut pas le seul pays à voir se développer ces contraintes. L'Angleterre a connu celle du moulin et la vente monopolisée, même l'achat forcé, de la bière. L'Allemagne, presque tous les monopoles qui se créèrent chez nous. Mais ce fut en France que le système atteignit son apogée ; nulle part, il ne s'étendit à un plus grand nombre de seigneuries, ni, dans chacune d'elles, à des formes plus diverses de l'activité économique : résultat, sans nul doute, du surcroît d'autorité que, dans notre pays, valut aux seigneurs leur mainmise, presque absolue, sur les tribunaux. Avec un instinct très sûr, les juristes, lorsqu'au XIIIe siècle ils commencèrent à mettre en théorie l'état social, se trouvèrent d'accord pour lier — sous des formes variables selon les auteurs et les espèces — les banalités avec l'organisation des justices. Le droit de juger avait été le plus sûr appui du droit d'ordonner [1].

Indépendamment des banalités, les anciennes redevances subsistèrent pour l'essentiel, avec dans le détail, une variété infinie, qui s'explique par l'action des coutumes locales, le jeu des précédents, des oublis, des coups de force. Mais, à côté d'elles, deux nouvelles charges s'étaient introduites : la dîme, la taille [2].

La dîme, en vérité, était une institution déjà ancienne. Le fait nouveau, ce fut son accaparement par les seigneurs. Donnant force de loi à une vieille prescription mosaïque, dont la doctrine chrétienne avait fait, dès longtemps, mais sans la sanction de l'État, une obligation morale pour ses adeptes, Pépin et Charlemagne avaient décidé que tout fidèle devrait verser à l'Église le dixième de ses revenus, et, en particulier, de ses récoltes. A l'Église ? soit ; mais, en pratique, auquel de ses représentants ? Je n'ai pas à exposer ici les solutions tentées par la législation carolingienne. Le point d'aboutissement seul nous importe. Comme, en fait, les seigneurs se trouvèrent, de bonne heure, les maîtres des églises établies sur leurs terres et dont ils nommaient les desservants, ils s'attribuèrent le plus clair des revenus paroissiaux : notamment les dîmes, ou du moins la plus grande partie d'entre elles. Vint, à la fin du XIe siècle, ce grand élan pour l'indépendance du spirituel qu'on a pris l'habitude d'appeler reforme grégorienne. Ses chefs firent figurer, dans leur programme, la restitution des dîmes au clergé. Beaucoup, en effet, lui revinrent, peu à peu, par dons pieux, par rachats. Mais non pas, en règle générale, aux curés, ni même, le plus souvent, aux évêques. Les aumônes allaient de préférence aux chapitres et aux monastères, qui détenaient les saintes reliques et offraient aux donateurs les prières de leurs religieux. S'agissait-il d'achat ? c'étaient encore ces riches communautés qui trouvaient le plus aisément les

---

1 En vertu du même droit de ban, le seigneur obligeait parfois les habitants à avoir recours à certains artisans — tels que barbiers ou maréchaux-ferrants — auxquels il conférait, moyennant divers avantages à son profit, un véritable monopole : cf. P. Boissonnade, *Essai sur l'organisation du travail en Poitou*, 1899, t. I, p. 367, n. 2 et t. II, p. 268 et suiv.

2 Sur la dîme, cf. les études juridiques de P. Viard 1909, 1912, 1914, et dans *Zeitschrift der Savigny-Stiftung K. A.*, 1911 et 1913 ; *Revue Historique*, t. CLVI, 1927. Sur la taille, F. Lot, *L'impôt foncier ... sous le Bas-Empire*, 1928, et les études de Carl Stephenson, mentionnées dans cet ouvrage, p. 131 ; on verra aisément sur quels points je me sépare de ces auteurs ; cf. aussi *Mém. de la Soc. de l'histoire de Paris*, 1911.

Chapitre III

fonds nécessaires. En sorte que le résultat final du mouvement fut beaucoup moins d'enlever à la dîme son caractère seigneurial que d'en faire surtout — mais non pas, tant s'en faut, exclusivement — le revenu type d'une certaine catégorie de seigneurs. Les sacs de blé, au lieu de se disperser aux mains d'une foule de petits hobereaux ou de curés de paroisses, s'accumulèrent désormais dans les greniers de quelques gros décimateurs, qui en disposaient sur les marchés. Sans cette évolution, dont la courbe fut déterminée par des mobiles d'ordre religieux, les villes, qui se développèrent si intensément aux XIIe et XIIIe siècles, auraient-elles trouvé à se nourrir ?

Quant à la taille, elle exprimait éloquemment l'étroite dépendance où le groupe des tenanciers se trouvait placé vis à vis du seigneur. Un des noms qui, aussi souvent que celui de taille, servait à désigner cette charge, est bien significatif : celui d'« aide ». Le seigneur, pensait-on communément, a droit, en toute circonstance grave, à l'assistance de ses hommes. Celle-ci revêt, selon les besoins, des formes diverses : secours militaire, crédit en numéraire ou en fournitures, logement (« gîte ») du maître, de sa suite, de ses hôtes, enfin, en cas d'urgence, prestation d'une somme d'argent. Voici que, brusquement, le seigneur, dont les disponibilités ne sont jamais très fortes — nous sommes en un temps où la monnaie est rare et circule peu — se trouve acculé à une dépense exceptionnelle : rançon à payer, fête à donner pour la chevalerie d'un fils ou le mariage d'une fille, subvention réclamée par un supérieur, le roi par exemple ou le pape, incendie du château, bâtiment à construire, prix à verser pour l'achat d'un bien dont l'acquisition importe à l'arrondissement de la fortune terrienne. Il se tourne vers ses dépendants et leur « demande » (la taille porte parfois les noms polis de « demande » ou « queste »), c'est à dire en pratique exige d'eux (d'où le terme d'*exactio*, qui alterne avec les précédents) l'aide de leur bourse. Vers tous ses dépendants. à quelque catégorie qu'ils appartiennent. S'il a, sous lui, d'autres seigneurs, qui sont ses « vassaux », il ne néglige point, à l'occasion, de faire appel à eux. Mais, naturellement, ce sont les tenanciers surtout qui supportent le poids de ces contributions. Primitivement, la taille fut donc partout sans périodicité fixe et de montant toujours variable : ce que les historiens ont coutume d'exprimer en disant qu'elle était arbitraire. En raison de ces caractères mêmes, rendue plus incommode par l'impossibilité où l'on était de prévoir la date et le montant des levées, empêchée, par l'irrégularité des retours, de s'absorber dans le train-train des redevances coutumières, elle demeura longtemps de légitimité contestée, génératrice de révoltes rurales et blâmée, au sein même de certaines communautés ecclésiastiques, par les esprits respectueux du bon droit, c'est à dire de la tradition. Puis, l'évolution économique générale aidant, les besoins d'argent des seigneurs devinrent plus fréquents, et, de même, leurs exigences. Trop forts pour se laisser indéfiniment gruger, les vassaux firent, à l'ordinaire, reconnaître qu'ils ne devaient la taille qu'en certains « cas », différemment fixés par les usages propres à chaque groupe vassalique ou à chaque région. Les paysans étaient moins capables de résistance : à l'intérieur de la seigneurie, la taille tendit à devenir, à peu près partout, annuelle. Son taux restait changeant. Au cours du XIIIe siècle cependant, l'effort des communautés rurales qui, de toutes parts cherchèrent alors à régulariser et stabiliser les charges, devait s'appliquer à rendre invariable — à l'exception, parfois, de certains « cas » exceptionnels — le chiffre de la somme payée chaque année, comme on disait à l'« abonner », c'est à dire à lui prescrire une borne. Vers 1200, ce mouvement ne faisait que commencer. Abonnée ou non, la taille mettait aux mains des seigneurs dans la France capétienne — comme d'ailleurs dans une grande partie de l'Europe — un surcroît de ressources fort précieux, qui avait manqué à leurs ancêtres de l'époque franque.

***

La confuse complexité de statut juridique, qui caractérisait, sur les seigneuries du haut moyen-âge, la population des tenanciers, tenait, avant tout, au maintien de catégories traditionnelles, souvent plus ou moins périmées, héritages des divers droits, romain et germaniques, dont les apports discordants se mêlaient dans la société carolingienne. Les troubles des siècles suivants, abolissant en France comme en Allemagne — à la différence de l'Italie et même de l'Angleterre — tout enseignement du droit, toute étude et toute application consciente par les tribunaux des codes romains ou des lois barbares, amenèrent une grande simplification [1]. Ainsi voit-

---

[1] Exceptionnellement, le droit romain continua peut-être d'être enseigné dans quelques écoles de la Provence, mais sans beaucoup de rayonnement. Le droit ca-

on parfois les langues — l'anglais, par exemple, entre la conquête normande et le XIVe siècle —, lorsqu'elles perdent leur dignité littéraire et cessent d'être régies par les grammairiens et les stylistes, réduire et souvent rationaliser leurs procédés de classement. Si on laisse de côté quelques survivances, comme il s'en rencontre le long de toute évolution, on peut dire qu'en France, aux XIe et XIIe siècles, tout tenancier, ou, pour employer les mots du temps, tout « vilain » (habitant de la *villa*, nom ancien de la seigneurie) est soit de condition « libre », soit « serf »[1].

Le vilain libre n'est lié à son seigneur que parce qu'il tient de lui une tenure et vit sur sa terre. Il représente, en quelque sorte, le tenancier à l'état pur. C'est pourquoi on l'appelle couramment le « vilain », sans plus, ou encore l'« hôte » ou le « manant », tous noms qui impliquent, à l'origine de ses obligations, un simple fait d'habitat. Ne nous laissons pas tromper par ce beau mot « liberté ». Il s'oppose à une notion, très particulière, de la servitude qui nous apparaîtra clairement tout à l'heure ; mais il n'a naturellement point de valeur absolue. Le vilain appartient à la seigneurie. Il est, par suite, astreint, envers son chef, non seulement aux prestations diverses qui constituent, en quelque sorte, la contre-partie de la jouissance du sol, mais encore à tous les devoirs d'aide — y compris la taille — et d'obéissance — y compris la soumission à la justice seigneuriale et ses conséquences — par où s'exprime normalement la sujétion. Il a droit, en échange, à être protégé. Appelant, en 1160, dans leur ville neuve de Bonneville, près Coulmiers, des hôtes, qui seront certainement exempts de tous liens serviles, les chevaliers de l'Hôpital s'engagent « à les garder et défendre, tant en paix qu'en guerre, comme siens ». Une solidarité à double tranchant unit le groupe des manants et le seigneur. Un « bourgeois » (libre) de Saint-Denis est-il frappé d'un coup de couteau ? le meurtrier paie une composition à l'abbé. Les religieux de Notre-Dame d'Argenteuil, les chanoines du chapitre de Paris négligent-ils de verser une

---

non, qui s'enseigna toujours, n'intéresse guère la structure sociale.
1 Je m'inspire ici de recherches personnelles sur le servage ; on trouvera l'indication des travaux déjà publiés dans le dernier en date, *Revue Historique*, t. CLVII, 1928, p. 1. Sur l'esclavage, cf. *Annales d'histoire économique*, 1929, p. 91, et *Revue de Synthèse Historique*, t. XLI, 1926, p. 96, et t. XLIII, 1927, p. 89 ; aux références indiquées dans ces travaux, joindre R. Livi, *La schiavitù domestica nei tempi di mezzo e nei moderni*, Padoue, 1928.

rente à laquelle ils se sont obligés par contrat ? le créancier saisira la personne ou les biens des tenanciers [1]. Mais, quelle que soit la force de ces liens, si le vilain abandonne sa tenure, l'attache, du coup, est rompue.

Le serf, lui aussi, vit, à l'ordinaire, sur une tenure. A ce titre, il est soumis aux mêmes coutumes que l'ensemble des manants, de toutes conditions. Mais il obéit, en outre, à des règles particulières, qui découlent de son statut propre. Un vilain, d'abord ; mais un vilain, *plus* quelque chose. Bien qu'il ait hérité du vieux nom du *servus* romain, il n'est point un esclave. D'esclaves, à vrai dire, il n'y en a plus, ou pratiquement plus, dans la France capétienne. Pourtant, on dit couramment qu'il n'est point libre. C'est que la notion de liberté, ou, si l'on préfère, d'absence de liberté, peu à peu avait changé de contenu. Ses vicissitudes dessinent la courbe même de l'institution servile ; une hiérarchie sociale, après tout, est-elle jamais autre chose qu'un système de représentations collectives, par nature mobiles ? Aux yeux d'un homme des XIe et XIIe siècles, passe pour libre quiconque échappe à toute dépendance héréditaire. Tel le vilain, au sens étroit du mot, pour qui changer d'exploitation, c'est changer de seigneur. Tel le vassal militaire ; peu importe qu'en pratique il se rallie, presque toujours, au baron dont son père, avant lui, a suivi la bannière ou que, son premier chef disparu, il porte sa fidélité à l'un des descendants du mort — faute de quoi, d'ailleurs, il perdrait ses fiefs — ; en droit, les obligations réciproques du vassal et de son seigneur naissent d'un contrat cérémoniel, l'hommage, par où se lient l'un à l'autre seulement les deux individus qui, les mains dans les mains et de leur gré, l'ont conclu. Le serf, au contraire, est serf, et d'un seigneur déterminé, dès le ventre de sa mère. Il ne choisit pas son maître. Pour lui, donc, point de « liberté ».

D'autres noms, caractéristiques, servent aussi à le désigner. On dit volontiers qu'il est l'« homme propre » de son seigneur, ou, ce qui est à peu près équivalent, son « homme lige », ou encore son « homme de corps ». Ces termes évoquent l'idée d'un lien strictement personnel. Dans le Sud-Ouest — dont les institutions, sou-

---

[1] Arch. Nat., S 5010^1, fol. 43 v°. — Bibl. Nat., ms. lat. 5415, p. 319 (1233, 15 mai) ; L. MERLET et A. MOUTIÉ, *Cartulaire de l'abbaye de Notre-Dame des Vaux-de-Cernay*, 1857, n° 474 (1249, juin) ; B. GUÉRARD, *Cartulaire de Notre-Dame de Paris*, t. II, p. 291.

vent fort éloignées de celles des autres provinces, sont encore mal connues — il est possible que, de bonne heure, on ait pu devenir serf par le seul fait de la résidence, sur certaines terres ; c'est ce qu'on appelait les serfs « de caselage ». Cette pratique anormale confirme une conclusion, à laquelle divers autres indices semblent nous incliner ; le système de relations personnelles, dont le servage, avec la vassalité, n'était qu'un aspect, eut sans doute, dans une grande partie des pays de langue d'oc, un moindre épanouissement que dans le Centre et dans le Nord. Partout ailleurs — malgré quelques efforts, assez naturellement tentés, ça et là, par les seigneurs pour exiger, comme une condition nécessaire à l'occupation de certaines terres, l'aveu de servage — l'attache servile resta véritablement « corporelle ». Dès la naissance et par le fait même de la naissance, elle tenait, comme dira plus tard le juriste Gui Coquille, « à la chair et aux os ».

De même, c'est à un homme que le serf, héréditairement, était attaché. Non à une tenure. Ne le confondons point avec le colon du Bas-Empire, dont il descend assez souvent par le sang, mais auquel il ne ressemble pas du tout par la condition. Le colon, homme libre en principe, c'est à dire, selon la classification du temps, au dessus de l'esclavage, avait été, par la loi, fixé, de père en fils, sur son exploitation ; il était, disait-on, non l'esclave d'une personne — ce qui eût fait de lui, simplement, un *servus* —, mais d'une chose : la terre. Fiction subtile, tout à fait étrangère au sain réalisme du droit médiéval, et qui, par ailleurs, n'était susceptible d'application pratique que dans un État fort. Dans une société où aucune puissance souveraine n'intervenait au-dessus de la poussière des juridictions seigneuriales, cette liaison « éternelle » de l'homme au sol eût été une notion vide de sens, qu'une conscience juridique, largement débarrassée, comme on l'a vu, des survivances, n'avait aucune raison de conserver. Une fois l'homme parti, qui lui eût mis la main au collet ? qui, surtout, eût forcé le nouveau maître, dont il avait, peut-être, déjà reçu l'accueil, à le restituer ?[1] De fait, nous possédons un assez grand nombre de définitions du servage, établies par les tribunaux ou les juristes : aucune d'entre elles, avant

---

1 Comparez les difficultés que rencontra, dans la Pologne des temps modernes, l'application de la règle de l'attache au sol : J. Rutkowski, *Histoire économique de la Pologne avant les partages*, 1927, p. 104 et *Le régime agraire en Pologne au XVIIIe siècle* (extrait de la *Revue d'histoire économique*, 1926 et 1927), p. 13.

le XIVe siècle, ne cite, parmi les caractères de cette condition, l'« attache à la glèbe », sous quelque forme que ce soit. Sans doute les seigneurs, qui avaient un intérêt vital à se défendre contre le dépeuplement, ne craignaient pas, à l'occasion, de retenir de force leurs tenanciers. Souvent deux seigneurs voisins s'engageaient l'un envers l'autre à ne pas donner asile aux partants. Mais ces dispositions, qui trouvaient leur justification dans le pouvoir général de « ban », s'appliquaient aussi bien aux vilains dits « libres » qu'à ceux dont le statut était qualifié de servile. Ce sont — pour ne citer que deux exemples parmi beaucoup d'autres — « les serfs ou les autres hommes quels qu'ils soient » de Saint Benoît-sur-Loire, « les serfs ou les hôtes de Notre-Dame de Paris » que les moines de Saint Jean-en-Vallée, les nonnes de Montmartre s'interdisent, par contrat, de recevoir à Mantarville ou à Bourg-la-Reine. Et, lorsque messire Pierre de Dongeon fait de la résidence une stricte obligation à quiconque tiendra une terre à Saint-Martin-en-Bière, il ne songe pas une minute à distinguer, parmi les sujets qu'atteint cet ordre, les classes juridiques [1]. Le départ du serf était si peu un crime contre sa condition qu'il est parfois expressément prévu : « Je donne à Saint Martin », dit en 1077 sire Galeran, « tous mes serfs et serves de Nottonville... de telle sorte que quiconque sera de leur postérité, homme ou femme, s'il se transporte en un autre lieu, proche ou lointain, village, bourg, ville forte ou cité, n'en restera pas moins lié aux moines, là-bas, par le même nœud de servitude » [2]. Seulement, lorsque le serf s'en va — le texte qu'on vient de lire, avec bien d'autres, le marque clairement — à la différence du vilain libre, il ne brise point pour cela sa chaîne. S'établit-il sur une autre terre ? Au seigneur de celle-ci, il devra désormais les charges communes du villenage. Mais envers son ancien maître, auquel n'a pas cessé d'appartenir son « corps », il continue, en même temps, à être redevable des obligations propres à la condition servile. Obligé au devoir d'aide envers tous deux, il paye, s'il y a lieu, deux fois la taille. Du moins, tel était le droit. Pratiquement, on devine bien que beaucoup de ces « forains » finissaient par se perdre dans la foule des errants. Mais le principe ne faisait point de doute. Pour

---

1 R. Merlet, *Cartulaire de Saint-Jean en Vallée*, 1906, n° XXIX (1121). — B. Guérard, *Cartulaire de Notre-Dame de Paris*, t. I, p. 388 (1152). Arch. Nat., S 2110, n° 23 (1226 n. st., février).

2 E. Mabille, *Cartulaire de Marmoutier pour le Dunois*, 1874, n° XXXIX (1077).

déchirer un lien si fort, il n'était qu'un moyen légitime : un acte solennel, l'affranchissement.

Par quelles charges et quelles incapacités se traduit l'étroitesse de la dépendance où vit le serf ? Voici les plus généralement répandues.

Le seigneur — fût-il, vis à vis des autres tenanciers, privé de l'exercice de la haute justice — est le seul juge de son serf, dans les causes « de sang », et cela en quelque lieu que vive l'« homme de corps ». D'où un pouvoir de commandement renforcé, et d'appréciables profits ; car le droit de juger est lucratif.

Le serf ne peut chercher femme ni la serve un époux ailleurs que dans le groupe formé par les serves ou serfs du même seigneur : mesure nécessaire pour assurer sur les enfants la domination du maître. Parfois, cependant, garçon ou fille sollicitent et obtiennent l'autorisation de se marier au dehors, de se « formarier ». A prix d'argent, bien entendu. Nouveau profit.

Le serf, homme ou femme, doit au seigneur une redevance annuelle : le chevage. Profit encore, d'ailleurs assez faible, car le principal intérêt de cette capitation est de constituer une preuve permanente du servage.

En certains cas, ou dans une certaine mesure, le seigneur hérite du serf. Ici, deux systèmes différents se sont développés. L'un, qui se rencontre surtout dans l'extrême Nord et présente une analogie presque parfaite avec les usages communément répandus à la fois en Angleterre et en Allemagne, accorde au seigneur, chaque fois que meurt un serf, une petite part de sa succession : le meilleur meuble, la meilleure tête de bétail ou bien une très faible somme d'argent. L'autre, appelé généralement droit de « mainmorte », est spécifiquement français ; en outre, c'est dans notre pays, le plus fréquent. Le serf laisse-t-il des enfants, — peu à peu, on ajoute une restriction : des enfants qui vivaient en communauté avec lui — ? le seigneur ne reçoit rien. Ne reste-il que des collatéraux ? le seigneur prend tout. On remarquera que l'un et l'autre principes supposent l'hérédité de la tenure aussi solidement établie par la coutume, sauf cas exceptionnels, en ce qui touche le serf qu'en ce qui regarde le vilain : aussi bien les chartes traitent-elles, couramment, les serfs de possesseurs d'héritages (*heredes*). Enfin quel que soit le mode de perception adopté, les profits sont ou fort minces ou singulièrement irréguliers. La terre était encore trop abondante et la main-d'œuvre trop rare pour que quelques bouts de champs fussent pour les seigneurs — qui étaient d'ailleurs, on le verra, en voie de détruire leurs propres réserves — une proie bien tentante.

Ce serait prendre du servage une vue incomplète que de considérer dans le serf seulement l'homme héréditairement attaché à un plus puissant que lui par un nœud particulièrement fort. Par une dualité qu'il faut tenir pour une des caractéristiques les plus nettes de l'institution, en même temps que le sujet d'un chef, son statut fait de lui, dans l'ordre de la hiérarchie sociale, le membre d'une classe, inférieure et méprisée. Il ne peut témoigner en justice contre des hommes libres (exception est faite, en raison de la qualité de leurs maîtres, pour les hommes du roi et ceux de certaines églises). Les canons, donnant pour raison sa trop étroite dépendance, en fait lui appliquant simplement les règles jadis imposées aux esclaves, lui interdisent, à moins d'affranchissement, l'accès aux ordres sacrés. La condition servile est incontestablement une tache, une « macule » ; mais aussi, et, en ce temps du moins, avant tout, un lien de personne humaine à personne humaine.

Des serfs, il y en avait dans presque toute la France, soit sous ce nom même, soit, dans quelques régions reculées (Bretagne, Roussillon), sous d'autres noms et avec quelques modalités différentes [1]. C'est une règle générale qu'on ne doit jamais, lorsqu'on étudie au moyen-âge la condition des hommes, s'arrêter trop longtemps aux mots, variables à l'extrême selon les régions ou même les villages. Pouvait-il en être autrement dans une société morcelée, sans code, sans enseignement juridique, sans gouvernement central, — seules forces capables d'uniformiser une terminologie ? Jamais, non plus, s'hypnotiser sur les détails, susceptibles, eux aussi, de nuances infinies, puisque tout était réglé, dans la pratique quotidienne, par des coutumes strictement locales, qui nécessairement, fixaient et amplifiaient les divergences, celles-ci eussent-elles été, à l'origine, des plus légères. S'en tient on, au contraire, aux principes fondamen-

---

[1] Les « mottiers » et « quevaisiers » bretons appartenaient à une condition qui ne peut guère être considérée — M. H. Sée l'a bien montré — que comme une variété du servage. Les *homines de remensa* roussillonnais sont incontestablement des serfs ; si on évitait de les appeler *servi*, c'était sans doute que ce mot était, en Roussillon, réservé aux esclaves proprement dits qui y furent, jusqu'à la fin du moyen-âge, assez nombreux ; cf. ci-dessous, p. 99.

taux ? On s'aperçoit bien vite que ces notions essentielles, qui répondent à des mouvements très généraux de l'opinion commune, sont à la fois très simples et presque partout pareilles. De province à province, de seigneurie à seigneurie, les termes qui servent à désigner le serf, les applications pratiques de son statut présentent bien des fluctuations. Mais, au dessus de toute cette diversité, il y avait, aux XIe et XIIe siècles, peut-être une notion européenne, en tout cas une notion française du servage : c'est cette dernière que j'ai cherché à dégager.

Une région pourtant, fait bande à part : c'est la Normandie. Le servage ne semble pas s'y être jamais sérieusement développé ; le texte le plus récent où il soit fait mention d'hommes qui sûrement appartiennent à cette classe ne saurait être de beaucoup postérieur à 1020. Comme pour les champs irréguliers du pays de Caux, le peuplement donne peut-être la clef de cette anomalie. Dans le Danelaw anglais, c'est à dire dans cette partie de l'Angleterre qui subit fortement l'empreinte scandinave, la condition de la masse rurale garda de même un caractère de liberté, beaucoup plus marqué que dans le reste du pays. Le rapprochement a pour le moins de quoi faire réfléchir.

Normandie exceptée, les serfs n'étaient pas seulement, en France, partout répandus. Presque partout aussi, ils étaient beaucoup plus nombreux que les simples vilains. Ils formaient la majorité des populations rurales vivant sous le régime de la seigneurie.

Dans cette classe unique s'étaient peu à peu fondus, « par une révolution lente et sourde »[1], les descendants d'hommes qui avaient appartenu à des conditions juridiques différentes : esclaves chasés, colons, affranchis de droit romain ou de droit germanique, peut être petits alleutiers. Les uns, les plus nombreux sans doute, avaient peu à peu changé de statut, sans contrat exprès, par un de ces insensibles glissements, naturels dans une société où tout n'était que précédent et fluctuante tradition. D'autres avaient sciemment abdiqué leur liberté. Les cartulaires nous ont conservé bien des exemples de ces donations de soi-même. De leur propre

---

1 J'emprunte cette expression à B. GUÉRARD, un des historiens, certainement, qui, en dépit de la forme un peu trop scolastique de son exposé, a pénétré le plus profondément dans l'intelligence de l'évolution sociale du moyen-âge : *Polyptyque d'Irminon*, t. I, 2, p. 498.

gré, soit-disant — en fait, le plus souvent, par peur des dangers de l'isolement, pressés par la faim, ou sous les menaces — beaucoup d'anciens paysans libres étaient ainsi entrés dans les nœuds de la servitude. De la nouvelle servitude. Car, sans que les hommes qui les avaient sans cesse sur les lèvres s'en rendissent clairement compte, les vieux noms étaient passés, lentement, à des significations fort éloignées de leurs primitives acceptions. Lorsque, après les invasions, les liens de dépendance partout se multiplièrent, on ne forgea pas pour les désigner des mots inventés de toute pièce. Le vocabulaire complexe qui, progressivement, se créa, fit, en particulier, de larges emprunts à la terminologie de l'esclavage. Cela, même lorsqu'il s'agissait de relations sans hérédité et de caractère supérieur : « vassal » vient d'un mot celtique, puis roman, qui désignait l'esclave ; les obligations du vassal constituent son « service », ce qui, en latin classique, n'eût pu se dire que d'une charge servile (il eût fallu, pour un homme libre, *officium*). A plus forte raison, ces transports de sens ont-ils été fréquents dans le domaine, plus humble, des relations strictement héréditaires. À l'époque carolingienne, la langue du droit réserve soigneusement aux esclaves le nom de *servi* ; mais le langage courant, déjà, l'étend volontiers à tous les sujets de la seigneurie. Au terme de cette évolution se place le servage, c'est à dire, sous une étiquette antique, une des pièces maîtresses d'un système social transformé, où dominaient les rapports d'attachement personnel, réglés, dans leur détail, par les coutumes de groupes.

De cette institution, que retiraient, en somme, les seigneurs ? De grands pouvoirs, sans nul doute ; en outre, des profits qui n'étaient point négligeables. Mais, comme main-d'œuvre, peu de chose. Le serf était un tenancier, dont l'activité, forcément, devait se dépenser surtout sur sa propre terre, dont, par surcroît, les charges étaient généralement, comme celles des autres manants, fixées par la coutume. Un régime d'esclavage eût mis à la disposition des maîtres, avant tout, des forces de travail ; un régime de servage n'en offrait aux seigneurs que de très limitées.

***

Deux traits surtout, qui touchaient à sa structure même, opposaient la seigneurie française de la fin du XIIe siècle à la fois, dans le passé,. à la seigneurie gallo-franque du haut moyen-âge et, dans le présent, à la plupart des seigneuries anglaises et allemandes : l'effritement du manse, unité fiscale indivisible : l'affaiblissement des corvées. Laissant de côté, provisoirement, le premier point, arrêtons notre attention sur le second.

Plus de corvées de fabrication. Sans doute les seigneurs ont conservé l'habitude de rémunérer par l'octroi de tenures — que, comme toutes les tenures chargées essentiellement de services, on appelle généralement des « fiefs » — certains des artisans qu'en petit nombre ils entretiennent autour de leur maisonnée. Mais on ne voit plus les tenanciers, en masse, fournir outils de bois ou voliges, étoffes ou vêtements ; les livraisons de faux ou de lances ne pèsent plus que sur de rares « fiefs » de forgerons ; les gynécées ont fermé leurs portes. Vers le début du XIIe siècle, les maires de Notre-Dame de Chartres — c'est à dire les fonctionnaires seigneuriaux, qui administraient les différentes terres — forcent encore les manantes à filer ou tisser la laine ; mais c'est à leur propre avantage, et illégalement ; et l'on n'aperçoit point que les chanoines, qui leur interdisent cette exaction, retiennent pour eux-mêmes le profit d'une obligation pareille [1]. Les seigneurs, désormais, couvrent leurs besoins, s'ils ont le bonheur de tenir une ville sous leur domination, par des prestations réclamées aux métiers urbains ; — beaucoup plus souvent, par appel à des artisans domestiques, salariés en terre ou autrement ; — surtout par achats, sur le marché.

Pourquoi avaient-ils ainsi renoncé à imposer aux tenanciers ces travaux qui, naguère, procuraient au château ou au monastère tant d'objets, vraisemblablement bien grossiers, mais tout de même utilisables et que ne grevaient aucun frais de main-d'œuvre ? Substitution d'une « économie d'échanges » à une « économie fermée » ? Sans doute, cette formule exprime assez exactement le phénomène, vu de l'intérieur de la seigneurie. Mais faut-il entendre que l'économie seigneuriale a été entraînée dans un grand courant d'échanges commun à tout le pays, qu'elle a subi le contre-coup d'un bouleversement universel qui, augmentant de toutes parts le nombre des produits fabriqués pour le marché, facilitant et accélérant la circulation des biens, eût finalement rendu l'achat, largement pratiqué, plus avantageux que la production en vase clos ? Cette hypothèse

---

[1] E. DE LÉPINOIS et L. MERLET, Cartulaire de Notre-Dame de Chartres, t I, n° LVIII (1116 — 24 janv. 1149).

ne serait soutenable que si la disparition des corvées de fabrication avait suivi la renaissance du commerce, ainsi que l'effet d'une transformation sociale suit ordinairement sa cause, c'est à dire avec quelque retard. En outre, comme la reprise d'une circulation plus active ne s'est pas fait sentir, du même coup, dans toutes les parties de la France, on devrait rencontrer çà et là, pendant longtemps, des survivances des charges de l'ancien type. Or, autant que les textes, malheureusement très rares, permettent de le voir, il semble bien que h, mouvement était partout consommé dès le début du XIIe siècle, beaucoup trop tôt, par conséquent, et beaucoup trop uniformément pour pouvoir être attribué aux progrès d'un commerce, en ce temps encore fort embryonnaire. Mieux vaut le tenir pour un des aspects d'un changement, très profond et très général, qui se marque alors dans tout l'organisme seigneurial, et, sans doute, ne fut pas, à son tour, sans effet sur le rythme de l'économie française, dans son ensemble. Un moment vint, probablement, où l'abondance nouvelle des produits, sur les marchés, engagea les seigneurs à multiplier leurs achats. Mais, peut-être, tout d'abord, les marchés eux-mêmes n'avaient-ils pris une ampleur jusque là inconnue que, en bonne partie, pour répondre aux besoins nouveaux des seigneurs. Dans l'étude, à peine amorcée, du mécanisme profond des échanges, les vicissitudes de la seigneurie devraient, semble-t-il, tenir une place de premier plan. De la grande métamorphose que subit, entre le IXe et le XIIe, ce vieil organisme, la nature va apparaître plus clairement encore par l'examen des corvées agricoles.

Prenons un point de comparaison précis. Le village de Thiais, au sud de Paris, appartint, depuis le règne de Charlemagne, pour le moins, jusqu'à la Révolution, aux moines de Saint-Germain-des-Prés. Sous Charlemagne, la plupart des manses ingénuiles y devaient trois jours de travail par semaine (dont deux, s'il y avait lieu, pour les labours, et un à bras), en outre la culture, sous leur responsabilité entière, de quatre perches carrées (13 à 14 ares) des champs seigneuriaux sur la sole des blés d'hiver, et de deux sur celle du trémois, enfin des charrois à la volonté des seigneurs. Pour quelques autres, la durée du travail à bras était fixée par les seigneurs, arbitrairement. Quant aux manses serviles, chacun d'eux cultivait 4 arpents (de 35 à 36 ares) de la vigne des religieux ; le labour et le service de bras, « quand ils en reçoivent l'ordre ». En

1250, la même localité fut affranchie du servage : une charte, à cette occasion, lui fut octroyée, qui comportait règlement général des charges. Seules les obligations serviles étaient supprimées. Les autres étaient simplement mises par écrit, conformément à la coutume, considérée comme ancienne et qui devait, au plus tard, remonter au début du siècle. De culture aux pièces, plus de traces. Tout tenancier fournit à l'abbaye un jour par an pour la fauchaison et, s'il possède des animaux de traits, neuf jours de labour [1]. Pour les plus chargés, donc, dix journées dans l'année. Jadis, les mieux protégés contre l'arbitraire en devaient cent cinquante six. A la vérité, la comparaison, ainsi présentée, n'est pas tout à fait juste. Le manse pouvait comprendre plusieurs ménages. En 1250, au contraire, la corvée est réclamée, visiblement, à chaque chef de famille. Mais même en supposant, ce qui n'est pas, une moyenne de deux familles par manse, la différence resterait encore énorme.

Parfois, la transformation a été poussée plus loin encore. Deux chartes, portant règlement des usages, qui, au XIIe siècle, copiées de place en place, se trouvèrent finalement s'appliquer à un grand nombre de lieux, celles de Beaumont, en Champagne, et de Lorris, en Gâtinais, ne connaissent plus aucun travail agricole obligatoire. À l'autre bout de l'échelle, il est vrai, certaines coutumes locales proclamaient encore le serf « corvéable à merci », comme le *servus* carolingien ; elles sont extrêmement rares et il n'est pas sûr qu'elles fassent autre chose que d'affirmer un principe, en pratique assez vide. Que le seigneur eût-il fait de tant de journées de main-d'œuvre ? Nous allons voir qu'en règle générale il n'en avait plus l'emploi. L'exemple de Thiais, sans nul doute représente le cas moyen et normal. La culture aux pièces a totalement disparu. Le travail à la journée subsiste, mais réduit à très peu de chose. Et cette étape, atteinte vers 1200, sera à peu près définitive. Tel était le régime ordinaire des corvées, sous Philippe Auguste, tel il sera encore, en gros, sous Louis XVI.

De cette prodigieuse atténuation des services agricoles, deux explications, a priori, sont possibles : ou bien le seigneur a trouvé, pour l'exploitation de sa réserve, une source de main-d'œuvre nou-

---

[1] Pour Thiais carolingien (*Polyptyque d'Irminon*, XIV) ajouter, aux manses ingenuiles et serviles, trois « hôtises », chargées de façon diverse. Affranchissement, *Polyptyque d'Irminon*, éd. GUÉRARD, t. I, p. 387.

velle ; ou bien il a réduit au minimum la réserve elle-même [1].

Confrontée avec les faits, la première hypothèse ne tient pas. A quelle main-d'œuvre, en effet, les corvées mises à part, le seigneur eût-il fait appel ? L'esclavage ? Il était mort, définitivement, faute de se recruter. Non certes qu'il n'y eût plus de guerres. Mais de chrétiens à chrétiens, on n'admet plus qu'elles puissent procurer des esclaves. L'opinion religieuse tient tous les adeptes de la *societas christiana* pour les membres d'une même grande Cité, qui ne sauraient s'asservir l'un l'autre : elle ne permet de réduire en servitude d'autres captifs que les infidèles ou — parfois avec quelque hésitation — les schismatiques. On ne trouvera plus, pour cette raison, au moyen-âge, d'esclaves en nombre appréciable que là où parviennent aisément les tristes produits des razzias opérées en dehors de la chrétienté ou de la catholicité : frontière orientale de l'Allemagne, Espagne de la *reconquista*, et ces contrées, baignées par la Méditerranée, où les vaisseaux jettent, sur les marchés, un bétail humain bigarré : nègres d'Afrique, musulmans « olivâtres », Grecs et Russes enlevés par les corsaires tartares ou latins. Le nom même d'esclave, qui remplace, dans son acception primitive, le vieux mot de *servus*, serf, dont le sens, nous le savons, a changé, n'est en lui même qu'un terme ethnique ; esclave ou slave, c'est tout un. Le langage, par lui, évoque l'origine de tant de malheureux, qui sont venus finir leur jour dans les châteaux des marches allemandes ou au service des bourgeois italiens. En France, par conséquent, — quelques cas isolés laissés de côté — seules les provinces méditerranéennes, au XIIe siècle, connaissent encore l'esclavage. Mais là même — à la différence de certaines régions ibériques, les Baléares par exemple — la marchandise servile était trop rare et trop coûteuse pour être employée, en grand, aux travaux des champs. Elle fournissait des serviteurs, des servantes, des concubines. De valets ou de filles de ferme, point ou presque point.

Quant au salariat rural, il ne perdit certainement jamais son rôle

---

[1] Le seigneur eût pu également tirer quelque main-d'œuvre des tenures, par un procédé différent de la corvée, en forçant les fils et filles de tenanciers à servir quelque temps chez lui : tel le *Gesindedienst* qui dans certaines seigneuries allemandes — à la vérité surtout dans l'Est et à partir de la fin du moyen-âge — joua un si grand rôle. Mais, bien qu'on puisse relever çà et là, dans la France capétienne, quelques efforts des seigneurs pour imposer, au moins à leurs serfs, le travail domestique obligatoire, ces tentatives demeurèrent toujours isolées et sans grand effet pratique.

d'appoint. L'augmentation de la population aidant, il prit même, semble-t-il, une importance croissante. Certains ordres monastiques, les Cisterciens notamment, après avoir d'abord eu recours, pour résoudre le problème de la main-d'œuvre, à la création d'un corps de religieux de dignité inférieure — les frères convers —, se résolurent en fin de compte à faire au louage d'ouvrage un assez large appel. Mais pour mettre en valeur par ce moyen des réserves seigneuriales comparables, en ampleur, aux *mansi indominicati* d'autre fois, un vaste prolétariat agricole eût été nécessaire. Il n'existait certainement pas et ne pouvait exister. La France, plus peuplée qu'auparavant, n'était pas surpeuplée ; en l'absence de tout perfectionnement technique sérieux, le travail sur les tenures anciennes et sur celles qui avaient été établies au moment des grands défrichements continuait à retenir beaucoup de bras. Enfin, les conditions générales de l'économie eussent rendu bien malaisés l'entretien ou le paiement, par de grands entrepreneurs, de pareilles masses humaines.

Sans nul doute, les seigneurs ne laissèrent se perdre tant de corvées agricoles que parce qu'ils acceptaient ou provoquaient la diminution de leurs réserves. Les champs qui naguère étaient confiés aux tenanciers pour la culture aux pièces se fondirent peu à peu — M. Ch.-Edmond Perrin l'a, pour la Lorraine, parfaitement montré [1] — dans les tenures même de ceux qui primitivement avaient été chargés de les travailler. Quant à la fraction, plus importante, du domaine primitif qui avait été cultivée à la journée, une partie servit à former de petits fiefs au profit des vassaux armés que les hauts barons des Xe et XIe siècles étaient forcés d'entretenir, en grand nombre [2]. Il est probable que ces hommes d'épée, le plus souvent, se hâtèrent, à leur tour, de distribuer leurs lots à des paysans, qui leur payaient des redevances. Une autre portion, la plus considérable, fut cédée directement, par le seigneur lui-même, à des tenanciers, soit pris parmi les anciens manants, soit nouveaux venus. Souvent, ce fut contre versement d'une part proportionnelle de la récolte — du tiers au douzième, en général — qu'on appelait « champart » ou encore « terrage » ou « agrier ». Les terres soumises à une charge de ce type étaient, à l'époque carolingienne, fort

[1] *Mélanges d'histoire du moyen-âge offerts à M. F. Lot*, 1925.
[2] Je dois cette observation à M. Deléage, qui prépare un travail sur l'évolution agraire de la Bourgogne médiévale.

rares ; dans la France capétienne, par contre, assez nombreuses. Ce contraste ne peut guère s'expliquer que si l'on admet que les parcelles ainsi grevées provenaient, pour la plupart, d'une répartition nouvelle. Par là, se justifie également le caractère juridique particulier attribué, en beaucoup de lieux, aux tenures à champart. Les seigneurs, au début, ne considéraient pas volontiers le morcellement de leurs domaines comme irrévocable. Réorganisé, dans son temporel comme dans sa vie spirituelle, vers 1163, le monastère de Saint-Euverte d'Orléans n'avait d'abord pas trouvé la possibilité de cultiver « de sa propre charrue » ses biens-fonds de Boulay ; il les remit à des paysans. Puis les chanoines estimèrent plus avantageux d'exploiter eux-mêmes ; ils se firent autoriser, par le roi Louis VII et le pape Alexandre III, à reprendre ce qu'ils avaient cédé [1]. Le champart donc, redevance type des nouveaux allotissements, fut souvent conçu comme ne comportant pas, en principe, l'hérédité. En Touraine, en Anjou, dans l'Orléanais, les juristes du XIIIe siècle reconnaissaient encore au seigneur le droit de réunir à sa réserve les champs sur lesquels, pour toute redevance, pesait un terrage [2]. Jusqu'en 1171 les terres à champart de Mitry-Mory, dans la seigneurie de Notre-Dame de Paris, pouvaient changer de mains au gré des chanoines ; celles de Garches, dans la seigneurie de Beaudoin d'Andilly, jusqu'en 1193, ne s'héritaient point ; en Valois, les coutumes du village de Borest, rédigées au cours du XIIIe siècle, relatent que ces sortes de biens ne doivent rien au seigneur, lorsqu'ils sont vendus, « parce qu'anciennement personne n'y avait droit d'héritage » [3]. Mais ne nous y trompons pas : ces exemples suffiraient à nous le rappeler, pratiquement l'hérédité s'introduisit peu à peu, par conventions expresses comme à Mitry-Mory ou à Garches, par prescription, comme à Borest. Les seigneurs acceptèrent ou laissèrent faire. C'est sous forme de tenures perpétuelles, pareilles en somme aux anciennes, qu'en fin de compte les grands domaines passèrent à la masse paysanne. Dans beaucoup de nos finages, des quartiers, morcelés, tout comme leurs voisins et depuis longtemps, en une multitude de petites parcelles, portent

---

1 Arch. Loiret, H 4 : bulle d'Alexandre III, Segni, 9 sept. [1179 ; cf. J. W., 13467 et 13468]. Cf. A. LUCHAIRE, *Louis VI*, n° 492.
2 *Établissements de Saint Louis*, éd. P. VIOLLET, I, c. CLXX ; cf. t. IV, p. 191.
3 28 GUÉRARD, *Cartulaire de Notre-Dame de Paris*, t. II, p. 339, n° IV. — Arch. Nat., L 846, n° 30. — Paris, Bibl. Ste Geneviève, ms 351, fol. 132 v°.

aujourd'hui encore, à titre de lieux-dits, des noms tels que « Les Corvées » ; par là s'évoque le temps lointain où, appartenant à la réserve, ils étaient cultivés grâce au travail obligatoire des tenanciers.

Quelquefois la réserve disparut tout à fait. Ailleurs, et plus fréquemment, elle subsista en partie : mais très fortement réduite, au point de changer véritablement de nature. Ce qu'était, au XIIe siècle, la politique domaniale d'un grand seigneur avisé, le petit écrit où l'abbé de Saint-Denis Suger a dépeint, non sans complaisance, sa propre gestion, nous en donne une juste idée. Visiblement, Suger estime qu'il faut, sur chaque terre, une réserve, mais de dimensions modérées. Si elle a été détruite, comme à Guillerval, il la reconstitue ; si elle est trop vaste, comme à Toury, il l'accense en partie. Mais comment en conçoit-il les éléments ? une maison, de préférence « forte et faite pour la défense », où demeureront les moines délégués à la direction de la seigneurie, où lui-même, au cours de ses tournées d'inspection, pourra « reposer sa tête » ; — un jardin et quelques champs pour l'entretien des hôtes permanents ou temporaires de ce logis ; des granges où s'entasseront les produits des dîmes ou du champart ; des étables ou bergeries pour le troupeau seigneurial qui, sans doute, participe à la vaine pâture et dont le fumier profite aux jardins et labours domaniaux ; — enfin, à l'occasion, un vivier ou des vignes qui fourniront au monastère et à ses dépendances des denrées d'un caractère particulier, indispensables pourtant et qu'en ce temps encore, il est plus avantageux de produire soi-même que d'acheter sur des marchés aux arrivages capricieux. En somme, à la fois un centre administratif et une ferme plus ou moins spécialisée, importante certes, mais telle qu'une petite troupe de serviteurs, avec l'appoint de quelques corvées, suffise à l'exploiter : tout autre chose, par l'étendue et par la raison d'être, que les immenses entreprises agricoles d'autrefois [1].

Il n'est point trop malaisé de retrouver quelques unes des causes

---

1 Comparer l'image analogue que nous donne, pour le XIIIe siècle, des domaines de Saint-Maur-des-Fossés, et de l'œuvre domaniale de l'abbé Pierre Ier (1256-1285), le censier, Arch. Nat., LL 46. Le domaine arable le plus vaste — presque anormalement étendu — est de 148 arpents : ce qui, comme ordre de grandeur, représente de 50 à 75 hectares, une grande propriété selon la classification officielle d'aujourd'hui, non pas une « très grande », puisqu'elle n'atteint pas, de loin, 100 hectares. C'est de cette façon également qu'est compris le domaine dans la plupart des fondations de villes neuves.

qui amenèrent les seigneurs à renoncer, peu à peu, au large emploi de l'exploitation directe. Le *mansus indominicatus* carolingien mettait aux mains du maître une grande quantité de denrées. Mais ce n'est pas tout que d'engranger, surtout des matières périssables ; cette accumulation de biens n'a d'intérêt que si l'on en tire parti, à temps et rationnellement. Problème angoissant ! La célèbre ordonnance de Charlemagne sur les *villae* impériales en est toute hantée. Une part était consommée sur place, par les provendiers de la réserve. Une autre allait à l'entretien du seigneur, qui parfois vivait au loin, souvent d'une existence quasi nomade. Quant au surplus, s'il y en avait — ce qui forcément était le cas pour les grandes fortunes — on s'efforçait de le vendre. Mais que de difficultés, nées des conditions matérielles et mentales du temps ! Pour éviter les gaspillages, les pertes, les faux mouvements, une comptabilité exacte était indispensable. Savait-on la tenir ? Il y a quelque chose de pathétique à voir, dans leurs statuts domaniaux, les souverains, comme Charlemagne, les grands abbés, comme Alard de Corbie, peiner à expliquer à leurs subordonnés la nécessité des comptes les plus simples ; ce que ces recommandations ont parfois de puéril prouve qu'elles s'adressaient à des esprits bien mal préparés à les comprendre. Il eût fallu aussi, pour répartir convenablement les produits, un corps d'administrateurs bien en main. Or, le problème du fonctionnarisme, écueil des royautés issues de l'Empire carolingien, ne fut pas mieux résolu par les seigneuries. Tout comme des comtes ou ducs au petit pied, les officiers seigneuriaux, les « sergents », libres ou même serfs, rémunérés par des tenures, se transformaient rapidement en feudataires héréditaires ; ils exerçaient à leur profit le pouvoir de commandement qui leur était confié, s'appropriaient tout ou partie du domaine ou de ses profits, parfois entraient avec leurs maîtres en guerre ouverte. Pour Suger, visiblement, une exploitation remise aux sergents est une exploitation perdue. Le système supposait des transports : par quels chemins et au prix de quels dangers ! Enfin, vendre le surplus était facile à dire : mais sur quels marchés ? Aux Xe et XIIe siècles, les villes étaient peu peuplées, et, d'ailleurs, plus qu'à demi rurales. Le vilain crevait souvent de faim, mais, faute d'argent, n'achetait guère. N'était-il pas plus avantageux et surtout plus commode de multiplier les petites exploitations, vivant sur elles-mêmes, responsables d'elles-mêmes, productrices de redevances dont le profit était facile à prévoir et qui, pour une part, étaient en numéraire, par conséquent aisées à transporter et à thésauriser ? D'autant que ces lots paysans ne rapportaient pas seulement des redevances ; plus le seigneur avait soit de tenanciers, soit de vassaux en faveur desquels il découpait son domaine en petits fiefs, plus il avait d'« hommes », dont le nombre servait sa force militaire et son prestige. Le mouvement avait commencé dès la fin de l'époque romaine, avec la suppression des grandes plantations à esclaves, l'accroissement du nombre des esclaves chasés et des tenures coloniles. Les fortes corvées de l'époque franque n'avaient été qu'un palliatif, destiné à conserver encore aux réserves une certaine ampleur. Les grands seigneurs de la période qui suivit — car des petits, nous ignorons tout et il est possible qu'ils n'aient jamais eu de domaines très étendus — ne firent que reprendre et prolonger la courbe de l'évolution antérieure.

Seulement, ces explications, qui paraissent claires, se heurtent pourtant à une difficulté, dont il serait malhonnête de sous-estimer l'importance. Les conditions de vie qui viennent d'être exposées sont un fait européen : l'affaiblissement des corvées, la diminution du domaine, à la date où ou les observe en France, non pas. Rien de pareil en Angleterre, où la situation, telle que l'enregistre, par exemple, en plein XIIIe siècle, le censier de Saint-Paul de Londres rappelle, trait pour trait, les descriptions des inventaires carolingiens. Rien de pareil non plus, autant que je puis voir — les obstacles auxquels se heurtent ces recherches comparées sont un des signes les plus fâcheux du médiocre avancement des sciences humaines — dans la plus grande partie de l'Allemagne. Sans doute la même transformation aura lieu dans ces deux pays : mais avec un ou deux siècles de retard. Pourquoi ce contraste ? J'en demande bien pardon au lecteur, mais il est des cas où le premier devoir de celui qui cherche, est de dire : « je n'ai pas trouvé ». Je suis arrivé ici à un de ces aveux d'ignorance, — invitation, en même temps à poursuivre une enquête, d'où dépend l'intelligence d'un des trois ou quatre phénomènes capitaux de notre histoire rurale.

Dans la vie de la seigneurie, en effet, point de transformation plus décisive que celle-là. Dès l'époque franque, le tenancier devait, à la fois, redevances et services ; mais alors, des deux plateaux de la balance, celui des services pesait le plus lourd. Maintenant l'équilibre est renversé. Aux anciennes, redevances, des charges nouvelles se sont ajoutées : taille, dîme, droits payés pour l'usage des banalités, obligations serviles, parfois, à partir des XIIe et XIIIe siècles, rentes exigées en remplacement de celles des anciennes corvées qui avaient subsisté jusque-là, que les seigneurs jugèrent finalement inutiles, mais qu'ils n'acceptèrent pas toujours de supprimer sans indemnité. Les services sont devenus infiniment plus légers. Jadis la tenure était, avant tout, une source de main-d'œuvre. Désormais ce qu'on peut appeler, en gros, son loyer — sans attacher à ce mot de sens juridique précis — constitue sa véritable raison d'être. Le seigneur a renoncé à être le directeur d'une vaste exploitation, agricole et même, partiellement, industrielle. On ne voit plus, autour de ses contremaîtres, se grouper, pendant des jours nombreux, la population valide de villages entiers. La ferme même, débris de son ancien domaine, qu'il a souvent conservée, il s'abstiendra, de plus en plus, de la mettre en valeur directement. Depuis le XIIIe siècle surtout, l'habitude se répand de l'accenser, elle aussi, non pas, à vrai dire, à perpétuité, mais à temps : différence considérable certes, dont nous verrons plus tard apparaître les effets, mais qui n'empêche pas que, par là, le maître ne continue à s'écarter de sa terre. Supposons un grand fabricant qui, abandonnant à son personnel, pour les utiliser dans une série de petits ateliers, les machines de l'usine, se contenterait de devenir l'actionnaire, ou, pour mieux dire (car la plupart des redevances étaient fixes ou le devinrent) l'obligataire de chaque famille d'artisan ; nous aurons, par cette image, une idée de la transformation qui s'est faite, du IXe au XIIIe siècle, dans la vie seigneuriale. Certes, politiquement, le seigneur est encore un chef, puisqu'il demeure le commandant militaire, le juge, le protecteur né de ses hommes. Mais, économiquement parlant, il cesse d'être un chef d'entreprise, — ce qui l'amènera aisément à cesser d'être un chef tout court. Il est devenu un rentier du sol.

Chapitre IV.
Les transformations de la seigneurie et de la propriété depuis la fin du moyen-âge jusqu'à la révolution française

1. Transformations juridiques de la seigneurie ; les destinées du servage.

C'est par une crise des revenus seigneuriaux que se termine le moyen-âge et s'ouvrent les temps modernes.

Non que la vieille armature ait alors subi un bouleversement total. Sur ses tenanciers — que, par une confusion caractéristique de l'obscurcissement des vieilles notions de rapports personnels, on commence à appeler, d'un mot réservé jadis à un tout autre lien de dépendance, ses « vassaux » —, sur leurs tenures, les droits du seigneur, dans la plupart de leurs applications, sont, sous François premier, voire sous Louis XVI, pour l'essentiel les mêmes que sous saint Louis. A deux exceptions près, toutefois, et qui sont graves : décadence des justices seigneuriales ; disparition, le plus souvent, et, là même où il subsiste, transformation profonde du servage.

Les juridictions seigneuriales ne sont point mortes. Seule, la Révolution les tuera. Beaucoup d'affaires passent encore devant elles. Mais elles sont beaucoup moins lucratives et beaucoup moins puissantes que par le passé. Une règle de droit, dès le XVIe siècle universellement admise et presque toujours appliquée, interdit au seigneur de siéger en personne. Aussi bien, la complication croissante du système juridique lui eût-elle rendu la tâche difficile. Il lui faut désormais instituer un juge professionnel et, partant, le payer, non plus, comme on l'eût fait autrefois, par l'attribution d'un « fief » (les usages économiques ont cessé d'être favorables à ce mode de rémunération), mais en argent comptant. Sans doute, pas plus que les ordonnances royales qui exigent de ce magistrat certaines garanties techniques, celles qui, réclament pour lui un salaire convenable ne sont rigoureusement observées ; les « épices » que lui versent les justiciables constituent, sur bien des terres, le plus clair de ses profits. Il n'en est pas moins vrai que la charge, pour le seigneur, est souvent assez lourde. D'autres frais s'y ajoutent et le tout dépasse souvent les bénéfices, au point que, parfois, l'on craint de trop juger. « Le produit des amendes, épaves et confiscations », écrit, au XVIIe siècle, un noble bourguignon, « ne suffit pas pour payer les gages des officiers de la justice ». Et, en 1781, l'intendant du duché de Mayenne, dans un compte-rendu à ses maîtres : « La misère... nous occasionne beaucoup de procédures criminelles. J'en ai élagué tout ce que j'ai pu en faisant sauver deux ou trois mauvais sujets qui arrêtaient les voyageurs presqu'à force ouverte » [1].

Surtout les tribunaux d'État — soit des grandes principautés, soit de la monarchie, et, depuis le XVIe siècle, à peu près uniquement ces derniers — font aux justices seigneuriales une terrible concurrence. Ils leur ont retiré un grand nombre de causes. Ils en accaparent beaucoup d'autres, par « prévention », en gagnant de vitesse l'officier local. De toutes enfin, ils reçoivent désormais les appels. D'où, pour le haut ou bas justicier, beaucoup d'ennuis et de frais — car, selon un vieux principe, qui, jusqu'au XVIIe siècle, conserve toute sa force, c'est le juge de première instance, non le plaideur gagnant, que l'appelant prend directement à partie — et, pis encore, une perte sensible de pouvoir et de prestige. Ç'avait été en faisant peser sur leurs hommes leur autorité judiciaire que, aux Xe et XIe siècles, les seigneurs avaient développé leurs facultés de commandement et leurs revenus. L'arme n'est pas tout à fait tombée de leurs mains, puisqu'en matière de police rurale, dont tant d'intérêts dépendent, ils gardent ordinairement le dernier mot ; mais elle s'est considérablement affaiblie. Le régime seigneurial lui-même n'allait-il pas être menacé ? Nous verrons comment, grâce à l'attitude des cours publiques, le danger fut écarté. Mais ce juge, dont les sentences, à chaque coup, risquent d'être frappées de caducité, s'il maintient et parfois renforce ses droits utiles, fait, moins que jamais, figure de chef.

***

La même transformation de la structure sociale qui s'exprime par l'action grandissante de l'État et de ses tribunaux se retrouve à la racine des vicissitudes que subit le servage. De la société du XIe siècle, on donnerait une image assez exacte en la représentant comme construite, essentiellement, selon des lignes verticales ; elle se fragmentait en une infinité de groupes serrés autour de chefs, eux-mêmes dépendant d'autres chefs : groupes de serfs ou de te-

---

1 J. DE LA MONNERAYE, dans *Nouvelle Revue Historique de Droit*, 1921, p. 198.

nanciers, « mesnies » vassaliques. A partir du milieu du XIIe siècle, ou environ, c'est au contraire par couches horizontales que tend à s'organiser la masse humaine. De grandes unités administratives — principautés, État monarchique — englobent et étouffent les petites seigneuries. Des classes hiérarchiques, la noblesse principalement, se constituent fortement. La commune — urbaine, surtout, mais qui, parfois, s'étend à des collectivités purement rurales — se donne pour base cette institution, entre toutes révolutionnaire : le serment d'aide mutuelle entre égaux, qui remplace le vieux serment d'obéissance, prêté d'inférieur à supérieur. Et partout le sens des liens de dépendance d'homme à homme va s'affaiblissant. Or, le servage, tel qu'il s'était constitué avec les débris de l'esclavage, du colonat, de l'affranchissement conditionnel, ainsi que par l'asservissement volontaire, ou prétendu tel, de beaucoup de paysans anciennement libres, était, par sa nature profonde, un des éléments de ce système de sujétion et de protection, échangées du haut en bas de l'échelle sociale. A dire vrai, il n'était pas que cela. Toujours le serf avait été conçu comme d'une caste inférieure. Mais ce n'était là, anciennement, qu'un des aspects de son statut. A partir du XIIIe siècle, au contraire, conformément au mouvement général de l'évolution, en même temps que la « servaille » se délimite de plus en plus rigoureusement vers le dehors — la jurisprudence, notamment, posant désormais en principe que les deux qualités de serfs et de chevalier sont incompatibles —, c'est le caractère de classe qui, décidément, prédomine dans l'idée que l'opinion commune se fait de cette condition.

Par ailleurs, précisément parce que la notion du lien « de chair et d'os » s'obscurcit et se perd, le servage va dorénavant tendre à se fixer moins sur la personne que sur la terre. Non plus la naissance seulement, mais aussi la possession de certaines tenures, la résidence sur certaines terres, feront d'un manant un serf. Bien plus : ce serf terrien, on se plaira à le considérer comme « attaché » au sol. Il ne serait guère exact de dire qu'il ne peut absolument pas le quitter ; mais, s'il s'en va sans la permission du maître, il perd sa tenure. Sur ce dernier point, le mouvement a été aidé par l'influence de doctrines savantes. Lorsque, depuis le XIIe et le XIIIe siècles, les juristes se mirent à l'école du droit romain, ils se préoccupèrent de trouver dans ces textes vénérés, source de toute science, des précédents pour les institutions sociales de leur temps, pour le servage notamment. Dure entreprise ! Était-il une institution qui, plus que le servage, fût spécifiquement médiévale ? Serf, *servus* : la parenté des mots invitait à une comparaison avec l'esclavage antique. Mais, entre les deux statuts, l'abîme était trop visible ; en dépit de quelques écarts individuels, nos juristes français eurent le bon sens de ne point trop presser une analogie dont, pour le plus grand dam des *Leibeigenen* de leur pays, les hommes de loi de l'Allemagne orientale devaient, au cours des siècles suivants, tirer un si beau parti. En revanche, le colonat, différent de l'esclavage, mais qui supposait la soumission à un seigneur, leur parut permettre une assimilation moins arbitraire. Ils n'eurent sans doute l'idée d'insister sur elle que parce que le servage de leur temps, par son caractère plus réel que personnel, s'était déjà, en quelque mesure, rapproché d'une condition qui avait eu pour trait fondamental la liaison de l'homme avec la terre. Mais, à son tour, l'expression juridique qu'ils donnèrent à cette similitude naissante ne fit que l'accentuer. Les termes même que les notaires ou les théoriciens, désormais, aiment à employer pour désigner le serf nouveau modèle : « *ascriptus glebae* », ou, avec plus de force encore, « serf de la glèbe » — alliance de mots dont le contraste avec l'« homme de corps » de jadis est véritablement saisissant — étaient des emprunts au vocabulaire dont les romanistes du moyen-âge avaient d'abord usé pour décrire le colonat. N'exagérons point, cependant, l'importance de cette influence doctrinale. Si la terre, comme jadis, avait été beaucoup plus abondante que la main-d'œuvre, les efforts des seigneurs pour retenir leurs serfs, en menaçant de confisquer leur « glèbe », eussent sans doute été assez vains. Sans les grands défrichements, la règle de l'« attache » n'eût été que creuse formule.

Les vieilles redevances et incapacités caractéristiques de la condition servile subsistaient pour la plupart : avant tout, la mainmorte et le formariage. Mais, à côté d'elles, une nouvelle notion se fit jour qui, avec l'accent mis sur l'infériorité de classe et la nature réelle du lien, va former un des critères du nouveau servage. Les charges dites « arbitraires », celles que n'avaient fixées ni une convention écrite, ni une coutume solidement établies et que le seigneur exigeait à son gré, passent désormais, très généralement, pour un signe de servage : telle la taille « à volonté », à l'origine forme qua-

Chapitre IV

si universelle de cette contribution, mais qui, depuis les abonnements, était devenue l'exception. Certes tous les serfs ne sont point taillables, moins encore corvéables, « à merci » : mais être l'un ou l'autre, c'est maintenant risquer de se voir, par là même, tenu pour serf. Déjà à l'époque carolingienne, travailler « quand ou en reçoit l'ordre » était ordinairement le lot des *servi*, alors véritablement esclaves. Peut être l'idée qu'il y a quelque chose de contraire à la liberté à être ainsi soumis à la volonté d'un maître avait-elle, plus ou moins obscurément, survécu dans les consciences. Le caractère anormal d'une pareille obligation, sans doute aussi le rapprochement, qui, malgré tout, ne pouvait manquer d'exercer quelque action sur les esprits, entre le serf et le *servus* romain, aidèrent à faire revivre cette conception.

Tels étaient, sous réserve d'une foule de nuances locales sur lesquelles je ne saurais m'appesantir ici, les grands traits de la condition servile, à la fin du moyen-âge ; tels ils demeureront jusqu'au moment où il n'y eut plus du tout de serfs, c'est à dire jusqu'à la Révolution. Mais ce statut s'appliquait à un nombre d'hommes de moins en moins élevé.

Le grand mouvement de disparition du servage commença au XIIIe siècle ; il se poursuivit jusqu'au milieu du XVIe. Probablement, ça et là, les obligations caractéristiques de la servitude s'effacèrent par simple désuétude. En règle générale, cependant, ce fut d'actes exprès, de « manumissions » dûment scellées, que les serfs, tantôt un par un ou du moins ménage par ménage, tantôt par villages entiers, reçurent leur liberté. Celle-ci leur était moins donnée que vendue. Certes l'affranchissement passait pour un geste pieux, une « grant aumosne », comme disait Beaumanoir, une de ces œuvres qui, au jour du Jugement, feront pencher vers le paradis la balance de l'Archange. Dans les préambules des chartes on se plaisait à rappeler, avec plus ou moins d'éloquence ou de prolixité, ces grandes vérités ; on évoquait les enseignements de l'Évangile, ou, si le notaire préférait chercher ses inspirations dans les Codes Plutôt que dans le Livre Sacré, les beautés de la « liberté naturelle ». Les convenances exigeaient que cet hommage fût rendu aux leçons de la morale, et sans doute, sous ces mots ampoulés, se cacha plus d'une fois un sentiment sincère, et comme un naïf calcul ; après tout, le bénéfice qu'on peut, en ce bas monde, tirer d'une bonne action n'exclut pas l'espoir d'une récompense plus haute. Mais quoi ! la classe seigneuriale pouvait-elle se dépouiller tout entière, par pure charité ? En fait, sauf de rares exceptions, effets de la reconnaissance ou de l'amitié, les manumissions furent de véritables contrats dont les clauses, étaient, parfois, longuement débattue, et âprement discutées. Voulons-nous comprendre pourquoi elles furent accordées en si grand nombre ? il faut nous demander quel profit en attendaient les deux parties.

Le seigneur renonçait à des droits lucratifs, sans doute, mais de perception irrégulière et incommode. En échange, le plus souvent, il obtenait une somme d'argent, versée une fois pour toutes, qui le tirait d'un de ces embarras financiers, plaie habituelle des fortunes nobiliaires et terriennes, ou bien permettait enfin une dépense somptuaire, longuement désirée, ou encore ouvrait la voie à un remploi avantageux. En quels éléments divers la prodigieuse alchimie des courants monétaires ne transmuait-elle point les « deniers des libertés » ! Parfois ils filaient tout droit dans les coffres du roi ; car il arrivait que pour satisfaire le collecteur d'impôts, un seigneur, en proie au mal d'argent, ne trouvât d'autre ressource que de libérer quelques serfs. Ou bien ils allaient éteindre, chez le banquier florentin, une dette importune, ou encore partaient grossir les trésors d'un ennemi heureux ; après Poitiers, plus d'un chevalier ou écuyer ne se tira des griffes des Anglais qu'en demandant à la vente des franchises les écus de la rançon. Ailleurs, ils se faisaient pierres d'églises : dans le monastère de Saint Germain-des-Prés, la chapelle de la Vierge, un des joyaux du Paris de saint Louis, acheva de s'élever avec le prix des manumissions, distribuées par l'abbé. Plus souvent, ils se changeaient en confortables biens au soleil : champs, prés ou vignes, chefs cens et dîmes, pressoirs, maisons, moulins, achetés, bâtis ou réparés grâce aux pièces de monnaie amassées, sou par sou, dans les bas de laine paysans, et lâchées enfin un jour où le servage avait paru trop dur [1]. D'autres fois le

---

1 Arch. Nat., J J 60, fol. 23 (1318, 17 déc.) : affr. d'un couple servile par l'abbé d'Oyes, motivé par la nécessité où étaient les religieux de payer au roi la décime ; cf. à la fin de la présente note. — FROISSART, éd. S. LUCE t. V, p. I n. 1. — Arch. Nat., L 780, n° 10 (1255 déc.) ; lésée par les affranchissements, la communauté de St. Germain-des-Prés protesta d'ailleurs contre l'usage qui avait été fait des 2460 livres ; elle estimait équitable d'employer cet argent plutôt à des achats, à son profit ; une combinaison financière passablement compliquée lui donna satisfaction. — Bibl.

« manumisseur » se faisait reconnaître une rente périodique et fixe, qui venait en surcroît des anciennes redevances sur les tenures et remplaçait avantageusement les charges serviles, d'un rapport si capricieux. Plus tardivement, la rémunération eut lieu, parfois, en terre ; le village libéré remettait au seigneur une partie de son communal. Ces cessions, qui pèsent encore aujourd'hui sur la vie de plus d'une communauté rurale, furent particulièrement fréquentes dans la Bourgogne du XVIe siècle, et dans la Comté voisine jusqu'au siècle suivant [1]. C'est que le paysan bourguignon ou franc-comtois, ruiné par les guerres, était alors très pauvre ; les seigneurs, d'autre part, commençaient à prendre goût au rassemblement des parcelles. Mais presque jamais, le paysan, pour conquérir sa liberté, n'abandonna tout ou partie de sa tenure. Bien au contraire, en renonçant à la mainmorte, le seigneur du même coup abdiquait l'espoir d'agrandir un jour son domaine de l'héritage du serf. L'affranchissement, en France, de la population servile n'entraîna pas directement — comme plus tard, en Russie par exemple, des transformations sociales analogues — sa dépossession, même partielle, au profit du seigneur.

A côté de ces avantages immédiatement tangibles, un autre motif intervenait parfois, dont plus d'une charte nous a laissé le candide aveu. La terre, soumise encore à la servitude, se trouvait-elle proche d'autres terres où régnait la liberté, « villeneuves » parfois dont le fondateur avait assuré le succès par d'appréciables franchises — ce n'était pas toujours le cas ; au beau temps du servage, il y eut des serfs même sur les espaces nouvellement défrichés —, ou bien localités précocement libérées ? Elle risquait fort de se dépeupler, peu à peu, au profit de ces foyers de mieux-être. Le plus sage était d'arrêter l'émigration par un sacrifice, opportunément consenti et qui, lui-même, étant naturellement payé par les bénéficiaires, n'allait point sans profit. Prudence particulièrement recommandable

---

Ste Geneviève, ms 351 fol. 123 ; liste dressée pour les chanoines de Ste Geneviève et intitulée « Iste sunt possessiones quas emimus et edificia que fecimus de denariis libertatum hominum nostrorum et aliorum quorum nomina inferius scripta sunt » : parmi des acquisitions, constructions et réparations diverses, versement *mercatoribus florentinis* de 406 livres (somme trop forte, sans doute, pour représenter l'acquittement d'une décime apostolique) ; également *pro decima dominii regis*, 60 1.
1 Il y a naturellement quelques exemples plus anciens : cf. DE VATHAIRE DE GUERCHY dans *Bullet. de la Soc. des Sciences Historiques de l'Yonne*, 1917.

en période de crise ; la guerre de Cent Ans, plus tard, dans diverses régions frontières, les guerres du XVIIe siècle, faisant renaître les vides, poussèrent les maîtres du sol à une surenchère de générosité. « Puis un certain temps », écrivent les Hospitaliers de la Commanderie de Bure, en Bourgogne, affranchissant, en 1439, leurs hommes de Thoisy, toutes les « maisons et granges ou la plus grant partie qui estoient au dit Thoisy furent et ont esté brulées, arses et destruictes... et mesmement aussi pour la cause de la dicte mainmorte, nulz autres ne se veuillent habiter... en la dicte ville,... ains se sont touz soustraiz et alez demeurer ailleurs en lieu franc ». De même, en 1628, le sire de Montureux-les-Gray, en Comté, ne dissimule point son espoir que le village affranchi sera « mieux habité et peuplé » et, « conséquemment », les droits seigneuriaux « de plus grand revenu ». La misère fut parfois génératrice de liberté [1].

Au reste, que, d'une façon générale, l'affranchissement, bien préparé et intelligemment conçu, fût considéré, par les administrateurs des grandes fortunes seigneuriales, comme une excellente affaire, la meilleure preuve en est dans les campagnes de propagande organisées par quelques puissants seigneurs — rois comme Philippe le Bel et ses fils ou plus tard François Ier et Henri II, hauts barons comme, en Béarn, le comte Gaston Phoebus —, pour y amener leurs sujets, voire même, avec un succès mélangé, pour les y contraindre [2].

Et les serfs eux-mêmes ?

« Sires... n'est chose que je ne feïsse — Meis que par tant franc me veïsse — Et ma fame et mes anfanz quites », — ces mots que le grand poëte du XIIe siècle, Chrétien de Troyes, met dans la bouche d'un des rares héros serviles dont la littérature médiévale ait tracé la figure [3], plus d'un « homme de corps » dut se les murmurer à lui-même. De tout temps le servage n'avait-il pas été une « macule » ? Mais sans doute ce désir devint-il de plus en plus poignant à mesure que l'idée du lien personnel, de l'échange de protection et de services, jadis inhérente à la conception même de la condition ser-

---

[1] J. GARNIER, *Chartes de communes et d'affranchissements*, t. II, p. 550 — J. FINOT, dans *Bullet. de la Soc. d'Agriculture... de la Haute-Saône*, 1880, p. 477.
[2] MARC BLOCH, *Rois et serfs*, 1920. — GARNIER, loc. cit. Introduction, p. 207. — P. RAYMOND, dans *Bullet. de la Soc. des Sciences de Pau*, 1877-1878 : enquête de 1387 ; aux n°s 98 et 119 mentions de deux campagnes antérieures.
[3] *Cligès*, v. 5502 et suiv.

vile, perdit sa force, pour céder la place à la conscience aiguë d'une infériorité de classe ; à mesure aussi que, la population soumise à ce statut diminuant chaque jour d'étendue, l'homme qui y restait attaché se sentait davantage isolé, et par là, plus paria que jamais. Les plaintes de ces humbles gens ne sont guère venues jusqu'à nous. L'une d'elles, cependant, s'est faite assez forte pour percer l'opacité des textes ; le serf ou la serve trouvait difficilement à se marier, si bien que, dit un chroniqueur, beaucoup de filles, faute d'époux, « se gâtaient » [1]. A dire vrai, tant que la servaille avait été nombreuse et bien que, dès le début du XIVe siècle, le pessimiste auteur de Renart le Contrefait accusât l'interdiction du formariage de « tollir generacion » [2], l'obstacle n'avait rien eu d'insurmontable. A l'intérieur de la seigneurie, garçons et filles, sujets serviles du même maître, s'unissaient entre eux, — quitte à multiplier ainsi ces mariages consanguins, qui, aux yeux des docteurs de l'Église, fournissaient la raison la plus forte pour condamner, sinon le servage en lui même, à peu près légitimé par le péché originel, du moins une de ses règles : celle qui prohibait le mariage en dehors du groupe. Quelque indépendant tenait-il même à chercher compagnon ou compagne plus loin que la petite collectivité servile ? une somme versée au seigneur, — au besoin aux deux seigneurs, si chacun des conjoints était serf, de deux barons différents —, quelquefois, entre les deux propriétaires d'hommes, un échange de serfs, et le tour était joué : c'était ainsi qu'aux XIIe et XIIIe siècles la plupart des familles d'officiers seigneuriaux, serves, à l'ordinaire, mais trop puissantes et trop riches pour accepter de s'unir à de simples paysans, contractaient, entre elles, d'honorables alliances. Mais lorsque chaque seigneur eut moins de serfs qu'autrefois, que, par surcroît, dans l'ensemble du pays, le total des serfs, fut devenu plus faible, le mal devint menaçant. Car de se marier parmi les libres, il y fallait de moins en moins songer : peu d'hommes ou de femmes nés dans la liberté se souciaient d'y renoncer, par de pareilles noces, pour eux-mêmes (car la « macule » était contagieuse) et pour leurs enfants : y eussent-ils même consenti, que leurs proches, souvent, s'y opposaient, par sentiment de l'honneur ou par crainte de voir

---

1 Du Cange, au mot *Manumissio* et *Recueil des Histor. de France*, t. XXI, p. 141 ; Guérard, *Cartulaire de N. D. de Paris*, t. II, p. 177, n° VII. Les témoignages, qu'il est impossible de tous citer ici, sont remarquablement nombreux.
2 V. 37203 et suiv.

un jour le patrimoine familial tomber en mainmorte. En 1467, convaincue d'infanticide, une pauvre servante champenoise s'excusait de son inconduite sur ce qu'elle n'avait pu se marier selon son cœur : son père avait refusé de l'unir à celui qu'elle « eust eu voulentiers », parce que cet homme était serf [1]. Certainement, ce père rigoureux n'était pas une exception. De même que, pour les seigneurs, la crainte de perdre leurs tenanciers, pour les serfs l'angoisse de rester, au sein de masses humaines qui avaient déjà conquis la liberté, seuls astreints aux vieilles charges et en butte au mépris commun, explique qu'une fois introduit dans une région donnée, l'affranchissement ait toujours tendu à se propager de place en place avec beaucoup de rapidité.

Mais ce bien si cher, il fallait l'acheter. Si le désir de l'obtenir fut, à partir du XIIIe siècle, probablement, en tous lieux, à peu près égal, les possibilités, selon les provinces, variaient, an contraire, à l'extrême. Seuls purent se procurer l'argent nécessaire les paysans auxquels la vente de leurs produits avait permis de se constituer quelques réserves ou bien qui, à leur portée, trouvaient des prêteurs disposés à placer leurs capitaux à la campagne, sous forme, notamment, de ces constitutions de rente qui jouaient alors, dans l'économie, le même rôle qu'aujourd'hui l'hypothèque : en un mot ceux qui vivaient dans une contrée où les échanges étaient déjà abondants, les marchés urbains capables d'absorber une assez grande quantité de denrées agricoles, le numéraire et l'esprit d'entreprise assez répandus pour qu'il se fût créée une classe de capitalistes, grands ou petits. Dès la seconde moitié du XIIIe siècle ces caractères étaient réunis dans la région parisienne ; c'est pourquoi le servage, qui jadis y avait été la condition de véritables foules humaines, y disparut totalement, dès avant l'avènement des Valois. Là où les circonstances économiques étaient moins favorables, il dura beaucoup plus longtemps. Au XIVe siècle, les mêmes églises parisiennes qui, autour de la grande ville, n'avaient plus un seul serf, en possédaient encore en grand nombre sur leurs terres de Champagne ; les mêmes communautés orléanaises qui, dès saint Louis, avaient mis en liberté tous leurs hommes de corps de Beauce, sous François Ier levaient la mainmorte et le formariage

---

[1] G. ROBERT, dans *Travaux de l'Académie de Reims*, t. CXXVI, 1908-1909, p. 257-290.

sur leurs villages de Sologne : tant il est vrai que l'affranchissement, phénomène de masse, doit s'expliquer beaucoup moins par les dispositions individuelles de tel ou tel seigneur que par les conditions propres à de larges groupes sociaux. En Champagne, dans les provinces du Centre, dans le duché de Bourgogne et la Comté voisine, le mouvement, sans hâte, mais avec des alternatives d'accélération et de ralentissement dont il serait bien à désirer que des recherches précises nous permettent un jour de tracer la courbe, se poursuivit jusqu'en plein cœur du XVIe siècle. Ni dans les deux Bourgognes, ni dans le Centre, il n'atteignit, d'ailleurs, son plein achèvement. A partir de la seconde moitié du XVIe siècle, les seigneurs, de plus en plus attachés, comme nous le verrons, au maintien de leurs droits, de ceux, notamment, qui, — telle la mainmorte — leur promettaient des gains en terre, cessèrent de considérer avec sympathie les manumissions. Les villages qui n'avaient pas encore pu acquérir leur liberté l'obtinrent de plus en plus difficilement. Ça et là, des îlots de servage subsistèrent jusqu'à la Révolution, — d'un servage, comme l'on sait, fort différent de l'institution originelle.

Mais, beaucoup plutôt que l'affaiblissement des pouvoirs judiciaires des seigneurs ou que le relâchement des liens personnels qui jadis tenaient leurs serfs attachés, ce furent des causes proprement économiques qui provoquèrent, à partir du XVe siècle, la crise d'abord, puis la transformation des fortunes seigneuriales.

2. La crise des fortunes seigneuriales.

Les deux derniers siècles du moyen-âge, dans toute l'Europe de l'Ouest et du Centre, furent une époque de malaise rural et de dépeuplement : rançon, dirait-on, de la prospérité du XIIIe siècle. Les grandes créations politiques de l'âge précédent — monarchies des Capétiens et des Plantagenets, dans une moindre mesure « territoires » princiers de l'Allemagne nouvelle — entraînées, par leur puissance même, dans toutes sortes d'aventures guerrières, semblent provisoirement incapables de remplir la mission de police et d'ordre qui était leur raison d'être. Surtout, le resserrement de la masse humaine, suite des défrichements et des progrès de la population, offre aux épidémies un terrain atrocement favorable. L'Angleterre de la Guerre des Deux Roses et des grandes révoltes agraires, l'Allemagne où se multiplient les *Wüstungen*, villages alors désertés et qui n'ont plus jamais reparu, font un exact pendant à la France, plus éprouvée encore et véritablement saignée à blanc : la France de la Guerre de Cent Ans, proie des routiers, désolée par les jacqueries et leurs répressions, plus terribles que les soulèvements eux-mêmes, atteinte enfin, jusque dans ses forces de renouvellement, par les « grants mortalités ».

Lorsque la victoire des Valois eût ramené une paix relative, traversée encore, sous Charles VII et Louis XI, par bien des troubles, une grande partie du royaume n'était plus qu'une vaste zone rouge. Les textes contemporains — moins encore les chroniqueurs qu'une foule d'humbles et véridiques témoins, enquêtes, registres de visites diocésaines, inventaires, chartes de franchise ou d'accensement — ont dépeint à l'envi l'horreur de ces campagnes, où « l'on n'entendait plus chanter coq ni poule ». Combien de Français pouvaient dire alors, comme ce prêtre cahorsin, que « de sa vie il n'avait vu, dans son diocèse, que guerre » ! Habitués, à la moindre alarme donnée par les veilleurs, à chercher asile dans les îles des fleuves ou à établir dans les bois des cabanes de branchages, contraints de s'entasser pendant de longs jours derrière les murailles des bonnes villes où la peste frappait à coups redoublés sur ces foules miséreuses et trop pressées, beaucoup de paysans, peu à peu, s'étaient déracinés. Les laboureurs du pays de Cahors avaient fui en masse vers la vallée de la Garonne et jusque dans le Comtat. De toutes parts, des villages entiers, quelquefois pendant des générations, étaient demeurés à l'abandon. Là où il subsiste quelques occupants, ce ne sont plus, à l'ordinaire, que des poignées d'hommes. Dans les Préalpes, le Périgord, le Sénonais, la forêt a envahi champs et vignes. D'innombrables finages n'offrent plus aux yeux qu'« espines, buissons et autres encombremens ». Les anciennes limites ont cessé d'être reconnaissables ; quand vers la fin du XVe siècle, les terres des moines des Vaux-de-Cernay commencèrent à se repeupler, « n'estoit homme ou femme qu'il sceut à dire où estoient ses héritaiges ».

Certains de ces ravages ne furent réparés qu'après bien des siècles ; d'autres ne s'effacèrent jamais. En Puisaye, des friches, qui dataient de ce temps, ne furent remises en culture qu'au XIXe siècle. Lors même que les champs finirent par être rendus au labour, souvent les villages ruinés manquèrent à être rebâtis ; l'habitat se concentra. Le terroir de Bessey, en Bourgogne, dut être distribué aux bonnes gens de deux communautés limitrophes ; l'agglomération fut, pour toujours, rayée de la carte. De douze villages alors détruits dans le comté de Montbéliard, dix n'ont jamais reparu. Presque partout, cependant, la reconstitution se fit, mais très lentement. A Rennemoulin, au sud de Paris, deux laboureurs, en 1483, se vantent d'avoir été les premiers — l'un depuis douze à treize ans, l'autre depuis huit ou neuf — à « défricher » le sol. Parfois les anciens habitants, un à un, sont revenus ; à côté d'eux, quelques voisins d'autrefois, dont l'ancienne résidence, toute proche, demeure encore sous les broussailles. Ailleurs les seigneurs, intéressés à la remise en valeur, ont fait appel à une main-d'œuvre étrangère : Italiens en Provence, Savoyards, Français du Nord ou de Bourgogne, Allemands même dans le Valentinois et le Comtat Venaissin, Bretons, Limousins et Tourangeaux dans le pays de Sens. Ou bien — tels ces trois pauvres hommes de Normandie qui, en 1457, font, près de Paris, toute la population de Magny-les-Hameaux — des errants, un beau jour, se sont fixés. A La-Chapelle-la-Reine, dans le Gâtinais, en 1480, deux des nouveaux manants sont originaires du Beaujolais, un autre de l'Anjou, un quatrième de la Touraine. Au Vaudoué, non loin de là, un des premiers pionniers est Normand ; de même, toujours dans le même petit canton, à Fromont. L'interruption dans le peuplement fut parfois si prolongée, la prépondérance des éléments immigrés si forte qu'il se produisit comme une cassure dans la mémoire agraire : à Recloses, en Gâtinais, on observe que, du XIVe au XVe siècle, les noms des lieux-dits, ont changé, presque du tout au tout. Devant un pareil brassage humain, comment croire, d'une foi sans réserves, par antithèse avec le métissage des villes, à la pureté ethnique des populations paysannes ? L'œuvre de réorcupation se poursuivit jusqu'aux deux ou trois premières décades du XVIe siècle : attachant spectacle de patience et de vie qui, aux générations d'aujourd'hui, évoque des images encore toutes fraîches [1].

---

1 Ni la crise, ni la reconstruction n'ont été suffisamment étudiées. Je ne donne ici que les renvois à ceux des faits cités qui ne viennent pas des monographies régionales signalées à la bibliographie. H. DENIFLE, *La désolation des églises*, t. II, 2, 1899, p. 821-845. — J. MAUBOURGUET, *Sarlat et le Périgord méridional*, t. II, 1930, p. 131. — J. QUANTIN, dans *Mémoires lus à la Sorbonne, Histoire et philologie*, 1865

La misère des paysans avait été atroce. Mais la reconstruction, dans l'ensemble, ne leur fut pas défavorable. Pour assurer le repeuplement, source de redevances, les seigneurs accordèrent souvent d'appréciables avantages, les uns d'application tout immédiate — exemptions temporaires de charges, prêts d'instruments ou de semences —, les autres plus durables : franchises diverses, taux très modéré des cens. En 1395, les moines de Saint Germain-des-Prés avaient essayé vainement une première reconstitution de leur vignoble de Valenton ; ils offraient alors la terre au cens de 8 sous l'arpent. A partir de 1456, nouvelle tentative. Il fallut cette fois — bien que, dans l'intervalle, la monnaie eût sensiblement perdu en valeur métallique — se tenir, presque constamment, plus bas que 4 sous : visiblement, le succès était à ce prix [1]. Les seigneurs, légalement, avaient la faculté de s'emparer des terres trop longtemps demeurées sans culture. Souvent, ils prirent la précaution de se faire reconnaître ce droit, en termes exprès. Mais c'était afin de pouvoir distribuer ces friches à de nouveaux tenanciers, sans attendre le retour problématique des anciens laboureurs, non dans le dessein de les ajouter à leurs propres réserves. On ne voit, à ce moment, de leur part, nul effort pour substituer a la tenure perpétuelle un large emploi du faire-valoir direct ou du fermage à temps. La seigneurie se réédifia suivant les vieilles normes coutumières, agglomération de petites exploitations autour, le plus souvent, d'une moyenne propriété domaniale. Certes la vie du manant, après la crise, resta très dure. Un Anglais, Fortescue, qui écrivait sous Louis XI, comparant la situation des masses rurales dans son pays et dans le nôtre, réserve pour le panneau français de ce diptyque ses plus sombres couleurs. Avec beaucoup de raison, il insiste sur le fardeau qui, va, de plus en plus lourdement, peser sur nos campagnes : la fiscalité royale. Mais, si fin juriste qu'il fût, il oubliait un point essentiel : écrasé d'impôts, mal nourri, mal vêtu, fort indifférent, d'ailleurs, au confort, le villageois de chez nous, du moins, n'avait pas cessé de tenir sa terre en « héritage ».

(Sénonais). — Roserot, *Dictionnaire topographique du département de la Côte d'Or*, p. 35 ; Arch. de la C. d'Or, E 1782 et 1783 (Bessey). — C. D., *Les villages ruinés du comté de Montbéliard*, 1847. — *Bulletin de la Soc. des Sciences historiques de l'Yonne*, 1925, p. 167 et 184 (Puisaye). — Ch. H. Waddington, dans *Annales de la Société Historique et Archéologique du Gâtinais*, t. XXXIX, 1929, p. 14 et suiv. (Gâtinais).
[1] Olivier Martin, *Histoire de la Coutume de Paris*, t. I, 1922, p. 400-401.

Chapitre IV

D'où vient que les populations paysannes se soient tirées si heureusement, en somme, d'une épreuve qui eût pu leur être fatale ? Nul doute qu'elles n'aient finalement profité des désastres même dont leurs labours portaient la trace et de la mort qui avait éclairci leurs propres rangs. Rare, la main-d'œuvre était chère : les salaires, dans les campagnes comme dans les villes, avaient constamment monté, en dépit des ordonnances royales et des arrêtés des pouvoirs locaux, qui, en cherchant vainement à enrayer cette hausse, nous en ont laissé un éclatant témoignage. Sous Charles V, on observait que, grâce à l'élévation du prix des journées, beaucoup de manouvriers avaient pu acquérir des terres [1]. Une grande exploitation « par valets », à supposer que le seigneur s'en fût senti le goût, aurait été singulièrement coûteuse. La raison conseillait de procéder plutôt par allotissements. Mais comme la terre était redevenue abondante, et que les hommes manquaient, force était bien, pour attirer les tenanciers, de ne point trop leur demander et surtout de leur garantir cette hérédité, à laquelle ils étaient habitués et n'eussent pas renoncé sans résistance.

Pourtant ces considérations arithmétiques n'expliquent pas tout. Au XVIIe siècle, les guerres renaissantes amenèrent dans certaines provinces, comme la Bourgogne ou la Lorraine, des ravages de tous points pareils : terroirs embroussaillés, où nulle limite de champs n'était plus visible, villages déserts, parmi les ruines desquels, çà et là, quelques malheureux, revenus aux usages de la plus primitive humanité, vivaient de chasse ou de pêche, lente reconstruction, en partie par des étrangers. Cette fois, cependant, les seigneurs surent faire tourner le relèvement à leur avantage. C'est qu'alors la classe seigneuriale, renouvelée et déjà enrichie, avait pris conscience de sa puissance et s'était créé des méthodes d'exploitation beaucoup plus perfectionnées que par le passé. A la fin du moyen-âge, au contraire, les petits exploitants ne trouvaient au-dessus d'eux qu'une classe affaiblie, profondément atteinte dans sa fortune et, par sa mentalité, médiocrement capable de s'adapter à une situation sans précédents.

***

Atteinte dans sa fortune, elle l'était d'abord par la désolation même des campagnes. Sans doute, pour la noblesse laïque du moins, la

---

[1] L. DELISLE, *Mandements ... de Charles V*, 1874, n° 625.

guerre avait ses bénéfices ; le chevalier ne faisait fi ni des rançons, ni du pillage ; lorsque, en 1382, Charles VI réunit à Melun une armée qu'il destinait à châtier Paris indocile, on remarqua que les gentilshommes groupés sous la bannière royale avaient amené avec eux des chariots, où ils comptaient entasser les dépouilles de la grande ville [1]. Mais qu'étaient ces gains capricieux et sujets à tant de cruels retours, qu'étaient même les pensions de cour auxquelles, de plus en plus, les nobles, grands et petits, prenaient l'habitude de demander de quoi boucler leurs budgets, auprès des beaux revenus réguliers de tant de cens, de tailles ou de dîmes que le malheur des temps avait réduits à rien ? Dépourvus, pour la plupart, de fonds de réserve, incapables de s'astreindre à l'épargne, beaucoup de seigneurs de vieille souche, vers la fin de la Guerre de Cent Ans, ne vivaient plus que d'expédients. Quant aux communautés ecclésiastiques, elles ne parvenaient plus à nourrir, péniblement, qu'un petit nombre de religieux.

Il y a plus. Les anciens droits, par aventure, avaient-ils continué à être payés ? ou bien avaient-ils été rétablis ? S'ils étaient perçus en argent — cas, depuis le XIIIe siècle, très fréquent, sauf pour les dîmes —, leur valeur réelle n'égalait pas, de loin, celle qu'ils avaient possédée autrefois. Dès la fin du XVe siècle, la baisse était considérable ; elle s'accentua encore, de façon quasi vertigineuse, au siècle suivant. L'effondrement monétaire fut la cause principale de l'appauvrissement momentané de la classe seigneuriale. Il y faut distinguer deux phases, très différentes par leur nature et leur date, mais dont les effets se superposèrent : dévaluation de la monnaie de compte, d'abord, puis dépréciation des métaux monnayés [2].

Héritière de traditions monétaires complexes, codifiées sous les Carolingiens, l'ancienne France établissait ses comptes par livres, sous et deniers. Les rapports de ces trois unités entre elles étaient

---

[1] *Chronique des quatre premiers Valois*, éd. S. Luce, 1862, p. 302.
[2] Le lecteur averti voudra bien excuser les insuffisances de cette esquisse d'histoire monétaire. Rien de plus obscur encore, de plus mal connu, que l'histoire économique de la monnaie, — qu'il s'agisse, notamment. des « mutations » de la fin du moyen-âge ou de la grande crise du XVIe siècle. Rien pourtant, qui importe davantage, à notre connaissance de la vie sociale de l'ancienne France, de sa vie rurale en particulier. Je devais indiquer sommairement les traits les plus gros d'une évolution, en elle-même, singulièrement complexe, — sommairement, c'est-à-dire d'une façon beaucoup trop schématique. Pour faire mieux, il eût fallu de longues discussions, qui eussent été ici tout à fait hors de propos.

immuables : vingt sous à la livre, douze deniers au sou. Mais aucune d'elles ne répondait plus, depuis longtemps, dans l'ordre matériel, à rien qui fût stable. Pendant bien des siècles, il n'était sorti des ateliers français que des deniers d'argent [1]. Leur valeur nominale était toujours la même ; leur teneur en métal précieux, par contre, de lieu à lieu et de moment à moment, varia à l'extrême. Dans l'ensemble, elle décrut fortement. Sous saint Louis, la pièce d'un denier était devenue si peu de chose que — surtout dans une société où la circulation monétaire s'était faite beaucoup plus intense que par le passé — elle ne pouvait plus guère servir que de billon, et se trouva, en effet, désormais cantonnée dans ce rôle. La monarchie, dorénavant à peu près maîtresse du monnayage, se mit alors à frapper des pièces de poids et de titre plus forts, et de valeur, en principe, plus élevée : les unes en argent, d'autres en or. Mais cette réforme indispensable n'aboutit, finalement, qu'à accroître l'instabilité des moyens de paiement. Car entre ces espèces, qui, selon une ancienne habitude, étaient uniformément dépourvues de toute inscription précisant leur cours, dont les noms mêmes — gros, écu, agnel, franc, louis, etc. — n'évoquaient qu'un type, non une valeur, et, d'autre part, les mesures abstraites qu'étaient la livre ou ses fractions, seul l'État monnayeur fixait une relation, telle qu'une pièce, d'un genre donné, était censée représenter tant de livres, sous et deniers. Tout arbitraire, cette relation pouvait varier et varia en effet. Tantôt la monnaie était « affaiblie », c'est à dire qu'une même quantité de métal était affectée désormais à un chiffre plus élevé d'unités de compte (celles-ci prenaient donc une valeur plus « faible ») ; tantôt, par un jeu d'écriture inverse, elle était « renforcée ». Le même poids d'or qui, le 1er janvier 1337, valait exactement une livre, sera, à partir du 31 octobre, compté pour 1 livre 3 sous 1 denier 7/9 : affaiblissement. Le 27 avril 1346, après avoir pris entre-temps une valeur en livres encore plus considérable, il est ramené à 16 sous 8 deniers : renforcement. Diverses raisons, entre

---

1 Ce n'est pas à dire, d'ailleurs, que tous les paiements où intervenait soit la monnaie, soit, du moins, la notion de monnaie, se fissent en deniers. Sans même vouloir parler des versements en nature, mais avec « appréciation » des objets en valeur monétaire, ou de l'usage des lingots, les grosses sommes étaient assez fréquemment payées en monnaies d'or étrangères, byzantines ou arabes. Mais ce dernier mode de règlement n'affectait pas les redevances seigneuriales. J'espère pouvoir revenir ailleurs, plus en détail, sur ces délicats problèmes de circulation.

lesquelles il nous est parfois difficile de distinguer, inclinaient les pouvoirs publics à ces manœuvres. Elles entraînaient des frappes nouvelles, sources, pour le souverain, d'appréciables profits. Elles modifiaient opportunément l'équilibre des dettes et des créances de l'État. Elles permettaient de rétablir, entre les prix effectifs des deux métaux précieux et leur rapport légal, cet ajustement, éternel problème des systèmes bimétalliques. Lorsque les pièces en cours avaient été réduites par usure ou par les ciseaux de trop ingénieux spéculateurs à une teneur métallique nettement inférieure à celle qu'elles avaient possédée au sortir de l'atelier, l'« affaiblissement » ramenait le cours officiel du métal au niveau du cours réel. Enfin, à une époque où la technique financière, encore fort rudimentaire, ignorait le billet de banque et les finesses de l'escompte, à taux variable, les « mutations » fournissaient à l'État le seul moyen, ou peu s'en faut, qui s'offrît à lui d'agir sur la circulation. A la longue, les oscillations de la courbe ne se compensèrent point. L'affaiblissement, comme résultante, l'emporta, et de beaucoup. Dans quelle proportion, c'est ce que montreront clairement les chiffres suivants. La livre « tournois », unité de compte fondamentale, représentait, en 1258, une valeur or égale à environ 112 fr. 22 de notre monnaie ; en 1360, 64 fr. 10 ; en 1465, 40 fr. 68 ; en 1561, 21 fr. 64 ; en 1666, 9 fr. 39 ; en 1774, 5 fr. 16 ; en 1793, à la veille de la suppression de l'ancien système monétaire, 4 fr. 82. Encore ces chiffres font-ils abstraction des plus fortes pointes : dès 1359, la livre était descendue à une teneur métallique — en or, toujours — qui équivalait à 29 fr. 71 d'aujourd'hui ; en 1720, à 2 fr. 06. La courbe des monnaies d'argent est, à tous égards, analogue [1].

[1] J'emprunte mes chiffres à N. DE WAILLY, dans *Mém. de l'Acad. des Inscriptions*, t. XXI, 2, 1857, mais sous réserve des modifications suivantes : 1° j'ai ramené les chiffres à la valeur du franc de la nouvelle loi monétaire ; — 2° pour cette raison, j'ai été obligé de ne tenir compte que de la valeur en or des unités de compte anciennes ; ce parti-pris, rendu presque nécessaire par notre monométallisme actuel, a divers inconvénients, que je n'ignore pas : la teneur en argent ne variait pas toujours en proportion de la teneur en or ; le cours légal de l'or, instrument d'échanges international, était souvent assez loin de son cours commercial (au-dessous, en général) ; enfin les redevances seigneuriales étaient presque toujours payées en argent ; heureusement, il ne s'agit ici que d'ordres de grandeur, que ces chances d'erreur n'atteignent pas ; — 3° j'ai fait résolument abstraction des décimales, au-dessous du centime ; elles n'aboutissent qu'à donner une impression, tout à fait fausse, de rigueur mathématique. — Naturellement, je n'ai pas à m'occuper de la brève tentative, faite, en 1577, par le gouvernement, pour rompre avec le compte par livres, sous et deniers.

Chapitre IV

Tous les paiements, en principe, — réserve faite des clauses particulières de certains contrats commerciaux — étaient exprimés en monnaie de compte. Notamment, les redevances seigneuriales. Le tenancier ne devait point tel poids d'or ou d'argent ; il était astreint à verser tant de livres, sous ou deniers. Et ce chiffre, bien qu'il ne désignât aucune réalité fixe, était, en lui même, presque universellement tenu pour immuable. Il était, en effet, réglé par la coutume, parfois orale, souvent — et de plus en plus fréquemment — codifiée par écrit, en tout cas considérée comme impérieuse et que les tribunaux, au besoin, faisaient respecter. Les redevances elles-mêmes ne s'appelaient-elles pas, dans le langage courant du moyen-âge, des « coutumes », et le vilain, sur qui elles pesaient, le « coutumier » ? Il en résultait que le successeur d'un seigneur qui avait, en 1258, reçu une livre, continuait, en 1465, à toucher le même chiffre ; mais, en 1258, l'ancêtre avait perçu, en valeur or, quelque chose comme 112 fr. ; en 1465, l'héritier devait se contenter de l'équivalent de 40 fr. De même, aujourd'hui, une dette contractée en 1913 et qui continue à se régler en « francs » comporte, pour le créancier, une perte des quatre cinquièmes, ou environ. Ainsi, par le jeu combiné d'un phénomène juridique, la coutume, et d'un phénomène économique, la dévaluation de l'unité monétaire, les paysans avaient vu, peu à peu, diminuer leurs charges — alors que leurs gains, s'ils louaient leurs bras ou vendaient leurs produits, n'étant soumis à aucune contrainte coutumière, avaient pu se maintenir au niveau du nouvel étalon — et les seigneurs, lentement, s'étaient appauvris.

Lentement, et, au début, inconsciemment. La meilleure preuve en est qu'à la fin du XIIIe siècle et au XIVe encore beaucoup d'administrations seigneuriales continuèrent, comme on le faisait volontiers depuis que s'était répandu l'usage du numéraire, à favoriser le remplacement des prestations en nature par des paiements en argent, troquant ainsi la solide réalité de denrées de tout temps désirables contre le plus mouvant des instruments d'échange. Nous avons aujourd'hui de bonnes raisons de savoir que, lorsque l'étalon des valeurs reste nominalement sans changement, les yeux longtemps se ferment à sa dépréciation véritable : le mot l'emporte sur la chose. Mais le réveil vient forcément, tôt ou tard. On peut, sans trop de crainte d'erreurs, fixer au début du XVe siècle le moment où la conscience de la dévalorisation générale des rentes se fit jour dans l'opinion. Des ordonnances royales ou princières (en Bretagne, en Bourgogne) exposent alors le phénomène avec beaucoup de netteté [1]. Les écrivains en répandent la connaissance dans le public. Aucun, avec plus de force, que, en 1422, Alain Chartier. Écoutons son « chevalier » : « c'est avantaige ont les populaires que leur bourse est come la cisterne qui a recueilli et recueult les eaues et les agoutz de toutes les richesses de ce royaume... car la fieblesce des monnoies leur a diminué le paiement des devoirs et des rentes qu'ilz nous doivent, et l'outrageuse chierté qu'ilz ont mise es vivres et ouvraiges leur a creu l'avoir que par chascun jour ilz recueillent et amassent » [2]. Date considérable que celle, où un mouvement économique commence à être perçu : car, à partir de ce moment, la lutte devient possible. Pourtant ce n'était pas au chevalier d'Alain Chartier ni à ses contemporains qu'étaient réservées la découverte et la mise en œuvre des moyens capables de remédier à cette insidieuse saignée. Avant que le combat ne fut véritablement engagé, à la première cause de dépréciation une autre, aux effets plus brusques, était venue s'ajouter.

Il est utile de connaître la teneur métallique d'une monnaie ; il serait bien plus intéressant encore d'en savoir estimer le pouvoir d'achat. Malheureusement, pour le moyen-âge, dans l'état actuel des recherches, nous en sommes, sur ce point, réduits aux conjectures. Aussi bien, dans un pays économiquement très morcelé, la valeur d'échange des espèces variait forcément à l'extrême selon les régions. Elle fut, en outre, pendant la Guerre de Cent Ans, sur tous les marchés qui nous ont laissé quelques chiffres, sujette à des oscillations très brusques et très fortes, que les « fortunes de guerre » expliquent aisément. Il est sûr, par contre, que vers l'an 1500 les prix étaient partout tombés assez bas. En or ou en argent (argent principalement ; l'or ne servait qu'aux gros paiements), le seigneur recevait moins que par le passé ; mais cette médiocre somme de métal lui permettait d'acquérir plus de biens qu'il n'eût pu le faire, avec une quantité égale, pendant la période immédiatement précédente. La compensation, insuffisante à rétablir l'équilibre, n'en était pas moins appréciable. Au cours du XVIe siècle, les choses

---

[1] *Ordonnances*, t. XI, p. 132. — L. Lièvre, *La monnaie et le change en Bourgogne*, 1929, p. 49, n° 1. — Planiol, *La très ancienne coutume*, 1896, p. 386.
[2] *Le Quadriloge invectif*, éd. E. Droz, 1923, p. 30.

changèrent de face. D'abord l'exploitation intensive des mines de l'Europe Centrale, ensuite l'apport, bien plus considérable, des trésors et des mines de l'Amérique — surtout depuis l'ouverture, en 1545, des merveilleux filons argentifères du Potosi — accrurent formidablement la masse métallique. En même temps la rapidité grandissante de la circulation elle-même multipliait, à sa façon, le numéraire disponible. D'où une hausse extraordinairement forte des prix. Le mouvement, commun, dans ses lignes générales, à toute l'Europe, se fit sentir, en France, à partir de 1530 environ. M. Baveau a calculé qu'en Poitou le pouvoir d'achat de la livre, égal sous Louis XI à celui d'environ 285 francs de notre monnaie, était descendu sous Henri II, en moyenne, à 135 francs, sous Henri IV à 63. En un siècle et demi, par l'effet combiné de la perte en teneur métallique subie par la livre, unité fictive, et de la montée des prix, il avait donc baissé de plus des trois quarts. Ce bouleversement affectait d'une façon très différente les diverses classes de la population qui, directement ou non, vivaient de la terre. Les producteurs n'en souffraient guère. Mais deux classes étaient gravement lésées ; les journaliers, qui — le repeuplement ayant rendu la main-d'œuvre beaucoup moins rare — voyaient maintenant leurs salaires ne suivre qu'avec beaucoup de retard la hausse des denrées ; les seigneurs, qui, avant tout, étaient des rentiers. La seigneurie franc-comtoise de Châtillon-sous-Maîche rapportait à son maître, en 1550, 1673 francs ; en 1600, 2333 : progrès apparent de près de 150 %, qu'expliquent, non seulement une administration probablement fort soigneuse, mais surtout le fait que le seigneur, dans ce pays qui longtemps avait été économiquement arriéré, recueillait encore, soit sous forme de droits, soit comme produits domaniaux, d'assez abondantes denrées agricoles, qu'il vendait. Le cas est donc relativement favorable. Mais, dans le même lieu, entre les deux dates données, le prix du froment, pour ne citer que celui-là, avait augmenté de 200 %. Là même où, par exception, les chiffres, du premier coup d'œil, sembleraient indiquer un bénéfice, l'examen des réalités économiques révèle donc une perte [1].

---

1 Une cause accessoire de la décadence des fortunes nobiliaires fut la pratique des partages, le droit d'aînesse ayant été d'une application beaucoup moins générale qu'on ne l'a cru parfois : cf. Y. Bezard, *La vie rurale dans le sud de la région parisienne*, p. 71 et suiv. ; Ripert-Montclar, *Cartulaire de la commanderie de Richerenches*, 1907, p. CXXXIX et suiv. ; et, pour la Provence, l'exemple donné ci-dessous

Toutes les fortunes seigneuriales ne furent pas également atteintes. La plupart des établissements ecclésiastiques avaient accumulé entre leurs mains des dîmes, dont les beaux profits demeuraient immuables. Dans certaines provinces, à l'écart des grands courants économiques, la transformation en argent des primitives redevances en nature n'avait jamais eu qu'une ampleur médiocre ; les seigneurs d'autre part — surtout, peut-être, les petits possesseurs de fiefs — y avaient conservé une partie relativement considérable de leurs domaines propres. Par un curieux retour, les nobles y souffrirent moins que dans les régions d'ancienne richesse, où tout se fondait sur le numéraire. Ailleurs le total élevé des rentes en argent, rendant leur dépréciation moins funeste, la possession de dîmes ou de champarts, les ressources annexes procurées par les chargés d'État et de cour permirent à certaines familles de supporter sans trop de peine les difficultés du moment et d'y remédier, par la suite. La dévaluation monétaire n'a pas sonné le glas de la vieille noblesse. Il n'en est pas moins vrai que beaucoup d'antiques lignages entrèrent alors en décadence. Certains n'évitèrent la catastrophe qu'en renonçant provisoirement à leur rang social et en se retrempant dans le négoce. D'autres, plus nombreux encore, allèrent de crise en crise et ne purent finalement se sauver qu'en sacrifiant une part de leur patrimoine.

Voilà donc le gentilhomme de vieille race en mal d'argent. Souvent il se contente d'abord d'emprunter, engageant parfois ou hypothéquant sa terre. Mais comment rembourser ? En fin de compte il faut se résigner à vendre non seulement quelques champs, mais quelques seigneuries, parfois au créancier même, ailleurs à d'autres acquéreurs, dont les écus permettront d'éteindre les dettes trop criardes. Dans quelle couche sociale se recrute le nouveau maître ? C'est demander où se trouve l'argent. Château, banc d'honneur dans l'église paroissiale, fourches patibulaires, qui sont l'insigne de la haute-justice, cens, tailles, droits de mainmorte, toutes les gloires et tous les profits de l'antique système hiérarchique viennent, presque toujours, grossir le patrimoine et le prestige d'un bourgeois d'origine, dont la fortune s'est faite dans le négoce et les offices et qui, anobli ou sur le point de l'être, se mue en seigneur. Tout autour de Lyon par exemple, jusque dans le Forez ; le Beau-

---

p. 144 (Lincel).

jolais et le Dauphiné, baronnies, châtellenies, fiefs de toute nature s'accumulent ainsi dans les serres des grandes familles du patriciat lyonnais, enrichies dans l'épicerie, la draperie, les mines ou la banque, françaises de naissance, comme les Camus, les Laurencin, les Vinols, les Varey, voire italiennes, comme les Gadagne et les Gondi, allemandes comme les Cléberg. Sur quarante seigneuries vendues par le connétable de Bourbon ou liquidées après la confiscation de ses biens, trois seulement furent acquises par des nobles d'ancienne souche. Et peu importe s'il est vrai, comme le veut la tradition, que le changeur Claude Laurencin, fils d'un drapier, petit-fils d'un cabaretier, ait eu toutes les peines du monde à obtenir, dans la baronnie qu'il avait achetée de la fille même de Louis XI, l'hommage de ses nouveaux vassaux. Sa femme n'en sera pas moins dame d'honneur de la reine, son fils premier aumônier du roi [1]. Le régime seigneurial n'a pas été atteint. Bien plus : il ne tardera pas à prendre une vigueur nouvelle. Mais la propriété seigneuriale, dans une large mesure, a changé de mains.

Ne disons point, cependant, comme on l'a fait, qu'apparaît alors « un nouveau prétendant à la possession du sol, le bourgeois ». Depuis qu'il y avait une bourgeoisie, on avait vu, non seulement ses membres, en grand nombre, acquérir, autour des villes, des biens ruraux, mais encore les plus éminents d'entre eux se glisser peu à peu dans le monde des seigneurs. Bourgeois, ce Renier Accorre, chambellan des comtes de Champagne, bourgeois, ces d'Orgemont, enrichis sans doute dans l'administration des foires de Lagny, bourgeois encore ce Robert Alorge, marchand de vins à Rouen, fermier des impôts et usurier, qui fondèrent, le premier au XIIIe siècle, les autres au XIVe et au début du XVe, des fortunes seigneuriales, que les Camus et les Laurencin, sous François Ier, n'auraient pas trouvées au-dessous d'eux [2]. Mais jamais on n'avait assisté à une pareille entrée en masse. Et celle-ci ne se rééditera plus. Au XVIIe siècle déjà, la caste s'est à demi-refermée. Certes elle admet encore bien des éléments nouveaux, mais, au total, en quantité moins considérable et moins vite. Dans l'histoire sociale

---

1 A. Vachez, *Histoire de l'acquisition des terres nobles par les roturiers dans les provinces du Lyonnais, Forez et Beaujolais*, 1891.
2 Bourquelot, dans *Bibl. de l'École des Chartes*, 1867 (très insuffisant). — L. Mirot, *Les d'Orgemont*, 1913. — Beaurepaire, *Notes et documents sur l'état des campagnes en Normandie*, p. 491.

de la France, et spécialement dans son histoire rurale, nul fait plus décisif que cette conquête bourgeoise, qui si promptement consolida ses positions. Le XIVe siècle avait été marqué par une violente réaction anti-nobiliaire. Dans cette « guerre des non-nobles contre les nobles » — l'expression est du temps — bourgeois et manants s'étaient souvent trouvés associés. Etienne Marcel avait été l'allié des Jacques et les bons marchands de Nîmes n'avaient pas pour les chevaliers de leur pays des sentiments plus doux que les « Tuchins » des campagnes languedociennes. Faisons un bond d'un siècle, ou d'un siècle et demi. Les Etienne Marcel du temps sont désormais, par le jeu des anoblissements royaux, des nobles et, par l'effet des transformations économiques, des seigneurs. Toute la force bourgeoise — de la haute bourgeoisie du moins et de ceux qui aspirent à s'y hausser — s'est portée au secours de l'édifice seigneurial. Mais à hommes nouveaux, esprit nouveau. Ces commerçants, ces fermiers du fisc, ces prêteurs des rois et des grands, habitués à gérer avec soin, avec astuce, avec hardiesse aussi, des fortunes mobilières, en se faisant les successeurs des anciens rentiers du sol, ne modifient ni leur habitudes intellectuelles, ni leurs ambitions. Ce qu'ils apportent avec eux, dans l'administration des biens récemment acquis, ce que leur exemple apprendra à ceux des gentilshommes de plus authentique noblesse qui, par aventure, ont conservé les richesses héréditaires, ce que parfois leurs filles, dont la fructueuse alliance est recherchée par les nobles désargentés, introduisent au sein des anciennes familles, qui si souvent virent leur patrimoine sauvé par quelque maîtresse femme, c'est une mentalité de gens d'affaires, accoutumés à calculer les gains et les pertes, capables, à l'occasion, de risquer les dépenses, provisoirement infructueuses, dont dépendent les bénéfices futurs : tranchons le mot, une mentalité de capitalistes. Tel fut le levain qui devait transformer les méthodes de l'exploitation seigneuriale.

3. La « réaction seigneuriale » ; grande et petite propriété.

La dépréciation des rentes était un fait européen. Européens aussi, les efforts tentés par la classe seigneuriale, plus ou moins renouvelée, pour rétablir sa fortune. En Allemagne, en Angleterre, en Pologne, comme en France, le même drame économique posa des problèmes pareils. Mais les conditions sociales et politiques, variables selon les pays, tracèrent aux intérêts lésés des lignes d'action différentes.

Dans l'Allemagne orientale, au delà de l'Elbe, comme dans les pays slaves qui la prolongeaient vers l'est, tout le vieux système seigneurial s'altéra et fit place à un régime nouveau. Les redevances ne rapportent plus. Qu'à cela ne tienne ! Le hobereau se fera lui-même producteur et marchand de blé. Entre ses mains les champs, enlevés aux manants, se rassemblent ; une grande exploitation domaniale se fonde, autour de laquelle subsistent tout juste assez de petites fermes pour lui assurer une main-d'œuvre largement corvéable ; des liens de plus en plus rigoureux unissent au maître ses paysans et lui garantissent leur travail, obligatoire et gratuit ; le domaine a dévoré ou saigné les tenures. En Angleterre, l'évolution suivit un cours sensiblement différent. Là aussi, il est vrai, le faire-valoir direct s'étendit amplement aux dépends des terres paysannes comme du communal. Pourtant le *squire* reste, dans une large mesure, un rentier. Mais la plupart de ses rentes cessent d'être immuables. C'est au mieux pour un temps donné, plus souvent encore à la volonté même du seigneur, que les petites exploitations désormais seront concédées. Rien de plus simple, à chaque renouvellement, que de mettre le loyer en harmonie avec les circonstances économiques du moment. Aux deux bouts de l'Europe, le trait fondamental est donc le même : le régime de tenures perpétuelles, qui était le grand responsable de la crise, a été jeté par dessus bord.

Or, c'est ce qui, en France, sous cette forme brutale, était impossible. Pour simplifier, laissons de côté l'Allemagne de l'Est et la Pologne, dont les institutions, qui donnaient tant de pouvoir à la classe seigneuriale, étaient extrêmement différentes de celles de notre monarchie ; bornons la comparaison à l'Angleterre. Des deux côtés de la Manche, le point de départ, vers le XIIIe siècle, est, en gros, le même : la coutume, propre à chaque seigneurie, protège le paysan et, en pratique, lui assure l'hérédité. Mais à quelle autorité revenait le soin de la faire respecter ? Ici va se marquer un contraste très vif. La royauté anglaise, dès le XIIe siècle, établit avec une force extraordinaire son pouvoir de justice. Ses tribunaux s'élèvent au-dessus des anciennes cours d'hommes libres et des juridictions seigneuriales ; tout le pays leur est soumis. Mais cette rare précocité devait avoir sa rançon. Au XIIe siècle, les liens de dépendance étaient encore trop forts pour qu'on pût admettre ou même concevoir qu'entre le seigneur et ses sujets directs un étranger, fût-il le roi, vint se glisser.

A l'intérieur de son « manoir » — ainsi appelle-t-on, en Angleterre, sa terre — le seigneur, sous les Plantagenets, ne châtie point les crimes de sang, qui sont de droit public. Ses « vilains », qui tiennent de lui leurs champs moyennant redevances et corvées, peuvent, en bien des cas, être appelés devant les tribunaux de l'État. Mais de tout ce qui touche leurs tenures, lui-même ou sa cour sont seuls à juger. Naturellement, la cour seigneuriale est censée décider selon la coutume ; elle le fait souvent ou croit le faire. Mais une règle coutumière, si elle n'a pas été mise par écrit, qu'est-ce au fond, sinon une règle de jurisprudence ? On ne saurait s'étonner que les juges du manoir aient incliné les précédents dans un sens favorable aux intérêts du maître. Ils reconnurent, aux XIVe et XVe siècles, de moins en moins volontiers l'hérédité de la tenure en villainage, qu'on avait pris l'habitude de nommer tenure par copie — *copyhold* — parce qu'elle ne se prouvait que par l'inscription sur le rôle de la terre seigneuriale. Vint, il est vrai, au terme du XVe siècle, un moment où les magistrats royaux, franchissant enfin l'antique barrière, se résolurent à intervenir dans les affaires intérieures du manoir. Mais, à leur tour, ils ne pouvaient fonder leurs arrêts que sur les coutumes des diverses terres, telles qu'elles s'offraient à eux, déjà presque partout transformées. Ils admirent la précarité de la possession paysanne, dans tous les lieux, de beaucoup les plus nombreux, où elle était passée en usage.

En France, l'évolution de la justice royale, en retard, d'un bon siècle, sur l'Angleterre, suivit des voies toutes différentes. Peu à peu, par à-coups, ici annexant un « cas », là évoquant les appels de telle ou telle terre, les tribunaux de la monarchie, depuis le XIIIe siècle, grignotent les justices seigneuriales. Pas de grandes dispositions législatives, comparables aux « assises » des Plantagenets, peu de vues d'ensemble, mais, non plus, nulle frontière tranchée. Les procès qui s'élèvent entre le seigneur et ses tenanciers n'ont jamais été, par principe, frappés d'exclusion. Dès l'origine, les gens du roi, si l'occasion s'en présente, n'hésitent point à les accueillir. Ils les jugent, cela va de soi, selon la coutume locale, que, par là, ils contribuent à fixer : aux dépens, parfois, du paysan dont ils perpétuent ainsi et quelquefois, lorsque les abus se tournent en précédents, aggravent les charges ; mais, du moins, au grand avantage de ses droits héréditaires. Consolidée par la jurisprudence, la patrimonialité des tenures est, au XVIe siècle, trop bien entrée dans les mœurs pour pouvoir désormais être contestée. Depuis que les lois de Justinien s'enseignaient dans les écoles, un grave problème de nomenclature préoccupait les juristes. L'organisation seigneuriale, et, au-dessus d'elle, le système féodal faisaient peser sur la terre toute une hiérarchie de droits réels superposés, fondés sur la coutume ou sur des contrats, dans leurs sphères tous également respectables, et dont aucun ne possédait le caractère absolu, dominateur, de la propriété quiritaire. Pratiquement, pendant de longs siècles, tous les procès relatifs à la maîtrise du sol ou des revenus qu'il rapportait avaient roulé sur la « saisine », c'est à dire la possession protégée et légitimée par la tradition, jamais sur la propriété. Mais les catégories romaines s'imposaient impérieusement aux savants. Du seigneur de fief ou du vassal, du seigneur de la tenure ou du vilain, qui donc était le propriétaire ? Il fallait à tout prix le savoir. Ne nous occupons ici que de la tenure, à l'exclusion du fief, et laissons de côté tous les systèmes mixtes — telle, la distinction des deux « domaines », « direct » et « utile » — qui, au cours des âges, furent échafaudés. Dans la recherche du véritable propriétaire, la doctrine longtemps hésita. Mais dès le XIIIe siècle, il se trouva des praticiens, dès le XVIe siècle des auteurs, comme l'illustre Dumoulin, pour reconnaître au tenancier cette qualité. Au XVIIIe siècle, c'est l'opinion commune [1]. Les terriers eux-mêmes, sortes de cadastres établis par les administrations seigneuriales pour faciliter

---

1 Exemples anciens, dans la pratique : R. MERLET, *Cartulaire du Grand-Beaulieu*, 1907 n° CCCXXI, 1241 (où propriétaire est nettement synonyme de tenancier perpétuel) ; Arch. de Seine et Oise H, fonds de Livry, 1 (1296). Pour le XVe siècle, J. LEGRAS, *Le bourgage de Caen*, 1911, p. 126 n. 1 ; 220 n. 2 ; R. LATOUCHE, *La vie en Bas-Quercy*, p. 72. Dans la littérature juridique, tendance en ce sens dès J. D'ABLEIGES (notamment II, c XXIV).— DUMOULIN, *Œuvres*, éd. de 1681, t. I, p. 603. — POTHIER, *Traité du droit de domaine*, § 3. Cf. CHAMPIONNIÈRE, *De la propriété des eaux courantes*, 1846, p. 148. — Bien entendu il ne serait pas malaisé de citer des cas, beaucoup plus nombreux, où le tenancier est présenté comme détenant non la propriété de la terre, mais celle d'un droit sur la terre ; et c'est, à vrai dire, sous cette forme — comme s'appliquant aux droits réels, plutôt que, directement, aux biens-fonds — que le moyen-âge a surtout conçu la propriété immobilière.

la perception des redevances, inscrivent couramment en tête de la colonne où ils portent les noms des possesseurs des terres soumises aux charges, ce mot fatidique de « propriétaires ». Mot lourd de sens en effet ; il confirmait et renforçait la notion de perpétuité, inhérente au droit réel que le tenancier traditionnellement exerçait sur sa maison et ses champs. Par un curieux paradoxe historique, la lenteur même du développement judiciaire français avait été plus avantageuse aux ruraux que les hardies constructions des rois normands et angevins de l'Angleterre.

Devant la catastrophe dont les menaçaient les transformations de l'économie, les seigneurs français, juridiquement incapables d'accaparer le sol, allaient-ils donc mettre bas les armes ? Le croire eût été bien mal connaître l'état d'esprit que les nouveaux acquéreurs de fiefs, formés à l'école des fortunes bourgeoises, avaient répandu dans la classe où ils venaient d'entrer. Les méthodes, seulement, durent se faire plus insidieuses et plus souples. Les droits proprement seigneuriaux étaient loin d'avoir perdu toute valeur ; mais leur rapport avait beaucoup baissé ; n'était-il pas possible, d'obtenir, d'une administration plus serrée, un meilleur rendement ? Le système qui faisait du seigneur beaucoup moins un exploitant qu'un rentier s'était, à la longue, révélé désastreux ; pourquoi ne pas tenter de faire machine arrière et, sans violence, puisque la violence n'était pas permise, tenacement, adroitement, travailler à reconstituer le domaine ?

***

Beaucoup des redevances anciennes, précisément parce qu'elles étaient de faible profit, en raison aussi du désordre habituel à tant de maisons nobiliaires, avaient, vers la fin du moyen-âge, cessé d'être régulièrement perçues. Le seigneur y perdait non seulement la rente annuelle, à l'ordinaire de valeur médiocre, mais encore, chose plus grave, l'espérance de pouvoir, le jour où par décès ou aliénation la terre changerait de main, prouver son droit à exiger l'impôt de mutation, fixé lui aussi, en règle générale, par la coutume, mais à un taux relativement élevé. Parfois, on ne savait plus très bien de quelle seigneurie dépendait telle ou telle parcelle. Le cas, au XVIe siècle, n'est point rare. Il se rencontre encore aux siècles suivants — tant les « mouvances » étaient enchevêtrées et, partant, leurs limites difficiles à préciser — mais de moins en moins fréquemment. C'est que les saines pratiques des affaires ont pénétré dans l'administration seigneuriale : comptabilité, inventaires. Sans doute, depuis qu'il existait des seigneuries, on avait compris qu'il était bon de procéder à des récapitulations périodiques et de mettre par écrit les droits. Les « polyptyques » carolingiens, héritiers, probablement, d'une tradition romaine, attestaient déjà ce souci ; de même, une fois passés les terribles troubles des Xe et XIe siècles, de nombreux « censiers » et « terriers ». Mais, à partir de la grande reconstruction qui suivit la Guerre de Cent Ans, ces documents se multiplient, se répètent, sur une même terre, à intervalles de plus en plus rapprochés et deviennent de plus en plus méthodiques et soigneux. A vrai dire, ils avaient un défaut : ils revenaient assez cher. Mais qui payait ? Un principe de droit voulait que le tenancier, comme, plus haut sur l'échelle sociale, le vassal fieffé fût tenu, à certains moments et sur requête motivée, « d'avouer » à soit seigneur ses biens et obligations. Le terrier pouvait passer pour grouper, tout simplement, une suite d'aveux : ne convenait-il pas que les frais, de même, en fussent supportés par les contribuables ? Sur les tenures, cependant, l'aveu avait toujours été une formalité exceptionnelle ; le terrier, fréquemment remis au net, risquait de peser beaucoup plus lourd ; d'une vieille maxime juridique, on allait tirer, en fait, une charge nouvelle. La jurisprudence semble avoir hésité ; elle ne fut jamais unanime ; aussi bien, sous l'Ancien Régime, de Parlement à Parlement, ne l'était-elle que rarement. En fin de compte, pourtant, depuis le XVIIe siècle, elle se décida, dans une grande partie du royaume, à reconnaître au seigneur le droit de réclamer à ses hommes — ici tous les trente ans, ailleurs même de vingt en vingt ans — tout ou partie, selon les provinces, des dépenses entraînées par le renouvellement des livres redoutables qui fixaient leur sujétion [1]. Comment reculer, désormais, devant un travail qui ne coûtait rien ou peu de chose et dont le profit était certain ? Toute une technique se créa, une « pratique », codifiée, au XVIIIe siècle, par la littérature, et, du même coup, tout un corps de spécialistes, « commissaires » habiles à tracer leur chemin dans le fourré des droits. Bientôt il n'y aura plus guère de bibliothèque de château ou de monastère où l'on ne voie s'aligner sur les rayons, vêtus de basane ou de par chemin, la longue rangée de ces registres

---

1 GUYOT, *Répertoire*, au mot *Terrier*. Cf. pour l'évolution de la jurisprudence, O. MARTIN, *Histoire de la commune de Paris*, t. I, p. 406.

— « terriers », « lièves », « arpentements », « marchements », les noms varient à l'infini et les modalités elles-mêmes sont très diverses —, les plus anciens à l'ordinaire misérablement griffonnés, les plus récents calligraphiés d'une plume élégante et claire. Depuis la fin du XVIIIe siècle, de plus en plus souvent, des « plans géométriques » ou des atlas les accompagnent : car la mathématique elle-même, appliquée à la représentation du terrain, s'est mise au service de l'économie. Grâce à ces recensements, qui se succèdent, de génération en génération et plus vite encore, les mailles du réseau seigneurial se resserrent avec force. Nul droit, si modeste fût-il, ne risque plus de périr par prescription.

Il y a plus. En collationnant les vieux titres, en grattant tous les fonds de tiroir de la seigneurie, la tentation était forte, ici de faire revivre un droit ancien tombé en désuétude, là d'appliquer à une terre qui jusqu'alors y avait échappé une obligation générale dans la province, ailleurs de tirer d'un usage certain une conséquence juridique auparavant restée dans l'ombre, voire de glisser tout simplement dans le faisceau embrouillé des droits une charge toute neuve. Quelle gloire pour le feudiste ou l'officier seigneurial, quel utile fondement pour une bonne réputation professionnelle qu'un pareil cadeau apporté à l'employeur ! Ajoutez le profit immédiat. Car les commissaires percevaient, à l'ordinaire, les arrérages de ces « découvertes ». « Ils découvraient beaucoup [1] ». « Tout est changé de face à Brieulles », écrit, en 1769, le représentant du Prince de Condé qui vient d'achever la « description » de cette terre. On lui a montré, il est vrai, un document plus ancien, sensiblement moins favorable à « Son Altesse Sérénissime » : « pièce nulle et vitieuse », qu'il faudra surtout se garder désormais de communiquer « à qui que ce soit » [2]. L'incertitude des traditions permettait bien des tours de passe-passe. En vérité, dans ce mâquis, le plus sincère des hommes pouvait fort bien ne plus toujours savoir où commençait l'abus, — d'autant qu'au regard de l'ordre établi l'effacement même des anciennes charges avait été un accroc au droit et que, par ailleurs, les seigneurs n'avaient pas toujours tort lorsqu'ils

---

[1] ,Rapport des commissaires civils dans le Lot, 15 mars 1791, dans *Arch. Parlementaires*, t. XXV, p. 288.
[2] Lettre (1769, 2 déc.), en tête du terrier de 1681 : Chantilly, reg. E 41. Ce terrier, si injurieusement traité, est le seul conservé des séries anciennes du Clermontois ; les autres auraient-ils été volontairement détruits par les agents du prince ?

accusaient les paysans — « malins au dernier point », disait une dame auvergnate [1] — de se dérober, chaque fois qu'ils le pouvaient, aux obligations les mieux reconnues : inévitables malentendus juridiques entre les forces sociales en lutte. Quoi de plus mal déterminé et, en l'absence de platine ou d'invar, de Plus mouvant que les étalons de mesure ? Modifier, comme le fit, au XVIIIe siècle, tel monastère breton, le boisseau du champart ou des dîmes, et voilà quelques sacs de gagnés. Plutôt encore que les rentes foncières, ce furent les droits annexes que d'ingénieuses interprétations réussirent à grossir et à plier à des besoins économiques nouveaux. Les paysans du duché de Rohan, de tout temps, portaient au grenier seigneurial les grains des redevances. Mais, au XVIIe siècle, la seigneurie bretonne est entrée — ou rentrée — dans le cycle des échanges. Tout comme un hobereau balte, le noble duc s'est fait marchand de céréales. Désormais c'est jusqu'au port de mer, souvent beaucoup plus éloigné, qu'en vertu d'une série d'arrêts du Parlement de Rennes devront se faire les charrois. En Lorraine, dès le moyen-âge, quelques seigneurs s'étaient fait attribuer le « troupeau à part ». Entendez que, lorsque les jachères ou le communal s'ouvraient à la dépaissance collective, ils échappaient à l'obligation d'envoyer leurs bêtes au troupeau commun du village et, par là, évitaient en pratique — quant au nombre des animaux et aux terrains de pâture — une surveillance qu'ils estimaient importune. Ces privilégiés alors étaient très rares. Aux XVIIe et XVIIIe siècles, en même temps que les progrès du commerce sur les laines et les viandes, en un mot, comme tout à l'heure, la participation de la seigneurie à un système général de circulation des biens, rendaient la faveur plus désirable, le nombre de ceux qui la possédaient s'accrut considérablement : tous les hauts justiciers, la plupart des autres seigneurs. Légalement ils n'y avaient droit qu'à condition de l'exercer eux-mêmes. Cependant, en dépit des textes les plus clairs, les cours de Metz et de Nancy, déjà fort empressées à reconnaître cet avantage à qui le réclamait, le laissaient affermer à de gros entrepreneurs d'élevage. De même, à l'autre bout du royaume, en Béarn, le Parlement de Pau acceptait, sans sourciller, les aveux où, contrairement à la coutume, beaucoup de possesseurs de fiefs s'adjugeaient une faculté analogue, qu'on appelait, là-bas « herbe

---

[1] *Revue d'Auvergne*, t. XLII, p. 29.

morte » [1].

Ce n'est point hasard si presque chacun de ces exemples et des innombrables autres cas que l'on pourrait citer — fait apparaître le mot de Parlement. L'entrée en foule, dans la noblesse, de la bourgeoisie d'offices, la constitution, par le jeu de l'hérédité et de la vénalité des charges, du corps judiciaire en une véritable caste ont fait que les cours de justice royales, à tous les degrés, se sont peuplées de seigneurs. Le plus probe des magistrats, désormais, ne saurait guère voir les choses qu'à travers les lunettes de l'esprit de classe. En Allemagne les assemblées électives, les « États », où dominaient les hobereaux, en Angleterre les Chambres, qui représentaient surtout la *gentry*, les juges de paix qui maîtres de la police rurale, se recrutaient dans ce même milieu, étaient les plus fermes soutiens du régime seigneurial. Ce rôle, en France, ce furent les tribunaux de bailliage et de sénéchaussée, les présidiaux, les Parlements surtout qui le tinrent. S'ils n'allèrent pas jusqu'à permettre l'éviction des tenanciers — révolution juridique proprement inconcevable et que nul n'osait demander —, du moins tolérèrent-ils une foule de petits empiétements qui, à la longue, finissaient par faire masse.

Heureusement pour les paysans, la classe seigneuriale française, dont l'emprise s'étendait sur la hiérarchie judiciaire, manquait, par contre, à posséder pleinement d'autres leviers de commande que la *gentry* anglaise — depuis les Révolutions —, le *Junkertum* allemand — jusqu'à la reconstitution monarchique — tinrent fortement en mains : le pouvoir politique, la libre direction des grands services administratifs. A partir du XVIIe siècle, dans chaque province, le représentant direct du roi, Mgr. l'Intendant — bien qu'appartenant lui-même, par ses origines, au monde seigneurial — se trouve, par une nécessité même de sa fonction, en rivalité perpétuelle avec la magistrature d'offices. En outre, agent fiscal par excellence, il se doit de protéger contre les intempérances de l'exploitation par les seigneurs les communautés rurales, matière imposable s'il en fut. Plus généralement, il a pour mission de conserver au Prince ses sujets. En Angleterre, la chute de l'absolutisme permit, au profit de la *gentry*, l'épanouissement du mouvement cé-

---

[1] L. Dubreuil, dans *Revue d'histoire économique*, 1924, p. 485. — Du Halgouët, *Le duché de Rohan*, 1925, t. II, p. 46 ; cf. M. Sauvageau, *Arrests et règlemens*, 1737, livre I, ch. 289-291. — *Annales d'histoire économique*, 1930, p. 366 et 516.

lèbre des « enclôtures », transformation des méthodes techniques, mais aussi, pratiquement, en lui-même ou par ses suites, ruine ou dépossession d'innombrables tenanciers. En France, par un phénomène analogue, mais inverse, la victoire de la monarchie absolue limita l'ampleur de la « réaction féodale ». Limita, seulement. Les serviteurs de la royauté tinrent toujours le régime seigneurial pour une des pièces maîtresses de l'État et de l'ordre social. Ils ne comprirent pas le danger de ce paradoxe déjà entrevu, au seuil des temps modernes, par Fortescue : un paysan de plus en plus chargé par la fiscalité publique, sans que l'antique fardeau des obligations auxquelles il était astreint envers le seigneur, qui, dans l'État monarchique, n'était plus après tout, qu'un particulier, fût supprimé ni même suffisamment allégé.

***

Par le troupeau à part, par l'« herbe morte », nous avons déjà vu le seigneur s'efforcer de prendre, sous la forme de l'élevage, une part immédiate aux profits du sol. Il atteignit, plus efficacement encore, le même but par la reconstitution du domaine.

Reconstitution aux dépens des communaux, d'abord. Nous aurons plus tard à décrire les vicissitudes du grand combat pour les terres vagues. Retenons simplement pour le moment que, très âpre aux temps modernes, il permit finalement à beaucoup de seigneurs de se tailler dans les anciens pâquis soit de vastes pâtures, défendues désormais contre toute intrusion étrangère, soit de beaux champs, portant moisson.

Aux dépens des tenures, aussi et, peut-être, surtout. Parfois c'est l'heureuse utilisation des vieilles coutumes qui offre au seigneur l'occasion souhaitée. Jadis la terre, l'« échoite » du mainmortable était presque toujours vendue, le plus souvent aux proches du défunt : si bien que, dans certaines seigneuries du XIIIe siècle, ce dernier usage avait passé en force de loi. Maintenant il arrive beaucoup plus fréquemment que, là où le servage subsiste encore, le seigneur garde l'échoite. Il était généralement admis que le seigneur avait le droit de réunir à la réserve tous les biens sans maître. Un beau jour, il fait mesurer les parcelles des tenanciers, à l'occasion d'un terrier ou d'un remembrement, opéré à la suite d'une guerre. Ça et là, certaines d'entre elles révèlent une superficie supérieure à l'étendue que leur attribuaient les anciens titres, soit qu'il se fût produit, en effet, des agrandissements illégitimes, soit plutôt que les procédés d'arpentage primitifs eussent été trop grossiers ou que l'étalon des mesures se fût, entre-temps, modifié. Ces bouts de champs en surplus sont biens vacants ; à ce titre, de bonne prise. Ou bien c'est le jeu, « finement mené », des arrérages, que dénonçait un moraliste du XVIIe siècle. Un seigneur, empressé à « quarrer » son domaine, laisse régulièrement passer vingt-neuf ans sans exiger ses rentes (la prescription était, normalement, de trente années) ; au bout de ce terme, il « parle » : les « pauvres gens », endormis dans une trompeuse sécurité, n'ont naturellement pas mis de côté la grosse somme qui, tout d'un coup, devient nécessaire ; insolvables, ils sont frappés de confiscation. Ainsi notre homme, à sa mort, se trouve « possesseur de presque toutes les terres de sa paroisse » [1].

Mais ce fut surtout par un lent rassemblement, selon les voies les plus normales — achats, échanges —, que se recréa, aux mains des seigneurs, la grande exploitation terrienne. Sur ce point, leur œuvre ne peut se séparer du travail, tout pareil, accompli en même temps par beaucoup d'autres membres des classes aisées, bourgeois, demeurés encore en deçà de la frontière mouvante qui séparait la roture de la noblesse, ou même gros paysans, tout prêts d'ailleurs à adopter le genre de vie de la bourgeoisie.

Jetons les yeux sur un de ces plans de terroirs, exécutés en si grand nombre depuis le XVIIe siècle et qui nous ont laissé, de la coquille de la société rurale et par suite de l'animal lui-même, une si vivante image. Nous sommes, supposons-le, en pays de morcellement, disons même — l'exemple n'en sera que plus significatif — de champs allongés. De toutes parts, les longues lanières accoutumées découpent le sol. Ça et là pourtant, des rectangles plus larges, beaucoup plus larges, font, dans le fouillis des menus traits, d'amples taches blanches. Ils ont été constitués par la réunion progressive d'un certain nombre de parcelles du type normal, d'un très grand nombre parfois. Autour du village de Bretteville-l'Orgueilleuse, dans la plaine de Caen, sur le plan dressé en 1666, plusieurs de ces vastes champs, qui font avec le reste du finage le plus frappant contraste, sont nettement visibles (pl. XVI). Par chance, un « marchement » de 1482 — près de deux siècles plus tôt — fournit un

---

[1] *Annales d'histoire économique*, 1930, p. 535. — Le Père COLLET, *Traité des devoirs des gens du monde*, 1763, p. 271.

point de repère d'une rare précision ; nous savons par lui — ou plutôt par la comparaison qu'un érudit du XVIIIe siècle, familier avec l'histoire du lieu, a eu l'heureuse inspiration d'instituer entre les deux documents — que là où, en 1666, quatre des pièces géantes déroulaient leurs sillons. on voyait, en 1482, respectivement 25, 34, 42 et 48 parcelles. Le phénomène ici est particulièrement net et facile à suivre ; mais il se répète ailleurs à des milliers d'exemplaires. Des cartes, passons aux terriers. Interrogeons-les sur les titres et qualités des heureux possesseurs de ces champs exceptionnellement étendus. Avec une merveilleuse régularité, ils nous mettent constamment en présence d'un des quatre cas suivants : le seigneur (c'est le plus fréquent) ; — un gentilhomme des environs, le plus souvent de noblesse d'office, encore à demi embourgeoisée ; — un bourgeois d'une des villes ou bourgades voisines, marchand, petit officier, homme de loi, un « Monsieur » en un mot (les terriers, en règle générale, sont fort attentifs à ne gratifier de cet honorable prédicat que les personnes d'une condition au dessus des métiers rustiques), — parfois, mais plus rarement, un simple laboureur, déjà fort propriétaire dans le terroir, et qui, fréquemment, se révèle comme exerçant, à côté de ses occupations proprement agricoles, un métier de manieur d'argent, marchand, cabaretier, auquel il joint à l'ordinaire la profession, plus lucrative, mais moins agréable à avouer, de prêteur à la petite semaine (pl. VII, XIII, XIV).

Aussi bien toutes ces catégories sociales ne sont-elles souvent que les étapes d'une même montée : le riche paysan fera souche de Messieurs, et ceux-ci, peut-être, de gentilshommes. Les premiers rassembleurs de terres, dès la fin du XVe siècle, se sont recrutés surtout parmi ces petits capitalistes de villages ou de bourgades — marchands, notaires, usuriers — qui tenaient alors, dans la société économique renouvelée et de plus en plus dominée par l'argent-roi, un rôle plus obscur sans doute que celui des grands aventuriers de la banque et du négoce, mais non moins efficace : le rôle, en somme, d'un ferment. Gens qu'à l'ordinaire n'étouffaient point les scrupules, mais qui savaient voir clair et loin. Le mouvement était universel et se répète pareil dans toutes les provinces : la même ténacité inspire les achats de Jaume Deydier, homme de loi d'Ollioules en Provence, de « sire » Pierre Baubisson, marchand de Plaisance en Montmorillonnais, de Pierre Cécile, conseiller de S. M. Philippe II en son Parlement de Dole. Les seigneurs ne suivirent l'élan qu'avec quelque retard et souvent n'eurent qu'à prolonger l'action d'ancêtres, nés dans la roture. Seigneur de Minot, en Bourgogne, et grand propriétaire sur le terroir, Alexandre Mairetet, conseiller au Parlement de Dijon sous Louis XIV, descend d'un petit commerçant de village qui, dans le même lieu, au XVIe siècle a commencé à accumuler les biens-fonds. Une famille originaire de Caen ou des environs, les Perrotte de Cairon, détient, en 1666, presque tous les grands labours d'une seule pièce autour de Bretteville-l'Orgueilleuse. Ses membres se parent du titre d'écuyers et font invariablement suivre leur patronyme d'un nom de seigneurie : sieurs de Saint-Laurent, de la Guere, de Cardenville, de Saint-Vigor, de la Pigassière. Mais leur noblesse ne date guère que de deux siècles et le patrimoine, certainement, s'est fait d'abord dans le commerce ou les offices, promptement affermi, d'ailleurs, par une solide assiette terrienne. Dès 1482, Nicolas de Cairon possédait aux portes du village un champ dit alors « le Grand Clos », « et est » dit le « marchement », « le dit clos venu de plusieurs personnes, tant par acquisition, par eschange que autrement »[1]. Souvent — comme à Minot, pour les Mairetet — la qualité seigneuriale de la terre ne vint qu'en second lieu. En trois ans, de 1527 à 1529, un procureur général du Parlement de Bourgogne, grâce à vingt-deux actes de vente obtenus de dix propriétaires différents, constitue le domaine de La Vault, d'une soixantaine d'hectares ; après quoi, il s'y rend maître d'une partie des droits seigneuriaux et de la justice[2].

La tradition de ces acquisitions terriennes, dans les familles de haute bourgeoisie, persiste aux XVIIe et XVIIIe siècles. Elle s'implante dans les familles nobiliaires. Coudre prés aux labours et vignes aux bois, c'est, pour le marchand enrichi, assurer la fortune de sa descendance sur des bases plus fermes que les hasards du commerce : « les familles », écrit Colbert, « ne peuvent bien se maintenir que par des établissements solides en fonds de terre ». C'est aussi grandir le prestige de la lignée : là conquête du sol et des droits seigneuriaux qui ne manquent guère, tôt ou tard, de s'y

---

1 AUBERT, dans COMITÉ DES TRAVAUX HISTORIQUES, *Bull. historique*, 1898. — Texte relatif à la pièce 33, Arch. Calvados, H 3226, fol 271. Les Archives du Calvados possèdent un cartulaire de la famille de Cairon, commencé le 13 févr. 1460 et dont l'étude détaillée, que je n'ai pu entreprendre, serait d'un puissant intérêt.
2 A. DE CHARMASSE, *Cartulaire de l'église d'Autun*, 3e partie, 1900, p. CXIV.

ajouter, donne la considération et prépare l'anoblissement. Pour le noble authentique, c'est s'assurer contre les aléas des redevances. Enfin pour tous ceux qui avaient quelque argent, gentilshommes de vieille et de nouvelle souche, ou simples roturiers, au XVIIe siècle une nouvelle raison vint s'ajouter de se porter vers les achats fonciers : la rareté des placements mobiliers qui fussent à la fois lucratifs et sûrs. On achète des champs comme plus tard des rentes d'État, des obligations de chemin de fer ou des valeurs de pétrole. Œuvre de longue haleine ! Il fallut une vie d'homme, ou peu s'en faut, à Antoine de Croze, avocat à Aix, pour reconstituer à son profit la seigneurie de Lincel, morcelée entre tant d'ayants-droit que la première part qu'il en acquit, d'un débiteur insolvable, était d'un quarante-huitième ; aux seigneurs de Lantenay, en Bourgogne, soixante-quinze ans pour composer de divers lopins de terre la parcelle qui prendra désormais le nom caractéristique de « grande pièce » ; cent-soixante et un pour réunir entre leurs mains le terrain sur lequel, finalement, ils élèveront leur château. Mais le profit en valait la peine.

Dans certaines contrées, cette concentration des terres fut assez poussée pour modifier jusqu'à la répartition des hommes sur le sol. Là où régnaient les gros villages, les terroirs étaient trop vastes, le nombre des occupants trop considérable pour qu'à cette multitude d'exploitants un maître unique pût se substituer. Par contre, dans les pays d'enclos du Centre et peut-être de la Bretagne, où les agglomérations étaient beaucoup plus petites et le morcellement moins prononcé, dans les zones de défrichement récent, où les essarteurs s'étaient groupés en hameaux, il n'était pas impossible à un propriétaire heureux d'accaparer peu à peu un finage entier. A la place de plus d'une antique poignée de maisons, au pays de Montmorillon, en Limousin, sur les collines du pays de Montbéliard, on vit désormais s'élever, dans l'isolement, une grosse ferme, ramassant autour d'elle ses champs [1]. Le travail de reconstitution foncière, accompli, sous l'Ancien Régime, par la bourgeoisie et la noblesse, eut pour effet un progrès nouveau de l'habitat dispersé.

Les anciennes réserves seigneuriales, là où elles avaient partiel-

---

1 Montmorillonnais, RAVEAU, *L'agriculture... dans le Haut-Poitou*, p. 54 — Limousin : renseignements obligeamment communiqués par M. A. Petit, archiviste de la Haute-Vienne, ou recueillis par moi-même. — Montbéliard : C. D., *Les villages ruinés*, 1847. — Cf. pour la Combrailles, pl. XII.

lement subsisté, ne pouvaient guère servir que de point d'appui à une reconstitution domaniale qui les dépassait de beaucoup. Les échanges, çà et là, permirent de commodes arrondissements. Mais — cela va de soi — les réunions parcellaires se firent surtout au moyen d'achats. Comment donc tant de petits paysans furent-ils amenés à se défaire des champs paternels ? En d'autres termes, pourquoi se trouvèrent-ils si pressés d'argent ?

Parfois un événement fortuit explique leur détresse. La guerre, par exemple. Dans la Bourgogne de la fin du XVIIe siècle, il est significatif que les villages où l'on compte le moins grand nombre de tenanciers héréditaires soient en même temps ceux dans lesquels, au cours du siècle, les ravages des invasions et des combats avaient été les plus profonds. Quelques anciens habitants sont partis et n'ont jamais reparu ; leur terre, tombée en déshérence, est échue au seigneur qui, mieux avisé que ses prédécesseurs d'après la Guerre de Cent Ans et mieux servi par les circonstances économiques, s'est bien gardé de la distribuer à nouveau en tenures perpétuelles ; il l'a conservée pour lui ou, s'il a cru devoir l'affermer, n'a conclu le contrat que pour un temps donné. Beaucoup de censitaires, cependant, sont demeurés sur place ou sont revenus ; mais sans avances, crevant de faim, endettés souvent, ils ont dû vendre leurs biens, à bas prix.

Pour jeter la masse rurale dans d'inextricables embarras financiers, point n'était besoin, cependant, de coups de hasard. Les difficultés de l'adaptation à un monde économique nouveau y suffisaient amplement. Le temps était passé où tant bien que mal, plutôt mal que bien, le petit producteur pouvait et savait vivre du sien. Il fallait désormais mettre sans cesse la main à la poche : payer le collecteur d'impôts, instrument d'un État dont la révolution économique avait centuplé les besoins, payer l'agent du seigneur, lui aussi, comme l'État, entraîné par les nécessités de l'époque à un surcroît de rigueur, payer le marchand, car les habitudes de vie qui avaient pénétré jusque chez les plus humbles ne permettaient plus guère que l'on se passât d'acheter certaines denrées ou certains produits. Sans doute, les fruits de la terre étaient là, dont on pouvait, aux bonnes années du moins, vendre une partie. Mais vendre n'est pas tout. Encore faut-il, pour en tirer quelque bénéfice, le faire au moment favorable, par conséquent être capable d'attente et de prévision : question de fonds de réserve et de mentalité. Ni l'abondance des capitaux, ni l'habileté à calculer la « conjoncture », n'étaient le fort du petit paysan. De belles fortunes se sont édifiées, du XVIe au XVIIIe siècle, sur le commerce des céréales : fortunes de marchands, de « blatiers », parfois aussi de gros laboureurs, d'aubergistes, d'entrepreneurs de charrois. Le campagnard « moyen » y gagna beaucoup moins. La nécessité où tant de ruraux étaient de se procurer à tout prix de l'argent liquide se traduisit, sous l'Ancien Régime, dans beaucoup de régions, par leur empressement à rechercher, sous forme de travail à domicile, l'appoint des salaires industriels. Plus souvent encore, ils empruntaient.

A des taux fort onéreux, cela va sans dire. Le crédit agricole n'était ni organisé ni prévu. En revanche l'ingéniosité des manieurs d'argent était infinie. Prêts d'argent, prêts de céréales, prêts de bétail, gagés sur la terre ou sur la récolte à venir, souvent — surtout au XVIe siècle, en raison de la vieille interdiction dont les intérêts étaient encore théoriquement frappés — déguisés sous le masque des plus inoffensifs contrats, toutes ces combinaisons, subtiles et diverses, avaient uniformément pour effet de grever lourdement le débiteur. Une fois pris dans l'engrenage des dettes, incapable de satisfaire en même temps le fisc, l'homme du seigneur et l'usurier de village, le paysan, si même il a la chance d'éviter la saisie ou la vente « par décret », n'échappe guère, finalement, à la nécessité de vendre, à l'amiable, quelques bouts de champs, de vignes ou de prés. Souvent le prêteur lui-même, marchand de biens, « moyenneur », comme on dit dans le Poitou du XVIe siècle, en même temps que marchand d'argent, se porte acquéreur ; peut-être, dès le début, n'a-t-il consenti l'emprunt que dans cet espoir. Tantôt c'est pour garder lui-même la terre, se muer, à son tour, en propriétaire du sol, premier pas sur la route qui mène au prestige social et à la noblesse ; tantôt c'est pour la revendre, avec profit, à quelque bourgeois plus haut placé ou à quelque gentilhomme. Ailleurs le vendeur, en mal d'argent, s'est dès l'abord directement adressé à un gros marchand ou à son propre seigneur. Tous ces gens là, bien entendu, n'achètent point au hasard ; ils savent le prix des terres « bien bornées », jointes, autant que possible, « au clos de la maison » [1],

---

1 32 RAPIN, *Les plaisirs du gentilhomme champêtre*, cité par P. DE VAISSIÈRE, *Gentilshommes campagnards*, 2e éd 1928, p. 205.

en tout cas composées d'un petit nombre de larges pièces d'un seul tenant. A l'origine de la résurrection des grandes exploitations, à la source de tant de beaux domaines ramassés, qu'on voit alors naître et grandir dans les campagnes, ce que les études minutieuses qu'il faudra bien un jour entreprendre, province par province, révèleront sans doute, ce sera, avant tout, dans le financement de la vie paysanne, une longue et lourde crise de crédit [1].

Naturellement, le mouvement, selon les régions, affecta des degrés d'intensité très différents. Nous ne pouvons, pour l'instant, qu'entrevoir quelques unes de ces divergences, et, encore, en nous plaçant uniquement au point d'aboutissement, c'est à dire vers la fin du XVIIIe siècle [2]. De province à province, la répartition, entre les diverses classes sociales, de la « propriété » — tenures perpétuelles, alleux ou fiefs —, exploitée soit directement, soit par fermage temporaire, variait alors à l'extrême. Dans le Cambrésis et le Laonnois, les églises sont parvenues à garder ou, plus probablement, à reconstituer de vastes domaines ; dans le Toulousain, elles y ont beaucoup moins bien réussi, ou y ont pris beaucoup moins de peine, dans une bonne partie de l'Ouest bocager, elles y ont tout à fait échoué ou ne l'ont point cherché. Dans le Cambrésis, la bourgeoisie n'a que peu de chose ; dans la Flandre Maritime, elle a accaparé la moitié du sol ; autour de Toulouse, grande ville de commerce et d'offices, unie à la noblesse, dont beaucoup de familles sont probablement elles-mêmes d'origine bourgeoise, elle détient, de beaucoup, la plus grande partie des terres. Nul doute que les prolongements de ces contrastes ne se fassent encore sentir de nos jours : la Révolution, par la vente des biens nationaux, a changé beaucoup de propriétés de mains ; elle ne les a qu'assez faiblement morcelées (pl. XV). L'importance, dans la plaine picarde, de la grande propriété, la prépondérance, dans le Bocage Normand ou dans l'Oisans, de la petite propriété paysanne, autant

---

1 Peut-être l'atténuation de la crise, à la fin du XVIIIe siècle, amena-t-elle cette reprise des achats paysans, que Loutschisky a cru constater, au moins dans le Limousin ; mais la nature même du phénomène, décrit par Loutschisky, demeure encore passablement obscure : cf. G. Lefebvre, dans *Revue d'histoire moderne*, 1928, p. 121.

2 Renseignements rassemblés et finement interprétés par G. Lefebvre, dans *Revue d'histoire moderne*, 1928, p. 103 et suiv. Les immunités fiscales, de droit ou de fait, dont jouissaient les ordres privilégiés rendaient l'accroissement de la propriété nobiliaire ou ecclésiastique fort préjudiciable à la fiscalité royale : en sorte que la reconstitution de la grande propriété, à sa façon, contribua à la crise de la monarchie.

Chapitre IV

de faits d'aujourd'hui ou d'hier, dont la clef certaine. ment doit être cherchée dans les vicissitudes de la reconstitution terrienne, depuis la Guerre de Cent Ans. Malheureusement les études précises manquent, qui seules permettraient de joindre solidement le présent au passé.

***

Noble ou bourgeois, comment le nouveau maître du sol, qui se refuse à n'être qu'un rentier perpétuel, va-t-il organiser son exploitation ? Certains n'hésitent pas à faire valoir eux-mêmes, par « valets ». Grand changement dans les mœurs ! Le seigneur du moyen-âge, sauf dans le Midi, avait toujours été un rural, en ce sens qu'il vivait volontiers en dehors des villes ; mais il ne prenait guère souci de ses champs. Sans doute, le sire du Fayel, au témoignage d'un poète du XIIIe siècle, s'en va, au petit matin, « ses blés, ses terres esgarder ». Il est toujours agréable de contempler la tendre verdure des jeunes pousses ou l'or des épis, belles choses d'où sortiront de beaux écus sonnants. Mais diriger la culture n'était guère une occupation seigneuriale. Veiller à la rentrée des redevances, rendre la justice, faire bâtir, voilà — à côté de la guerre, de la politique, de la chasse et des nobles ou joyeux récits — les travaux et les plaisirs du châtelain. Un anecdotier met-il en scène un chevalier-cultivateur ? il a soin de nous avertir que c'est un homme ruiné. Au début du XIIe siècle, l'archevêque de Dol, Baudri de Bourgueil, bon humaniste qui, sans doute, avait lu les Géorgiques, se plaisait, nous dit-on, à faire défricher sous ses yeux les marais ; fantaisie passagère, puisqu'ensuite il allotit le terrain en tenures perpétuelles [1]. Au XVIe siècle, au contraire, un type nouveau apparaît, dans la réalité comme dans la littérature ; le gentilhomme campagnard. Voyez, par exemple, en Normandie, dans la seconde moitié du siècle, le sire de Gouberville, noble par sa condition et son genre de vie, mais qui descend de bourgeois et d'officiers de justice. Non content d'entretenir avec ses régisseurs une active correspondance, il vend lui-même ses bœufs, surveille la construction des digues ou clôtures, le creusement des fossés, et, de sa personne, « mène tous les garçons de céans » débarrasser des cailloux les plus pierreux de ses

---

1 *Le Châtelain de Coucy*, v. 6387. — Ch. V. Langlois, *La vie en France au moyen-âge*, t. II, 1925 p. 154 n. 1. — J. Allenou, *Histoire féodale des marais de Dol*, 1917, p. 57, c. 17 et p. 63, c. 20.

champs. Les dames même, de bourgeoisie ou de noblesse, mettent la main à la pâte. Dans l'Ile-de-France du XVIe siècle, Mademoiselle Poignant, femme d'un conseiller du roi, dirige faucheurs et vendangeurs, et c'est devant elle que l'on fume ses terres. Dans la Provence du XVIIe, la comtesse de Rochefort, dont le mari est au loin, fait planter des vignes, regarde dépiquer et engranger le blé. En 1611, on constatait officiellement, en Artois, les progrès du faire-valoir direct [1].

Rien de plus avantageux, si elle était intelligemment conduite, que cette exploitation par le maître lui-même. Mais elle supposait la résidence. Aussi bien, même si la terre était affermée, en tout ou partie, le meilleur moyen d'en user avec profit était encore de demeurer sur place : pour contrôler fermiers ou métayers, consommer soi-même une part des produits, diriger la vente des autres, « Je tire plus de mes terres à proportion », écrivait Bussy-Rabutin à Madame de Sévigné, « que vous ne tirez de Bourbilly, parce que je suis près des lieux et vous en êtes éloignée… Faites vous exiler : la chose n'est pas si difficile qu'on pense ».

Mais l'exil, après tout, était une solution désespérée ; par ailleurs beaucoup de grands propriétaires, nobles ou bourgeois, n'avaient ni le goût ni le loisir de vivre aux champs : sans compter que les riches possédaient à l'ordinaire trop de terres et de trop dispersées pour qu'il leur fût possible de les gérer toutes en personne. Force était bien alors de recourir au fermage. A temps, bien entendu. La tenure héréditaire était, dans l'esprit des maîtres, définitivement condamnée. Mais deux systèmes s'offraient : morceler la grande propriété en plusieurs petites exploitations, confiées chacune à un locataire différent ; ou bien la remettre tout entière à un seul amodiateur. Celui-ci, à l'ordinaire, s'il s'agit d'un domaine seigneurial, sera en même temps, selon une pratique répandue dès le XIIIe siècle, le fermier des redevances et charges diverses qui pèsent sur les tenanciers. Deux méthodes, deux types sociaux aussi, Le petit

---

1 A. TOLLEMER, *Journal manuscrit*, 2e éd., 1880 ; *Mém. de la Soc. des Antiquaires de Normandie*, t. XXXI et XXXII ; *Lettres missives de Charles de Brucan*, éd. BLANGY, 1895 ; A. DE BLANGY, *Généalogie des sires de Russy*, 1892, — Y. BEZARD, *La vie rurale dans le sud de la région parisienne*, p. 108. CH. DE RIBBE, *Une grande dame dans son ménage…*, 1890. — CH. HIRSCHAUER, *Les États d'Artois*, t. I, 1923, p. 121, n. 3. — Sur tout ceci, cf. P. DE VAISSIÈRE, *Gentilshommes campagnards de l'ancienne France*, 2e éd., 1928.

locataire est un paysan, souvent, à côté de sa ferme, possesseur d'une tenure. Son exploitation n'exige de lui que de faibles avances. Précisément parce qu'on lui sait peu d'argent dans ses coffres et peu d'aptitude à en gagner, le loyer, dans beaucoup de provinces, lui est réclamé, en tout ou partie, sous forme de grains. Le gros fermier, par contre, qui a besoin d'un fonds de roulement relativement considérable, qui doit savoir vendre et calculer, qui gouverne à la fois une lourde maison et, par délégation, la seigneurie elle-même, est, dans sa sphère, un puissant personnage, par sa fonction économique un capitaliste, par son genre de vie et sa mentalité, le plus souvent, un bourgeois. Nous possédons la liste des fermiers qui se sont succédé, de 1641 à 1758, sur la seigneurie et le domaine de Thomirey, en Autunois ; contre vingt et un « marchands », un boucher, notaire, un avocat et un simple « bourgeois » — de Thomirey même ou des villes ou bourgades environnantes —, tous plus ou moins apparentés entre eux, on ne compte, représentée par deux contrats, qu'une seule famille de cultivateurs du lieu, d'ailleurs visiblement aisée et alliée à des familles de négoce [1]. Dans le choix de ces titres, il faut, à vrai dire, faire une certaine part à la vanité ; marchand passa longtemps pour plus distingué que laboureur. Beaucoup de ceux qui se nommaient ainsi tiraient probablement de la terre le plus clair de leurs revenus et ne dédaignaient pas, au besoin, de mettre eux-mêmes la main à la charrue. Il n'en reste pas moins que leur activité ne se bornait pas à la culture, que leur horizon et leurs ambitions dépassaient le cercle étroit du village. Il n'était pas sans exemple que le riche fermier parvînt à supplanter son maître. Lorsque, au XVIIIe siècle, l'agriculture prit, par tout le pays, un caractère de plus en plus nettement capitaliste, beaucoup de propriétaires, qui jusque là avaient jugé plus commode de diviser leurs terres, procédèrent à des « réunions » de fermes au profit de quelques grands amodiateurs, aux dépens d'une foule de petites gens. Les cahiers de la France du Nord, en 1789, sont pleins des protestations élevées, contre cette pratique nouvellement répandue, par la masse paysanne. Sous cette forme détournée, et tardivement, la reconstitution de la grande propriété, qui jusque là s'était, par places, accommodée du maintien d'un régime de petites exploitations, aboutit, chez nous aussi, à de véritables évictions [2].

1 Arch. de la Côte-d'Or, G 2412 et 2415.
2 En Bretagne, à vrai dire, la constitution des grosses fermes n'avait pas forcément

Mais les petites exploitations — il y en avait forcément aux mains des nouveaux acquéreurs, soit qu'ils n'eussent disposé eux-mêmes que de médiocres moyens, soit qu'ils eussent dû morceler leurs achats — ne tentaient pas les entrepreneurs capitalistes. Parmi les paysans, il n'était pas toujours aisé de trouver fût-ce un petit fermier, capable des modestes avances nécessaires. Enfin, au XVIe siècle surtout et dans la première moitié du XVIIe, l'expérience, toute récente, de l'effondrement monétaire avait inspiré à beaucoup de propriétaires une saine terreur des rentes en argent, forcément immuables pendant une certaine période, si courte fût-elle. De là, l'extraordinaire progrès du bail à part de fruit — la moitié, en principe —, du « métayage ».

Rémunérer les droits supérieurs sur le sol au moyen d'une quote-part des produits récoltés par l'exploitant, cet usage, familier au droit romain, n'avait jamais été ignoré de nos campagnes. Témoin, les terres à champart qui se multiplièrent, vers les Xe et XIe siècles, aux dépens des domaines. Mais, par la suite, ce mode de tenure était devenu moins fréquent, les seigneurs ayant, comme l'on sait, vers la fin du moyen-âge, encouragé le remplacement des redevances en nature par des paiements en argent. Là où il avait subsisté, il s'était promptement fait héréditaire du même coup, la charge qui, le plus souvent, était fort loin de représenter la moitié des fruits, avait revêtu ce caractère d'immuabilité qui déplaisait si fort aux propriétaires de l'Ancien Régime. Le mot même de métairie, cependant, et la coutume de fixer à la moitié ou environ la part du bailleur se rencontrent de bonne heure dans certaines provinces : dans tout l'Ouest notamment, jusqu'au Maine et au Perche, dès le XIe ou le XIIe siècle, en Artois vers le même temps. Amodiation perpétuelle, ou temporaire ? les textes, souvent, ne permettent pas d'en décider, non plus que de déterminer, dans chaque cas, s'il s'agit d'une tenure véritable, soumise à toute la kyrielle des obligations seigneuriales, ou d'une simple convention entre particuliers, sans création de lien de dépendance ; aussi bien l'on peut douter si nulle

---

pour résultat la suppression des petites exploitations ; souvent les « particuliers riches », qui accaparaient, dans une communauté, « presque toutes les fermes », les faisaient cultiver par plusieurs « sous-fermiers » : B. Dupont, dans *Annales de Bretagne*, t. XV p. 43. Mais dans bien d'autres pays — les plaines du Nord, la Picardie, la Beauce, par exemple — il y eut, bel et bien, substitution de la grande à la petite exploitation. Sur les résistances paysannes, cf. ci-dessous, p. 200.

part ce dernier type de contrat terrien, purement privé, se dégagea clairement avant le XIIIe siècle. Ce qui est certain, en revanche, c'est qu'un grand nombre de pays, pendant tout le moyen-âge, avaient presque complètement ignoré l'institution ou en avaient, à peu de choses près, limité l'emploi à quelques applications particulières, aux vignobles notamment : toujours le bourgeois, l'ecclésiastique qui avait acquis une vigne chercha pour elle un métayer de préférence à un fermier ; plutôt enrichir la cave que le coffre à écus ! Brusquement, à partir du XVIIe siècle, on voit le métayage, jusque là si inégalement réparti et, là même où il était anciennement connu, en somme si rare, se répandre sur la France entière et y tenir une place, jusqu'au XVIIIe siècle au moins, toujours croissante. Contre les fluctuations monétaires, pas de plus sûr remède. Les bourgeois d'Italie, financiers subtils, s'en étaient avisés les premiers ; n'étaient-ils pas allés parfois — comme à Bologne, dès 1376 — à astreindre par la loi à cette nature de fermage tout citoyen de la ville régnante qui donnait des terres en location aux habitants du *contado*, soumis et pressurés ? Les propriétaires français n'avaient pas beaucoup plus tardé à faire la même observation.

Au début, pendant la période qui suivit immédiatement la Guerre de Cent Ans, le contrat, parfois, fut perpétuel. Dans les campagnes dépeuplées, les maîtres du sol cherchaient à refaire leur fortune. Les redevances en argent, à leurs yeux, étaient discréditées ; beaucoup ne voulaient ni ne pouvaient exploiter eux-mêmes ; et quant à trouver des cultivateurs disposés à débroussailler les terres sur la simple garantie d'un fermage temporaire, il n'y fallait guère songer. La métairie héréditaire protégeait à la fois le preneur contre l'éviction, le bailleur contre la baisse monétaire. Elle eut, dans certaines régions, comme le Centre, un vif succès [1].

Mais, à mesure que la grande propriété assurait son empire, le métayage à temps — moitié, tiers ou quart de fruit — l'emporta, et de beaucoup. Olivier de Serres, sous Henri IV, le recommande chaudement, ne lui préférant que le faire-valoir direct. Partout pratiqué, ou peu s'en faut, il fut surtout le mode d'exploitation préféré, géographiquement, des pays pauvres, où le rustre était dénué de tout fond de réserves, socialement, des petits propriétaires bour-

---

[1] A. Petit, *La métairie perpétuelle en Limousin*, dans *Nouvelle Revue Historique de Droit*, 1919.

geois : non seulement parce que ces derniers avaient souvent trop peu de biens pour pouvoir faire appel à un fermier capitaliste, mais aussi, mais surtout, parce que, par bien des côtés, le bail à part de fruits flattait leurs habitudes de vie et de pensée. Le marchand ou le notaire de petite ville aime à consommer les produits de sa terre ; il se plaît à recevoir de la métairie, tantôt le blé dont la farine, dans le four familial, donnera le pain croustillant ou les galettes dorées, tantôt tous ces menus « devoirs » en œufs, volailles, viande de porc, stipulés tout au long dans les contrats, dont la ménagère saura, pour les plaisirs délicats de la table, tirer un si bon parti. Il lui est doux, soit en ville même, soit surtout lorsqu'il séjourne dans sa maison des champs, de voir venir à lui, bonnet à la main, le métayer, son métayer, de réclamer à ce paysan, les services divers — presque des corvées — que les accords spécifient avec soin, de le patronner. Juridiquement un « associé », le métayer, pratiquement, est, au sens romain, un client. Les preneurs, dit un bail « à demy-fruits », conclu, en 1771, au profit de Jérôme de Rimailho, conseiller honoraire au présidial de Toulouse et grand prêteur d'argent devant l'Éternel, devront au bailleur « fidélité, obéissance, soumission »[1]. Par le métayage, toute une partie de la population urbaine a été maintenue en contact direct avec les choses de la terre, et d'elle au peuple des champs se sont noués, en pleins temps modernes, de véritables liens de dépendance personnelle.

***

Tout le grand mouvement qui vient d'être décrit a eu un double résultat : l'un transitoire, l'autre qui dure encore.

Le lent glissement par où, peu à peu, les classes paysannes semblaient échapper à l'emprise seigneuriale s'est arrêté. Le seigneur a resserré vigoureusement le faisceau des charges. Nouveau-venu souvent, il ne s'en est senti que plus fortement une âme de maître. Rien de plus caractéristique que l'importance attachée par certains terriers, après leur remise à jour, aux droits honorifiques. « Quand le seigneur ou la dame, de Bretennières ou leur famille entrent dans l'église ou en sortent, tous les habitants et paroissiens du dit lieu doivent silence et les saluer » : ainsi parle un terrier bourguignon de 1734. Le terrier précédent ne disait rien de tel.

Chacun sait comment, de 1789 à 1792, l'édifice seigneurial s'est

---

[1] J. Donat, *Une communauté rurale à la fin de l'Ancien Régime*, 1926, p. 245.

écroulé, entraînant dans sa ruine un ordre monarchique qui s'était identifié avec lui.

Mais tout chef de paysan que le seigneur nouveau modèle prétendît être, il était redevenu aussi, et peut-être surtout, un grand exploitant : avec lui, de même, plus d'un simple bourgeois. Si — hypothèse absurde — la Révolution avait éclaté vers l'an 1480, elle eût, en supprimant les charges seigneuriales, livré la terre à peu près uniquement à une foule de petits occupants. Mais, de 1480 à 1789, trois siècles avaient passé, qui avaient reconstitué la grande propriété. Celle-ci sans doute n'étendit point, comme en Angleterre ou en Allemagne Orientale, ses vagues sur le sol presque tout entier. Elle laissa aux paysans propriétaires de très vastes espaces, plus vastes peut-être, au total, que ceux qu'elle couvrit elle-même. Elle n'en conquit pas moins — avec un succès, selon les lieux, sensiblement inégal — d'appréciables étendues. Elle devait traverser la Révolution, sans trop de dommages. Ainsi, pour interpréter dans sa diversité et ses traits fondamentaux l'image de la France rurale d'aujourd'hui — dont il ne faut point dire, comme on l'a fait parfois, qu'elle est un pays de petite propriété, mais plutôt que, selon une proportion qui, de province en province, varie fortement, grande et petite propriété y vivent côte à côte —, c'est l'évolution de la France rurale du XVe au XVIIIe siècle qu'il faut avant tout, interroger.

Chapitre V.
Les groupes sociaux

1. Le manse et la communauté familiale.

Plutôt que d'individus, les sociétés anciennes étaient faite de groupes. Isolé, l'homme ne comptait guère. C'était associé à d'autres hommes qu'il peinait et se défendait ; c'était des groupements, de toute taille, que les maîtres, seigneurs ou princes, étaient habitués à trouver devant eux, qu'ils dénombraient et taxaient.

Au moment où l'histoire de nos campagnes commence à sortir des brumes — pendant cette période que nous appelons le haut moyen-âge — la société rurale, au-dessous des collectivités relativement étendues qu'étaient le village et la seigneurie, avait pour cellule élémentaire une unité, à la fois territoriale et humaine — maison et faisceau de champs l'une habitée, les autres exploités par un petit groupe d'hommes —, qui se retrouve à peu près partout, dans la Gaule franque, semblable sous des noms divers. Le plus ordinaire est manse (*mansus*) [1]. On dit parfois aussi *factus*, ou encore condamine (*condoma, condamina*). Ces mots, les uns comme les autres, ne sont attestés qu'assez tard : au VIIe siècle pour manse [2] et, en Gaule du moins pour condamine (ce dernier fréquent surtout dans le Midi, encore que le premier texte où on le relève vienne du Maine [3]), au IXe pour *factus*. C'est qu'auparavant nous n'avons guère de témoignages sur la langue agraire courante. L'institution, certainement, était beaucoup plus ancienne.

De ces trois noms, l'un demeure désespérément mystérieux : c'est *factus*, qu'on ne sait même avec quelle langue mettre en rapport, car de le dériver de *facere*, il n'y a guère d'apparence. Condamine évoque l'idée de communauté (primitivement dans la même maison) et, dans l'usage, désignait à peu près indifféremment la petite collectivité humaine qui vivait sur la terre ou cette terre même. Quant à *mansus*, à l'origine il s'appliquait à la maison ou du moins à l'ensemble formé par l'habitation et les bâtiments agricoles ; ce sens ne s'est jamais effacé et finalement a seul survécu : c'est aujourd'hui celui de *meix* bourguignon, du *mas* provençal. Un terme tout voisin et que les textes anciens traitent, dans toutes les acceptions de *mansus*, comme son synonyme, celui de « *masure* », désignait, dans l'Ile-de-France du moyen-âge, et désigne encore,

---

1 1 Je n'ignore pas que « manse » est un barbarisme. Il faudrait, en bonne langue d'oïl, « meix ». En langue d'oïl seulement : en provençal, ce serait « mas ». Et encore, de part et d'autre, y aurait-il lieu de tenir compte des formes dialectales. Ajoutez que « meix » ou « mas », aujourd'hui et depuis longtemps, recouvrent, comme on le verra, des réalités fort différentes de celle qu'exprimait le *mansus* franc. Variabilité des formes, modifications du sens, tout cela invite à fuir le modernisme et à conserver pour une fois, la conscience en repos, le mot qu'en dépit de la phonétique, les historiens se sont habitués à calquer sur le latin : le « manse » de Guérard et de Fustel.
2 Cf. M. Prou et A. Vidier, *Recueil des chartes de l'abbaye de Saint-Benoît-sur-Loire*, t. I, 1907, p. 16 ; Zeumer, dans le *Neues Archiv.*, t. XI, p. 331 ; L. Levillain, dans *Le Moyen-Age*, 1914, p. 250. Bien entendu, les textes (tels que *Formul, Andecav.*, 25) où *mansus* a ou peut avoir le sens de maison n'entrent pas ici en ligne de compte.
3 *Actus pontificum Cenomannensium*, ed. G. Busson et A. Ledru, 1902, p. 138. — En Italie, dès le VIe siècle : Cassiodore, *Variae*, V, 10. Sur le sens (et les hésitations de Mommsen à ce sujet), justes remarques de G. Luzzato, I servi nelle grande proprietà ecclesiastiche, 1910, p. 63, n. 3.

dans la Normandie d'aujourd'hui, la demeure rurale avec son clos. Ainsi l'unité agraire a pris le nom de la demeure où vivaient les occupants : la maison, disaient les Scandinaves, n'est-elle pas « la mère du champ ? »

Pour étudier le manse, comme la plupart des formes sociales du temps, c'est de la seigneurie qu'il faut partir : non afin de postuler, en faveur de celle-ci, je ne sais quelle illusoire primauté, quelle mission d'universelle matrice, mais tout simplement parce que seules les archives seigneuriales nous ont laissé des documents assez abondants pour nous permettre de prendre une première idée des faits. A l'intérieur de la *villa* du haut moyen-âge, la fonction essentielle du manse est claire : il joue le rôle d'unité de perception. Ce ne sont pas, en effet, sur les diverses parcelles, prises à part, que pèsent redevances ou corvées ; elles ne sont pas davantage comptées par ménages ou maisons. Pour toute la terre « amansée » — une petite partie du sol, nous le verrons, échappe à ce découpage —, les inventaires ne connaissent qu'un contribuable : le manse. Plusieurs familles, parfois, travaillent en commun les champs groupés sous ce nom. Peu importe. C'est le manse, toujours, qui est taxé, qui doit tant de deniers d'argent, de boisseaux de blé, tant de poules et d'œufs, tant de journées de travail. « Affaire aux différents occupants — aux compagnons, *socii* — de se répartir le fardeau. Ils en sont, on n'en saurait douter, solidairement responsables. Ils n'ont point le droit, par un partage, de rompre cette solidarité. Base de la fiscalité seigneuriale, le manse est en principe indivisible, immuable. Si, par hasard, la fragmentation en est autorisée, c'est en fractions simples — moitiés, beaucoup plus rarement quarts — lesquelles, à leur tour, deviennent des unités rigoureusement fixes.

Sur une même seigneurie, tous les manses ne sont pas, à l'ordinaire, tenus pour de valeur et de dignité égales. — Ils se répartissent le plus souvent en diverses catégories, telles que, de l'une à l'autre, les charges diffèrent. A l'intérieur de chacune d'elles, au contraire, les manses qui la composent sont à peu près pareillement taxés. Le principe de classement varie. Fréquemment il est de nature juridique et tire ses critères, avant tout, des conditions humaines. On distingue, nous l'avons vu, des manses ingénuiles (d'hommes libres, surtout de colons), serviles, « lidiles » aussi, à l'occasion (les lites étaient des affranchis de droit germanique).

Ajoutons, pour mémoire, quelques manses « censiles », affermés par contrat et à temps et qui, par là, se séparaient nettement des groupes précédents, tous trois purement coutumiers et, en pratique, héréditaires. Ailleurs les caractéristiques sont empruntées aux services dûs : manses de charrois, manses de bras (*carroperarii, manoperarii*). En fait, le contraste entre les deux méthodes était plus apparent que réel. A l'époque franque, il n'y avait plus, on le sait, de coïncidence régulière entre le statut de l'homme et celui de la terre : habité par des hommes libres, un manse, par exemple, n'en était pas moins dit servile si ses premiers exploitants, en des temps peut-être très reculés, avaient été des esclaves. Or, ce qui maintenait si vivace la mémoire de l'occupation originelle, c'était le sentiment qu'elle décidait des obligations présentes : fixées par la coutume, celles-ci dépendaient, pour une très large part, beaucoup moins du rang du tenancier actuel que de celui de ses lointains prédécesseurs. Ainsi, dans la vie quotidienne, les divers degrés de manses, quelle que fût leur étiquette, s'opposaient avant tout par leurs charges. Les manses de bras sont d'anciens manses serviles ; les polyptyques, parfois, emploient indifféremment les deux mots l'un pour l'autre [1]. Peu à peu, délaissant leur nom traditionnel, qui prêtait, avec la condition réelle de leurs possesseurs, à des discordances choquantes, on prit l'habitude de les désigner par une épithète plus claire et plus concrète. Mais, — il importe de le noter — le groupement par classes d'hommes semble bien avoir été le type primitif de répartition.

Il était naturel qu'à l'intérieur de la seigneurie les manses, de catégorie à catégorie, différassent par leurs dimensions. De fait, pour nous en tenir aux deux types principaux, les manses serviles sont régulièrement plus petits que les ingénuiles. Il eût, par contre, été normal que, éléments imposables, les manses d'une même catégorie, sur une même villa, fussent régulièrement égaux entre eux. De fait, tel était souvent le cas : par exemple, au IXe siècle, dans le Nord de la Gaule, sur la plupart des terres de Saint-Bertin. On avait le sentiment d'un ordre de grandeur locale : en 1059, deux personnages donnent à Saint-Florent de Saumur, dans un bois, de quoi défricher sept manses « tels que les font les hommes qui ha-

---

[1] *Polyptyque des Fossés*, dans B. Guérard, *Polyptique de l'abbé Irminon*, t. II, p. 283, c. 2.

bitent près de cette terre » [1]. Mais ailleurs les inégalités étaient, au contraire, très sensibles. Les plus faibles, à vrai dire, peuvent s'expliquer par des différences dans la fertilité des sols : parité de rendement ne veut pas toujours dire parité de surface. Mais il en est de trop considérables — du simple au double, ou au triple — pour souffrir cette interprétation. Force est bien d'admettre que, dans la distribution de la terre « amansée », certains occupants s'étaient trouvés avantagés ou sacrifiés. Du premier coup ? ou seulement au cours de l'évolution ? il est très difficile de le savoir. On notera toutefois que ces divergences étaient particulièrement fortes, dès le IXe siècle, aux environs de Paris, où, comme on le verra, le manse semble bien être très tôt entré en décadence. Par contre, que de seigneurie à seigneurie, et plus largement, en moyenne, de région à région, la contenance variât, la chose n'a rien que de très explicable. Dans la Picardie et la Flandre, relativement dépeuplées, le manse était, au IXe siècle, généralement plus étendu que dans les pays de la, Seine. Dans l'ensemble de la Gaule cependant, les écarts n'étaient pas si forts que le nombre de manses-tenures de tel ou tel type, ou même de manses-tenures, en général, que renfermait une seigneurie, ne pût servir à en apprécier grossièrement l'importance. A notre tour, nous pouvons nous faire une idée de cette unité terrienne fondamentale. Bornons-nous, pour simplifier, aux manses ingénuiles. Réserve faite de quelques cas aberrants, ils oscillent de 5 à 30 hectares ; la moyenne s'établit vers 13 hectares, un peu plus bas, comme on pouvait s'y attendre, que le chiffre minimum — environ 16 ha. 1/2 — affecté par la législation carolingienne, très soucieuse des intérêts du clergé rural, au manse-type qu'elle prescrivait d'attribuer à chaque église de paroisse. Toutes ces données nous ramènent à la même conclusion : par la dimension, le manse équivalait à ce qu'on appellerait aujourd'hui tantôt une petite, tantôt une moyenne exploitation — économiquement, vu le caractère médiocrement intensif de la culture ancienne, toujours à une petite, voire à une très petite [2].

La plupart des tenures étaient des manses ; toutes, non pas. Sur beaucoup de seigneuries, à côté de la foule bigarrée des *mansi* de toute catégorie, on rencontrait des exploitations, — chargées pour-

---

1 Bibl. Nat., nouv. acq. lat. 1930, fol. 45 v° et 46.
2 Cf. F. Lot, *Le tribut aux Normands*, dans *Bibl. de l'École des Chartes*, 1924.

tant de redevances et de services, qui échappaient à ce classement. On les désignait par des noms divers : hôtises (*hospitia*), *accolae*, ailleurs *sessus* ou *laisinae* ; un peu plus tard, dans beaucoup de pays, bordes ou chevannes. Ces tenures anormales étaient toujours en beaucoup plus petite quantité que les manses, d'étendue plus faible et, entre elles, très inégales ; elles échappaient, apparemment, à la loi d'indivisibilité. Parfois un détenteur de manse, un « masoyer » (*mansuarius*), ajoutait à sa ferme principale une de ces annexes, fraction détachée du domaine ou essart conquis sur les friches. Plus souvent, les hôtises avaient leurs occupants à elles, qui ne possédaient point d'autres terres. Elles constituaient, dans l'organisme de la *villa*, des éléments accessoires, aberrants. Une hôtise cependant — par don du maître, par suite d'un défrichement ou de tout autre façon — avait-elle suffisamment grandi ? Il paraissait naturel de l'élever à la dignité de cellule-type. La perception des droits en était rendue plus régulière et plus aisée, l'exploitant lui-même y gagnait sans doute de participer sans réserves aux avantages collectifs (pâture, usage des bois, etc.), reconnus aux pleins tenanciers. « A Agart et à Auri nous avons fait un manse de leur terre », écrivent les moines de Saint-Germain-des-Prés, « pour qu'ils payent désormais les charges complètes ». Ailleurs on voit les mêmes religieux, reprenant à un premier masoyer un fragment de la réserve qui lui avait été provisoirement cédé, à un second d'autres terrains, constituer de ces deux morceaux cousus ensemble un demi-manse au profit d'un troisième bénéficiaire. Une pareille transformation ne s'opérait point par un simple changement dans le langage courant ; il y fallait un acte exprès, la décision d'une autorité qualifiée. Ainsi le manse est véritablement une institution, puisqu'il comporte quelque chose de voulu et, si l'on veut, d'artificiel.

Comme le caractère le plus apparent du manse est d'être une cote d'impôt seigneuriale, la tentation est forte de le prendre pour une création de la seigneurie. A l'aurore de l'histoire, un maître répartit, entre ses hommes, la terre du village, par unités point trop inégales et qu'il déclare indivisibles : pas d'image plus simple. Et pourtant, à y bien réfléchir, que de difficultés soulève une pareille hypothèse ! Y eut-il donc un moment où les populations de la Gaule se composèrent, en tout et pour tout, de deux classes : une poignée de dynastes tout-puissants, une foule d'esclaves dociles, empressés à accepter ce qu'on voulait bien leur distribuer d'un sol encore vierge ? Au commencement, le seigneur fut... Mais à quoi bon s'attarder à discuter ce mythe ? Une seule observation suffit à le ruiner. Divers règlements relatifs au service militaire nous apprennent qu'il existait dans la Gaule carolingienne des hommes libres qui, pour tout bien, possédaient un manse, voire un demi-manse. Tenanciers ? Non pas : il ressort clairement des textes qu'au dessus d'eux aucun droit réel supérieur ne s'exerçait sur le sol. Seigneurs ? Pas davantage : comment sur un manse, à plus forte raison sur une moitié de manse, faire vivre, outre les exploitants, une famille de rentiers ? Ces humbles gens étaient de petits propriétaires paysans, provisoirement épargnés par les griffes de l'aristocratie. Si leur terre, qui n'est pas une tenure, est néanmoins classée comme manse, c'est que ce nom désigne, indépendamment de toute idée de charge seigneuriale, une unité d'exploitation.

De cet étalon foncier, l'État, au surplus, faisait un large usage : pour répartir le service militaire ; pour asseoir l'impôt. Depuis Charles le Chauve jusqu'en 926, les rois fréquemment furent amenés à lever des contributions générales dont le produit servait à payer les lourdes rançons que les Vikings exigeaient pour cesser leurs ravages. Régulièrement, grands et églises sont taxés proportionnellement au nombre de manses qui leur sont sujets. Il s'agit ici, il est vrai, uniquement de manses-tenures. Mais remontons plus haut encore. Les Mérovingiens avaient hérité de l'impôt foncier romain que longtemps — utilisant en général les vieux cadastres, parfois en faisant dresser de nouveaux — ils continuèrent à percevoir, jusqu'au jour où, définitivement, après une longue décadence, cette arme glissa de leurs mains, inexpertes à la conduite d'un État bureaucratique. Institution entre toutes obscure, la contribution foncière du Bas-Empire offre du moins un trait certain : elle reposait sur la division du sol en petites unités imposables — *capita, juga* — dont chacune, grossièrement, correspondait à une unité d'exploitation rurale. La ressemblance avec le manse saute aux yeux. Sans doute, les mots diffèrent. Mais ne savons-nous pas qu'à côté de ses noms officiels, l'unité fiscale romaine en possédait, dans le langage courant, plusieurs autres, variables selon l'usage provincial et dont la plupart nous sont inconnus ? [1] Comment ne pas croire que condamine — attesté, mais en Italie, dès le début du VIe siècle —, que manse ou *factus* soient du nombre ?

Ne nous y trompons pas, cependant : estimer que le *mansus* franc est sorti du *caput* romain, ou pour mieux dire, n'est que le *caput*, sous un autre nom, ce n'est point forcément voir dans la réalité elle-même que ces mots recouvraient l'arbitraire création de quelques fonctionnaires de l'Empire, en mal de cadastre. Par une abstraction provisoirement nécessaire, j'ai jusqu'ici traité le problème comme s'il était français. En réalité, il est largement européen. Non pas même, comme on eût pu s'y attendre, propre au monde romanisé. L'Italie n'est pas seule à avoir connu des unités agraires analogues, de tous points, à celles de la Gaule franque et souvent d'ailleurs, désignées par les mêmes termes. Les pays germaniques nous offrent un spectacle pareil : *hufe* allemande, *hide* anglaise, *bool* danois, tous ces mots indigènes sont couramment rendus, dans les traductions latines, par *mansus* et les institutions qu'ils servaient à nommer, a la fois unités fiscales (au regard de l'État comme du seigneur) et unités d'exploitation, présentent avec notre manse les affinités les plus certaines. Expliquer ces similitudes par l'emprunt, qui donc oserait s'y hasarder ? Imaginerons-nous que les rois barbares, prenant aux bureaux du fisc romain un système de divisions cadastrales, en étendirent l'emploi, d'autorité, à d'immenses territoires qui, jusque là, l'avaient ignoré ? Tout ce que nous savons de la faiblesse administrative de ces monarchies proteste contre une pareille supposition. Tiendrons nous, au contraire, le manse-*hufe* pour une invention spécifiquement germanique, imposée aux campagnes de la *Romania* par leurs farouches vainqueurs ? Même si nous n'avions reconnu dans le manse la suite du *caput* romain, la certitude où nous sommes que les invasions barbares, œuvre de conquête, ne furent pas, à de rares exceptions près, une œuvre de peuplement, nous interdirait pareille rêverie. Il faut donc bien que le manse soit quelque chose de plus profond que les mesures gouvernementales, de plus ancien que les limites historiques des États. La fiscalité romaine ou franque, le régime seigneurial l'ont utilisé et, par là, ont exercé sur son histoire une forte action. Son origine est ailleurs ; les énigmes n'en peuvent être résolues, une fois

---

1 *C. Th.*, XI, 20, 6 ; cf. A. Piganiol, *L'impôt de capitation*, 1916, p. 63.

de plus, que par un retour vers les réalités terriennes, vers les types millénaires de civilisation agricole.

Mais auparavant il est indispensable de se débarrasser d'une de ces difficultés de terminologie que le caractère flottant de la plupart des langages usuels et, spécialement, des vocabulaires médiévaux inflige aux pauvres historiens. Le seigneur avait son exploitation, distincte de celles des tenanciers : son domaine. Lorsque l'État carolingien réclamait une contribution aux grands propriétaires, il ne se contentait pas, à l'ordinaire, de les imposer au prorata des tenures-types qui dépendaient d'eux ; il taxait aussi les réserves et, malgré l'extrême inégalité de celles-ci, leur attribuait volontiers, par pure fiction, une valeur uniforme : si bien que la ferme seigneuriale, pourtant dépourvue de toute fixité, prenait, figure, à sa façon, d'unité fiscale. Or, qu'était-ce, à voir les choses en gros, qu'un manse de l'époque franque, sinon une exploitation agricole, qui servait de base à une fiscalité ?, En Angleterre, où la réserve échappait à l'impôt, on ne lui donna jamais le nom de *hide* ; dans les pays, par contre, qui furent soumis à l'empire franc, elle est un *mansus* ou une *hufe*. En face des manses serviles ou ingénuiles, on prit l'habitude (qui d'ailleurs disparut très vite, vers le XIe siècle, semble-t-il) de parler du *mansus indominicatus*. Mais le vrai manse n'est pas là. C'est, aux mains du tenancier ou du petit paysan libre, la cellule rurale — maison, champs, part dans les droits collectifs —, douée, en principe, d'une parfaite stabilité et répondant à un ordre de grandeur tel que lorsqu'on dit d'un homme qu'il possède un manse entier, un demi-manse, un quart de manse, sa place dans le groupe, aux yeux des contemporains, apparaît du même coup avec une parfaite clarté.

Or ce manse, vu dans le concret, présentait, selon les régimes agraires, des aspects fort différents.

Dans les pays de terroirs morcelés et d'habitat aggloméré — notamment dans les régions de champs ouverts et allongés — il n'est presque jamais, d'un seul tenant. Les bâtiments se groupent, avec beaucoup d'autres, dans un même village ; les parcelles, fort dispersées, s'allongent côte à côte avec celles des autres masoyers, dans les mêmes quartiers. Pourtant chacune de ces unités, purement fictives, est fixe et, si elles sont inégales entre elles, elles représentent, du moins, des ordres de grandeur nettement comparables.

L'étude des terroirs nous avait déjà amené à nous représenter l'occupation du sol, dans ses phases successives, comme ayant obéi à une sorte de plan d'ensemble, plus ou moins grossier. Imposé par un chef, un seigneur ? librement tracé, au contraire, par la collectivité ? c'est le secret de la préhistoire. En somme, le village et ses champs sont l'œuvre d'un vaste groupe, peut-être — mais ceci n'est que conjecture — d'une tribu ou d'un clan ; les manses sont les parts attribuées — dès la fondation ou plus tard, comment le savoir ? — à des sous-groupes, plus petits. Qu'était cette collectivité secondaire, dont le manse formait la coquille ? Très probablement la famille, distinct du clan, en ce sens qu'elle ne se composait que de quelques générations capables de retracer leur ascendance commune, mais une famille de type encore patriarcal, assez ample pour comprendre plusieurs couples collatéraux. En Angleterre le mot de *hide* a pour synonyme latin *terra unius familiae* et, probablement, descend lui-même d'un vieux mot germanique qui voulait dire famille.

Les lots ainsi formés, inégaux, parfois, en raison de circonstances dont le détail nous échappera toujours, conformes cependant à un même type d'exploitation, ne couvraient pas tout le finage. Le chef, s'il y en avait un, recevait sans doute davantage. À l'autre bout de l'échelle sociale, divers occupants, placés dans un état d'infériorité vis à vis, des principales familles, peut-être, pour certains, arrivés plus tard, avaient reçu des parts plus faibles que les occupants de plein droit. C'étaient les hôtises ; si l'on en juge par les faits italiens, les *accolae* en particulier doivent avoir été des fragments tardivement arrachés au communal par de petits défricheurs que tolérait le groupe.

Telle était l'institution ancienne dont les États, par la suite, trouvèrent commode de faire la base de leur cadastre. Les seigneurs également, à mesure que leur emprise s'étendait sur les villages, l'utilisèrent à leurs fins. Lorsqu'ils morcelèrent leurs domaines, ils constituèrent pour leurs esclaves chasés de véritables manses ; très probablement les manses serviles, beaucoup moins nombreux, au total, que les ingénuiles, ont été créés à l'imitation de ceux-ci. De même les établissements nouveaux, fondés de toutes pièces par des seigneurs entreprenants, se modelèrent sur les anciens.

L'état des documents et, plus encore, celui des recherches ne permet guère de se faire une idée exacte de l'état des manses dans les pays de champs ouverts et irréguliers. Tout au plus quelques indications nous autorisent-elles à supposer qu'ils y étaient quelquefois, mais non pas, sans doute, toujours, d'un seul tenant [1]. En revanche, dans la plupart des pays d'enclos, la situation est claire, et le contraste avec les pays de champs allongés, frappant à souhait.

Ici encore, qui dit manse, dit exploitation rurale d'un petit groupe humain, probablement familial. Mais il ne s'agit plus d'une entité purement juridique formée par des champs dispersés au sein d'un vaste terroir, auxquels vient s'ajouter l'allocation d'une quote-part dans les droits collectifs. L'exploitation est d'un seul bloc et se suffit à elle même.

Les sources anciennes, dans les régions de ce type, désignent couramment, ce qu'elles ne font presque jamais dans les pays de champs allongés, les *mansi* par leur quatre tenants et aboutissants : preuve manifeste qu'ils étaient tout d'une pièce. En Limousin, où les vicissitudes de cette histoire sont plus qu'ailleurs aisées à suivre, le manse carolingien presque toujours a donné naissance, dans la suite des temps, à un hameau. Il a, dès le haut moyen-âge, son nom, bien à lui, qui a persisté parfois jusqu'à nos jours. Les deux manses de Verdinas et de Roudersas, mentionnés dans un partage du 20 juin 626, sont aujourd'hui deux écarts d'une petite commune creusoise [2]. La cellule familiale, dans ces contrées de sol pauvre et d'occupation lâche, n'est pas restée mêlée à d'autres groupes ; elles s'est fait son établissement à part. (pl. XVII).

***

L'antithèse entre les deux espèces, de manses — morcelés ou d'un seul tenant — s'exprime dans le contraste de leurs destinées.

Dès les débuts du moyen-âge, hors des pays d'enclos, le manse nous apparaît en pleine décadence. Il cesse d'être indivisible, ce qui pour lui, pratiquement, était cesser d'être. Par aliénation, ou autre-

---

1 Il y aurait toute une recherche à faire, d'un intérêt capital, sur les manses d'une seule pièce, révélés par l'indication des tenants et aboutissants. J'en trouve, non sans surprise, dans l'Oscheret, en Bourgogne : PÉRARD, *Recueil de plusieurs pièces curieuses*, 1664, p. 155.
2 F. LOT, dans *Mélanges d'histoire offerts à H. Pirenne*, 1926, p. 308. Exemple d'un manse d'un seul tenant, dans l'Ouest : *Cartulaire de la cathédrale d'Angers*, éd. URSAU, n° XX. Il y aurait lieu d'étudier de près le *ran* breton, peut-être analogue au manse.

ment, des fragments, de toutes parts, s'en détachent. Cela, peut-être, dès le VIe siècle, où l'on voit Grégoire de Tours observer que la « division des possessions » gênait la perception du tribut foncier. En tout cas, dès le règne de Charles le Chauve. Un édit de ce roi, du 25 juin 864, se plaint que les colons aient pris l'habitude de vendre la terre du manse, en ne conservant que la maison. Visiblement, s'ils avaient aliéné des unités entières — bâtiments et champs à la fois — on n'eût pas songé à leur en faire grief. Le mal vient de la rupture du manse, « destruction » et « confusion » des seigneuries. Elle rend impossible la perception correcte des redevances. Pour que cesse ce désordre, les manses récupèreront tout ce qui leur a été arraché sans l'assentiment du seigneur. Vaines défenses ! Vers la même époque, dans une *villa* du Parisis, sur les trente-deux exploitants qui se partageaient douze manses ingénuiles, onze habitaient en dehors de la seigneurie [1]. Probablement, ce fut cet effritement et, par suite, l'accroissement des tenures non amansées qui amena le gouvernement, en 866, à essayer, pour la première fois, de taxer les hôtises, jusque là tenues pour négligeables. Déjà auparavant, quelques tentatives avaient été faites pour percevoir certaines contributions non plus par manses, mais par ménages (*casatae*) [2].

A partir du XIe siècle, le manse se fragmente si bien que peu à peu il disparaît. Plus ou moins tôt selon les régions et les lieux, bien entendu. Des études plus poussées mettront sans doute un jour l'accent sur ces divergences. Dans l'Anjou, en 1040, on distingue encore nettement les manses et les bordes ; de même dans le Roussillon, au XIIe siècle, mais sans que là, désormais, le sens de cette différence paraisse bien clairement compris. En 1135, à Villeneuve-le-Roi, en Parisis, il est fait mention d'un demi-manse. En 1158, à Prisches en Hainaut, entre 1162 et 1190 à Limoges et à Fourches, au sud de Paris, les redevances sont assises par manse ou demi-manse. En 1234, à Bouzonville et Bouilly, dans l'Orléanais, il demeure interdit, sinon précisément de partager les « masures » (le mot ici désigne toute l'exploitation, champs compris, et équivaut à manse), du moins de les morceler autrement qu'en fractions fixes

---

[1] *Polyptyque des Fossés*, c. 14.
[2] Le sens de *casata*, ménage, est bien précisé par une lettre du pape Zacharie qui lui donne comme synonyme *conjugio servorum* (*servus* étant pris ici dans le sens large : dépendant de la seigneurie) ; cf. E. LESNE, *Histoire de la propriété ecclésiastique*, t. II, 1, 1922, p. 41 et suiv.

(jusqu'au cinquième). En Bourgogne, dans la châtellerie de Semur, à la fin du XVe siècle, la tradition subsiste, plus ou moins vague, que l'on ne peut démembrer les meix [1]. Mais de pareils cas sont alors, et depuis longtemps, exceptionnels ; bientôt on n'en rencontrera plus. Désormais — et le plus souvent dès le XIIe siècle — c'est sur chaque parcelle, prise à part, que pèsent les rentes foncières ; sur la maison, les redevances de la basse-cour ; sur l'homme ou le ménage, la corvée. Du même coup, plus de fixité ni, entre les tenures, de rapports stables : elles s'agrandissent, se divisent au gré de leurs possesseurs, sous la seule condition — s'il s'agit d'aliénation — d'un assentiment seigneurial de plus en plus rarement refusé.

Un peu partout en Europe, l'unité agraire originelle, de quelque nom qu'on la nomme, s'est ainsi progressivement détruite. Mais en Angleterre et en Allemagne, beaucoup moins rapidement que dans les terroirs ouverts de la France. Lorsque la *hide* anglaise, encore fréquemment mentionnée au XIIIe siècle, disparaît enfin, c'est pour laisser derrière elle tout un système de tenures régulières et fixes : d'une vergée (ou quart de *hide*), d'une bovée (ou huitième de *hide*). En Allemagne la *hufe* ne s'évanouit, à partir du XIIIe siècle également — et souvent plus tard —, que pour être remplacée, en beaucoup de lieux, par des tenures, plus disparates, mais elles aussi indivisibles, en vertu de règles de succession qui, parfois demeurées en vigueur jusqu'à nos jours, assurent l'héritage à un seul des ayants-droit. En France, de pareilles interdictions de partage, sur les tenures roturières, ne furent guère en vigueur que dans certaines seigneuries bretonnes, où elles jouaient au profit du plus jeune fils [2]. Dans la plus grande partie de notre pays, en somme, la seigneurie et la communauté rurale avaient, dès le XIIe siècle, tout à fait cessé d'être de beaux édifices ordonnés, aux cases régulières

---

1 Bibl. Nat., nouv. acqu. lat. 1930, fol. 28 v° (Anjou). — TARDIF, Cartons des rois, n° 415 et Arch. Nat. S 20712, n° 13 (Villeneuve-le-Roi). — *Revue belge de philologie et d'histoire*, 1923, p. 337 (Priches). — Arch. Nat., L L 1351 fol. 7 (Limoges et Fourches). — Arch. Loiret, H 30², p. 438 et Arch. du Cher, fonds de Saint-Benoît-sur-Loire, cartulaire non coté, fol. 409 v° (communiqué par MM. Prou et Vidier ; Bouzonville et Bouilly). — FLOUR DE SAINT GENIS, dans *Bulletin du Comité des travaux historiques, Section des Sciences économiques*, 1896, p. 87 (Semur).

2 Exemples analogues dans les Pays-Bas. Cf. G. DES MAREZ, *Le problème de la colonisation franque*, 1926, p. 165. Pour la Lorraine, tentatives — sans beaucoup de succès — de tenures fixes : CH. GUYOT, *Le Lehn de Vergarille*, dans *Journal de la Société d'archéologie lorraine*, 1886.

et stables. Le manse, en général, sous ses appellations diverses, est une institution européenne ; son effacement précoce et sans traces, un fait proprement français.

Certainement, cette transformation ne peut s'expliquer que par des raisons qui touchent au plus profond de la vie sociale. Nous connaissons mal — beaucoup trop mal — l'histoire de la famille médiévale. Pourtant on entrevoit, depuis le haut moyen-âge, une lente évolution. Le groupe des personnes alliées par le sang — le lignage — demeure très fort. Mais ses limites perdent toute précision et les obligations, qui lient ses membres, de contraintes juridiques tendent à passer au rang de simples contraintes morales et presque d'habitudes. La vendetta reste un devoir imposé par l'opinion publique, mais sans qu'il existe aucune règle exacte de solidarité criminelle, active ou passive. L'usage de tenir le sol indivis entre père et enfants, entre frères, même entre cousins, garde beaucoup de vigueur ; mais ce n'est, en effet, qu'un usage : la propriété individuelle est pleinement reconnue par les lois et coutumes et la parentèle n'a d'autre droit établi que, en cas d'aliénation, un privilège de préemption. Naturellement, ce groupe, aux contours moins nets et que ne maintient plus une forte pression juridique, est beaucoup plus sujet à se désagréger. A la solide et vaste famille patriarcale tend à se substituer, comme centre de vie commune, la famille conjugale, essentiellement constituée par les descendants d'un couple encore vivant. Comment s'étonner si le rigide cadre terrien de l'ancienne famille patriarcale disparaît en même temps ? Dès l'époque carolingienne, le manse français est occupé fréquemment par plusieurs ménages qui font feu à part et n'ont peut-être d'autre lien que la solidarité fiscale imposée par le seigneur : sur la seigneurie de Boissy, dépendant de Saint-Germain-des-Prés, jusqu'à 182 feux pour 81 manses. C'était l'indice d'un effritement par le dedans. Mais alors le manse était, tant bien que mal, préservé comme entité indivisible par l'action à la fois de l'État et du pouvoir seigneurial. Or, en France, de bonne heure, le premier de ces soutiens lui fit défaut. Tandis qu'en Angleterre la survivance, jusqu'en plein XIIe siècle, d'un système d'impôt fondé sur la *hide* contribua assurément à la durée de cette institution, tout effort de contribution publique, dans la Gaule, s'arrête au début du Xe. Quant aux seigneurs, les changements décisifs que subirent, du Xe au XIIe siècle, leurs méthodes d'exploitation, par suite de la décroissance des corvées — trait, lui aussi, propre à notre pays — expliquent qu'ils aient laissé mourir l'ancienne unité de perception. Pourquoi s'y attacher, puisque la matière même des charges s'était modifiée ? Les, vieux polyptyques étaient pleins de dispositions périmées ; leur langage, d'ailleurs — comme l'avouait, vers la fin du XIIe siècle, le moine qui copia ou résuma celui de Saint-Père de Chartres — était devenu à peu près inintelligible ; ils cessèrent d'être consultés et ne purent, par conséquent, aider à perpétuer les normes du passé. Une famille réduite à un cercle plus étroit et plus changeant, la ruine de toute fiscalité publique, des seigneuries intérieurement toutes transformées, tels sont, autant qu'on peut le voir, les divers phénomènes, très graves et un peu mystérieux, qu'exprime ce fait en apparence si menu : un censier du IXe siècle procède par manses, un censier du XIIIe ou du XVIIIe champ par champ ou ménage par ménage.

Du moins, les choses se passèrent ainsi là où le manse, formé d'une multitude de champs épars, n'était pas clairement inscrit sur le sol. Dans une unité de cette sorte, il y avait quelque chose d'arbitraire, et, par suite, de fragile. Dans les pays d'enclos, au contraire, où le manse était d'un seul tenant, sa division entre plusieurs exploitations distinctes n'entraîna pas forcément sa disparition. C'est ce qu'on aperçoit clairement en Limousin. Là — chaque famille conjugale, ou presque, ayant élevé sa maison et pris sa part des terres — au manse carolingien, isolé dans la campagne, succéda un hameau, de même isolé. Ainsi dans la Norvège, qui ignore également l'habitat aggloméré, les vieilles communautés patriarcales se dispersant, on vit, plus d'une fois, la vaste ferme ancestrale — l'*aettegaard* — se décomposer en une poignée d'habitations indépendantes [1]. Mais le hameau limousin continua longtemps, jusqu'aux temps modernes, à porter l'antique nom de *mas*. Au regard de l'administration seigneuriale, il n'avait pas cessé de le mériter : car, des charges qui pesaient sur lui, les habitants demeuraient solidairement responsables. (pl. XVII). De même, la montagne languedocienne a connu, presque jusqu'à nos jours, les *mas* ou *mazades*, hameaux dont les « parsonniers » persistèrent, pendant des siècles, à posséder le sol en commun. Pourtant, là même, la dis-

---
[1] Magnus Olsen, *Farms and fanes of ancient Norway*, 1928, p. 48.

solution devait venir. Au XVIIIe siècle, la propriété commune des mazades semble s'être en général réduite aux friches et aux bois ; la terre cultivée avait été divisée. Et, en dépit d'une solidarité maintenue d'en haut, l'unité économique véritable, dans le mas limousin, était désormais la famille au sens étroit du mot [1].

***

Du manse en effet au simple, ménage, la communauté familiale a formé., à peu. près partout, la transition. On l'appelait souvent communauté taisible (c'est à dire tacite), parce qu'elle se constituait, en règle générale, sans convention écrite, — souvent aussi « freresche », ce qui signifie groupe de frères. Les enfants, même mariés, demeuraient auprès des parents et, ceux-ci disparus, continuaient fréquemment à vivre ensemble, « à feu et à pot », travaillant et possédant en commun. Parfois quelques amis se joignaient à eux, par un contrat de fraternité fictive (affrairement) [2]. Plusieurs générations habitaient sous le même toit : jusqu'à dix couples et soixante-dix individus dans une maison du pays de Caen — d'ailleurs exceptionnellement dense — que citait, en 1484, un député aux États Généraux [3]. Ces usages communautaires étaient si répandus qu'une des institutions fondamentales du servage français, la mainmorte, finit par reposer sur eux. Inversement, la conception même du droit de mainmorte contribua, dans les familles serviles, à conseiller l'indivision : une fois la communauté rompue, l'héritage risquait bien davantage de revenir au seigneur. Là où l'impôt se percevait par feux, la crainte du fisc avait un effet semblable : en multipliant les demeures séparées, on multipliait les cotes. Pourtant si vivaces fussent-elles, ces petites collectivités n'avaient rien d'obligatoire, ni d'immuable. Des individus, d'humeur plus indépendante que les autres, s'en détachaient sans cesse, et en détachaient des champs : ce sont les *foris familiati* du moyen-âge, « mis hors pain » parfois titre pénal, souvent aussi de leur propre gré.

1 Sur le mas limousin, notes communiquées par M. A. Petit et recherches personnelles. Sur les mazades, article, d'ailleurs très insuffisant, de J. BAUBY, dans *Recueil de l'Académie de législation de Toulouse*, t. XXXIV. En Bretagne il semble y avoir eu des hameaux de « parsonniers » ; mais peut-être étaient-ils issus des simples communautés familiales dont il sera question ci-dessous ; le problème n'a pas été étudié de près — cf. *Annales de Bretagne*, t. XXI, p. 195.

2 CH. DE RIBBE, *La société provençale*, p. 387 ; R. LATOUCHE, *La vie en Bas-Quercy*, p. 432.

3 JEHAN MASSELIN, *Journal des États Généraux*, éd. A. BERNIER, 1835, p. 582-584.

Chapitre V

Et forcément un moment arrivait où la ruche se divisait, définitivement, en plusieurs essaims. La communauté taisible n'avait pas pour soutien l'armature d'une terre légalement indivisible.

Elle disparut à son tour. Lentement, comme s'efface un usage, et à des dates infiniment diverses selon les provinces. Autour de Paris, semble-t-il, dès avant le XVIe siècle elle avait à peu près cessé d'être pratiquée. Dans le Berry, par contre, le Maine, le Limousin, dans toute une partie du Poitou, on la trouvait encore en pleine vigueur à la veille de la Révolution. Une étude d'ensemble, qui mettrait en lumière ces contrastes, jetterait la plus vive lumière sur ce sujet si mal connu et si passionnant : les diversités régionales de la structure sociale française. Un fait, dès maintenant, ressort clairement : comme le manse, la communauté familiale s'est maintenue avec une ténacité particulière dans les pays d'habitat dispersé. Dans le Poitou, aux abords du Massif Central, certains plans seigneuriaux du XVIIIe siècle montrent le sol divisé en « freresches » [1]. Quelques unes de celles-ci, se fragmentant, ont donné, tout comme des mas limousins, naissance à des hameaux (pl. XVIII) : car partout la dissolution de ces antiques communautés eut pour résultat d'accroître le nombre des maisons ; chaque couple, désormais, veut son toit [2]. Parfois, dans ses contrées qui ne connaissent point le gros village, l'exploitation familiale a survécu jusqu'à nos jours. Ce n'est pas hasard si, dans la littérature romanesque, les Agrafeil d'Eugène Leray sont périgourdins et les Arnal d'André Chamson, cévenols.

Revenons aux pays ouverts. Là, sur la constitution même des terroirs, l'existence d'abord, puis la disparition de ces groupes communautaires exercèrent une grande influence. Morcellement, fléau de l'exploitation rurale ! qui n'a entendu, pieusement transmise des économistes du XVIIIe siècle à ceux des XIXe et XXe, cette plainte mille fois répétée ? Depuis le siècle dernier, elle s'accompagne ordinairement de sanglants reproches à ce pelé, ce tondu : le Code Civil. Celui-ci, en effet, par le partage égal des successions, n'a-t-il pas causé tout le mal ? Encore si les ayants-droit se répartissaient des parcelles entières. Mais chacun, assoiffé d'égalité, exige un morceau de chaque champ et la fragmentation se poursuit à l'infini.

[1] Voir, aux Arch. de la Vienne, série des plans, les très curieux plans d'Oyré et d'Antogné (XVIIIe siècle ?).
[2] Excellentes remarques, à ce sujet, dans L. LACROCQ, *Monographie de la commune de La Celle-Dunoise*, 1926.

Que le morcellement soit un grave inconvénient, un des obstacles les plus redoutables auxquels se heurtent, dans notre pays, les progrès d'une agriculture vraiment rationnelle, d'accord. Qu'il tire son origine uniquement des partages successoraux, non certes. Il remonte à l'occupation même du sol, et les premiers responsables en sont peut-être les agriculteurs néolithiques. Pourtant on ne saurait guère douter que les partages, peu à peu, ne l'aient aggravé. Mais le Code Civil en est bien innocent. Car il n'a rien innové : il s'est borné à suivre les vieilles coutumes provinciales qui, pour la plupart, mettaient tous les héritiers sur le même rang ; le droit d'aînesse, en France — à la différence de l'Angleterre — est toujours resté un privilège nobiliaire, là même, d'ailleurs, beaucoup moins impérieux qu'on ne l'a parfois imaginé. Quant au testament, il n'était absolument libre nulle part et, même limité, il ne semble guère avoir été en usage dans les campagnes. Il est bien vrai, cependant, qu'aux temps modernes et de plus en plus rapidement sans doute à mesure qu'on se rapproche de nos jours, le morcellement a marqué de larges progrès. Mais les lois, qui n'ont pas changé, n'y sont pour rien. L'évolution des mœurs a tout fait. Lorsque les héritiers vivaient en « freresche », ils n'avaient aucune raison de sectionner les champs ancestraux, déjà, comme l'on sait, fort étroits et fort dispersés. Les antiques communautés familiales peu à peu dissoutes, les parcelles dans les labours, comme les maisons dans les villages, se sont multipliées. Tant il est vrai que les aspects matériels de la vie champêtre, dans leurs vicissitudes, ne sont jamais que le reflet des transformations subies par les groupes humains.

2. La communauté rurale ; le communal.

Les divers individus ou les diverses familles qui exploitaient le même terroir et dont les maisons s'élevaient, proches les unes des autres, dans le même hameau ou le même village, ne vivaient pas seulement côte à côte. Unis par une foule de liens économiques et sentimentaux, ces « voisins » — c'était partout, à l'époque franque, ce fut toujours, en Gascogne, leur nom officiel — formaient une petite société, la « communauté rurale », aïeule de la plupart des communes — ou sections de communes — d'aujourd'hui.

Communauté : à dire vrai, les documents anciens, jusqu'au XIIIe siècle, ne prononcent guère ce mot. D'une façon générale, ils parlent beaucoup de seigneurie ; du corps des habitants, presque jamais. Serait-ce donc qu'il fut un temps où la seigneurie avait réduit à néant la vie propre du groupe ? On a pu le croire. Mais l'expérience négative, en histoire, ne vaut qu'à une condition : s'assurer que le silence des textes tient aux faits, non aux témoins. Or, les coupables, ici, sont les témoins. Presque toutes nos sources ont une origine seigneuriale ; les communautés, pour la plupart, ne tinrent pas d'archives avant le XVIe siècle. Bien plus : l'essentiel de leur existence s'écoula, pendant longtemps, en marge du droit officiel ; elles furent des associations de fait bien avant d'être des personnalités légales. Le village, comme disait Jacques Flach, durant des siècles fut, dans nos sociétés, un « acteur anonyme ». Bien des indices, pourtant, révèlent qu'il vécut et agit.

Dans l'espace, la communauté rurale se définit par les limites d'un terroir sujet à diverses règles d'exploitation communes (règlements de culture temporaire, de pâture sur le communal, dates de moissons, etc.) et, surtout, à des servitudes collectives au profit du groupe des habitants ; ses frontières étaient particulièrement nettes dans les pays ouverts, qui étaient, en même temps, pays d'habitat fortement aggloméré. La seigneurie comprenait l'étendue soumise aux redevances et services envers un seul et même maître et sur laquelle il exerçait ses droits d'aide et de commandement. Les deux contours coïncidaient-ils ? Quelquefois, certainement, en particulier dans les villes neuves créées de toutes pièces. Mais non point toujours ni même, peut-être, le plus souvent. Sans doute, les renseignements sont surtout précis pour les époques relativement basses, alors que le jeu des aliénations et surtout des inféodations avait fragmenté un grand nombre des antiques seigneuries. Mais déjà la *villa* franque comprenait souvent des manses dispersés entre divers finages. La même observation a été faite dans tous les pays de l'Europe où a fonctionné le régime seigneurial. S'il est vrai que les seigneurs francs ou français doivent être tenus pour les lointains héritiers d'anciens chefs de villages, il faut ajouter qu'apparemment, dans le même lieu, plusieurs pouvoirs distincts ont pu se développer. En tout cas cette simple constatation, d'ordre topographique, proteste déjà contre l'idée que la communauté ait jamais pu être complètement absorbée par la seigneurie. Conscient de son unité, le groupe rural, comme le groupe urbain, sut parfois réagir vigoureusement contre le morcellement seigneurial : à Hermonville, en Champagne, le village et son territoire étaient divisés entre huit ou neuf mouvances, dont chacune avait sa justice ; mais, à partir de 1320 au moins, les habitants, sans distinction de seigneurie, se donnèrent des jurés communs, de qui dépendait la police agraire [1].

Ce fut surtout en s'opposant à ses ennemis que la petite collectivité campagnarde, non seulement prit d'elle-même une conscience plus ferme, mais parvint peu à peu à forcer la société entière à admettre son vouloir-vivre.

En s'opposant à ses maîtres, d'abord, et souvent par la violence. « Que de serfs » s'écriait, au XIIIe siècle, un prédicateur, « ont tué leurs seigneurs ou incendié leurs châteaux [2] ! » « Esclaves » flamands dont un capitulaire de 821 dénonce les « conjurations », rustres normands massacrés, vers l'an mil, par l'ost ducal, paysans du Sénonais qui, en 1315, firent choix, pour les commander, d'un « roi » et d'un « pape », Jacques et Tuchins, au temps de la Guerre de Cent Ans, ligues du Dauphiné, écrasées à Moirans en 1580, « Tards Avisés » du Périgord, sous Henri IV, croquants bretons branchés par le « bon duc » de Chaulnes, brûleurs de châteaux et de chartiers, pendant l'ardent été de 1789, autant d'anneaux — et j'en passe — d'une longue chaîne tragique. Devant le dernier épisode du drame — les désordres de 1789 —, Taine, surpris et choqué, a prononcé le mot d'« anarchie spontanée ». Vieille anarchie en tout cas ! Ce qui, au philosophe mal informé, semblait un scandale nouveau, n'était guère que la répétition d'un phénomène traditionnel et depuis longtemps endémique. Traditionnels aussi les aspects, presque toujours pareils, de la rébellion : rêves mystiques, sentiment primitif et fort d'une égalité évangélique, qui n'attendit pas la Réforme pour hanter les esprits des humbles ; — dans les revendications, mélange de demandes précises et qui souvent vont loin avec une multitude de petits griefs et de projets de réforme parfois bouffons (le *Code païsant* breton de 1675 réclame tout d'un trait la suppression des dîmes, remplacées par un traitement fixe aux curés, la restriction des droits de chasse et de banalité et que du

---

[1] G. ROBERT, dans *Travaux de l'Acad. de Reims*, t. CXXVI, p. 257.
[2] JACQUES DE VITRY, *Exempla*, éd. CRANE, 1890, p. 64, n° CXLIII.

tabac, acheté avec l'argent de l'impôt, soit désormais distribué, à la messe, avec le pain bénit, « pour la satisfaction des paroissiens » [1]) — enfin, à la tête des manants « à la nuque dure », comme disent les vieux textes, de ce peuple « impatient de souffrir subgection de seigneurie », dont nous parle Alain Chartier, presque toujours quelques prêtres de Campagne, souvent aussi malheureux, ou peu s'en faut, que leurs paroissiens, plus capables qu'eux de voir leurs misères sous l'espèce d'un mal général, prêts, en un mot, à jouer vis à vis des masses souffrantes ce rôle de ferment que, de tout temps, les intellectuels ont tenu. Traits européens, à vrai dire, autant que français. Un système social ne se caractérise pas seulement par sa structure interne, mais aussi par les réactions qu'il provoque ; un système fondé sur le commandement peut, à certains moments, comporter des devoirs réciproques d'aide, sincèrement accomplis, à d'autres, des deux parts, de brutaux accès d'hostilité. Aux yeux de l'historien, qui n'a qu'à noter et à expliquer les liaisons des phénomènes, la révolte agraire apparaît aussi inséparable du régime seigneurial que, par exemple, de la grande entreprise capitaliste, la grève.

Presque toujours vouées à l'échec et au massacre final, les grandes insurrections étaient, de toute façon, trop inorganiques pour rien fonder de durable. Plus que ces feux de paille, les luttes patientes et sourdes, obstinément poursuivies par les communautés rurales, devaient être créatrices. Une des plus vives préoccupations paysannes, au moyen-âge, fut de constituer solidement le groupe villageois et d'en faire reconnaître l'existence. Quelquefois, ce fut par le biais d'une institution religieuse. De la paroisse, dont le territoire tantôt correspondait à celui d'une seule communauté, tantôt englobait à la fois plusieurs finages, le seigneur — disons mieux, un des seigneurs — s'était rendu maître ; il nommait ou proposait à l'évêque le curé, il exploitait à son profit plus d'une redevance qui eût dû revenir au culte. Mais précisément parce qu'il se préoccupait plutôt de tirer avantage de ces droits que de les employer à leur destination véritable, les paroissiens se trouvèrent amenés à prendre en mains, à sa place, les intérêts qu'il négligeait et, spécialement, l'entretien même de l'église. Celle-ci, le seul édifice à la fois vaste et solidement bâti qui s'élevât au milieu des chaumières, ne

---

[1] La Borderie, *La révolte du papier timbré*, 1884, p. 93 et suiv.

servait-elle pas, en même temps que de maison de Dieu, de maison du peuple ? On y tenait les assemblées chargées de délibérer sur les affaires communes — à moins qu'on ne se contentât, pour cela, de l'ombre donnée par l'ormeau du carrefour ou qu'on ne choisît, tout simplement, pour lieu de réunion, les gazons du cimetière — ; parfois, au grand scandale des docteurs, on y engrangeait le trop plein des récoltes ; on s'y réfugiait, voire s'y défendait, en cas de danger. L'homme du moyen-âge était, plus, que nous, enclin à traiter le sacré avec une familiarité qui n'excluait pas le respect. En beaucoup de lieux, dès le XIIIe siècle au plus tard, se constituèrent, pour l'administration de la paroisse, les « fabriques », comités élus par les paroissiens et reconnus par l'autorité ecclésiastique : occasion pour les habitants de se rencontrer, de débattre les intérêts communs, en un mot de prendre conscience de leur solidarité [1].

Mieux encore que ces organismes paroissiaux, dont les fins étaient nettement tracées et le caractère franchement officiel, une autre association d'ordre religieux, la confrérie, plus spontanée et plus souple, permettait, tout en pourvoyant à des besoins spirituels, de tenir les volontés bandées pour une action commune, voire de masquer des desseins quasiment révolutionnaires. Vers 1270 les gens de Louvres, au nord de Paris, formèrent une union de cette sorte. Ses objets avoués, si innocents fussent-ils, dépassaient déjà la simple piété : bâtir une église et payer les dettes de la paroisse, sans doute, mais aussi entretenir routes et puits. Ce n'était pas tout. Elle se proposait aussi de « conserver les droits du village » : entendez de les défendre contre les maires, agents du seigneur-roi. Un serment liait ses membres. Ils avaient une caisse commune, alimentée par une contribution, que l'on payait en blé. Au mépris de la justice seigneuriale, ils élisaient des « maîtres », chargés de pacifier les différends. Au mépris du droit de ban, qui eût dû n'appartenir qu'au seigneur, ils édictaient des règlements de police que sanctionnaient des amendes. Quelque habitant faisait-il difficulté de se joindre à eux ? ils le boycottaient, en refusant de lui louer

---

[1] Dans la Normandie, en 1660, les trésoriers des fabriques rurales participèrent à l'élection des députés du Tiers aux États provinciaux : cf. M. BAUDOT, dans *Le Moyen-Age*, 1929, p. 257. Par ailleurs, bien avant la constitution officielle des fabriques, on voit les fidèles participer à l'administration de la fortune de la paroisse : exemple — entres autres — du début du XIIe siècle, B. GUÉRARD, *Cartulaire de Saint-Père de Chartres*, t. II, p. 281, n° XXI.

leurs bras : arme classique des haines villageoises [1].

Mais ce n'étaient là, après tout, que des chemins détournés. Groupes laïques, par nature, c'est en tant que tels que les communautés rurales devaient s'élever au rang de collectivités régulièrement constituées.

Celles qui, au moyen-âge, atteignirent pleinement ce but, y réussirent en s'inspirant de mouvements d'origine urbaine. Dans beaucoup de villes, on avait vu, aux XIe, XIIe ou XIIIe siècles, les bourgeois s'unir entre eux par un serment d'entre-aide : acte, nous l'avons déjà noté, véritablement révolutionnaire, et conçu comme tel par tous les esprits attachés à l'ordre hiérarchique. Car cette promesse d'un genre nouveau, au lieu de consacrer, à l'imitation des vieux serments de fidélité et d'hommage, des relations de dépendance, ne liait que des égaux. L'association jurée, « l'amitié » ainsi formée, s'appelait « commune », et lorsque ses membres étaient assez puissants, assez habiles et par surcroît assez heureusement secondés par les circonstances, ils arrivaient à faire reconnaître par le seigneur, dans un acte exprès, l'existence et les droits du groupe. Or, campagnes et villes ne formaient pas des mondes à part. Mille liens unissaient les individus — des bourgeois de Paris négocièrent, sous saint Louis, l'affranchissement des serfs ruraux du chapitre de Notre-Dame — et parfois se nouaient entre les groupements : les villages royaux de l'Orléanais avaient été libérés du servage, sous Louis VII, par la même charte que la cité et, sans doute, à frais communs. Aussi bien, de la ville au village la démarcation était, à l'ordinaire, fort incertaine : que de bourgs de commerce ou de métiers qui étaient, en même temps, à demi agricoles ! Plus d'une agglomération purement rurale, à son tour, chercha à se constituer en commune ; beaucoup plus, probablement, que nous ne le saurons jamais : car la plupart de ces efforts échouèrent, et par là, nous échappent. Nous ne connaissons que par quelques interdictions, prononcées par les seigneurs, les tentatives communales dans les campagnes de l'Ile-de-france, au XIIIe siècle. Une poignée de paysans, dans un lieu tout ouvert, n'avait ni le nombre, — ni la richesse, ni la tenace solidarité d'une collectivité de marchands, coude à coude derrière les murailles de leur ville. Pourtant quelques villages, ou ligues de villages, — on parait, par

---

1 *Layettes du Trésor des Chartes*, t. V, n° 876.

la confédération, à la faiblesse du nombre —, ça et là, conquirent une charte de commune. Dans les pays de Langue d'Oc, où la commune fut toujours plus rare, c'est par le nom de « consulats » que l'on prit l'habitude de désigner, à partir du XIIIe siècle, celles des villes qui avaient obtenu une relative autonomie. Or parmi ces consulats — aux XIVe et XVe siècles surtout — se glissèrent, en grand nombre, des groupes plus ruraux qu'urbains, parfois même de purs villages : de ces villages du Midi, d'ailleurs, qui serrés autour de leur place publique, ont un aspect et une mentalité de petite ville [1]. Commune ou consulat, la collectivité qui a conquis l'un ou l'autre de ces titres devient un organisme permanent, qui ne meurt pas avec ses membres transitoires ; les juristes, qui sur le modèle romain, élaborent à nouveau, depuis le XIIIe siècle, une théorie de la personnalité morale, la reconnaissent pour un être collectif, une *universitas*. Elle a son sceau, signe de l'individualité juridique, ses magistrats, nommés par les habitants, sous un contrôle seigneurial plus ou moins actif. En un mot, elle a conquis, en tant que société, sa place au grand soleil du droit.

Mais la plupart des villages ne se haussèrent jamais jusque là. Les chartes de franchise que les seigneurs accordèrent, en assez grand nombre, à partir du XIIe siècle, n'étaient pas des chartes de commune. Elles fixaient la coutume ancienne, et souvent la modifiaient à l'avantage des manants. Elles ne donnaient point naissance à une personne collective. Quelques juristes, comme, en 1257, Gui Foucoi, pape plus tard sous le nom de Clément IV, pouvaient bien affirmer que « toute multitude d'hommes habitant dans une agglomération » doit forcément être tenue pour une « université », capable d'élire des représentants [2]. Cette thèse libérale ne fut pas généralement suivie. Aux communautés demeurées sans acte constitutif, les idées juridiques, pendant longtemps, ne concédèrent qu'une existence passagère. Les habitants ont-ils à régler quelque intérêt commun à traiter, par exemple, avec leur seigneur, de l'achat d'une franchise ou bien à se plaindre de quelque

---

1 Le consulat villageois fut surtout languedocien ; mais en Provence, sous le nom de « syndicats », beaucoup de communautés rurales atteignirent très tôt à la personnalité morale. Le village du Midi, véritable *oppidum* méditerranéen, était fort différent de celui du Nord.
2 E. BLIGNY-BONDURAND, *Les coutumes de Saint-Gilles*, 1915, p. 183 ; cf., en ce qui regarde les villes, la thèse soutenue au nom des Lyonnais, *Olim*, t. I, p. 933, n° XXIV.

tort ? Il est, dès le XIIIe siècle au plus tard, officiellement reconnu (l'usage même était beaucoup plus ancien) qu'ils peuvent, à la majorité, conclure un accord, décider une dépense ou une action en justice — à laquelle les cours royales feront parfois bon accueil, même si elle est dirigée contre le seigneur justicier — et, pour l'une ou l'autre de ces fins, élire des mandataires, que l'on appelle, habituellement, « procureurs » ou « syndics ». Logiquement, décisions et mandats n'eussent dû avoir d'effet que sur les individus qui les avaient votés. Pourtant le plus illustre juriste du XIIIe siècle, Beaumanoir, qui était un haut fonctionnaire, admettait que la volonté du plus grand nombre engageait la collectivité tout entière. A une condition toutefois : que la majorité comprît quelques uns des plus riches. Cela, sans doute, parce qu'on ne voulait pas permettre aux pauvres d'écraser les « mieus soufisans » ; mais aussi en vertu de cette tendance censitaire qui inspirait généralement la monarchie dans ses rapports avec les milieux urbains et devait encore, à la fin de l'Ancien Régime, guider la politique de l'administration vis à vis des assemblées rurales. La terminologie traduisait l'imprécision du droit : de quel nom appeler ces associations d'existence incertaine ? En 1365, les paysans de quatre villages champenois appartenant à une même paroisse et habitués à agir en société avec un cinquième, en l'espèce récalcitrant, S'attirèrent de graves désagréments pour s'être laissés aller à désigner leur union par les mots de « corps » et « commune » ; ils durent expliquer au Parlement qu'ils n'avaient pas employé ces termes « au propre », mais uniquement pour signifier, tant bien que mal, qu'il ne s'agissait pas des individus pris « un à un » [1]. Les textes juridiques, cependant, s'habituèrent de bonne heure à intituler les « compagnies » qui étaient partie aux procès, non certes communes, mais non plus, comme l'eût voulu la négation de toute personnalité morale, tels et tels, résidant à tel endroit ; ils disaient ordinairement « la communauté » du lieu : formule déjà lourde de sens. Seulement, une fois l'affaire terminée, procureurs ou syndics se perdent dans la foule, et le groupe, en apparence, rendre dans le néant ou, du moins, dans le sommeil.

Peu à peu, cependant, ces institutions représentatives — assemblée des habitants, procureurs ou syndics — se stabilisèrent. La

---

[1] G. ROBERT, *L'abbaye de Saint-Thierry et les communautés populaires au moyen-âge*, 1930 (extrait des *Travaux de l'Acad. Nationale de Reims*. t. CXLII, p. 60).

fiscalité seigneuriale déjà faisait appel, en bien des cas, à la collaboration des manants, chargés, à l'ordinaire, de répartir eux-mêmes, entre les ménages, la taille ou les droits analogues. La fiscalité royale prit la suite de ces habitudes. Aussi bien comment un pouvoir central, qui refusait d'être à la merci des seigneurs, eût-il pu se passer de s'appuyer sur les groupes locaux ? Déjà, avant le triomphe de l'anarchie féodale, la royauté carolingienne avait essayé de confier la surveillance des monnaies et mesures à des « jurés » élus par les habitants [1]. Dans la France redevenue monarchique, à mesure que se développaient les autorités administratives, elles furent amenées à recourir, de plus en plus fréquemment, aux communautés, pour toutes sortes d'objets de police, de milice ou de finances. Elles se trouvaient, du même coup, conduites à en régulariser le fonctionnement. Sous l'Ancien Régime, au XVIIIe siècle surtout — d'où date, pour l'essentiel, notre édifice bureaucratique — une série d'ordonnances, pour la plupart de portée régionale et d'ailleurs plus ou moins efficacement appliquées, organisent les assemblées, en général dans un sens favorable aux paysans aisés, et prévoient la permanence des syndics. Sous une double tutelle : celle du seigneur, celle de l'Intendant. Les habitants pouvaient-ils se réunir sans l'assentiment du seigneur ? Le droit était variable : la coutume de la Haute-Auvergne répondait oui, celle de la Basse, non. Le plus souvent cependant, ce consentement était tenu pour nécessaire, — à moins que celui du représentant du roi ne vînt y suppléer. C'était déjà la solution à laquelle tendait la jurisprudence de la fin de l'époque capétienne [2]. Fréquemment les décisions n'étaient exécutoires qu'une fois homologuées par une cour de justice ou par l'Intendant encore. Il régnait, dans tout cela, beaucoup d'in-

1 *Capitularia*, t. II, n° 273, c. 8, 9, 20.
2 Le Parlement, en mars 1320, cassa une procuration donnée par les habitants des villages de Thiais, Choisy, Grignon, Antony et Villeneuve-Saint-Georges, parce que n'ayant « ni corps ni commune », les habitants auraient dû obtenir d'abord l'assentiment de leur seigneur, l'abbé de Saint-Germain-des-Prés ; mais il se réservait en même temps le droit, si l'abbé, sollicité en pareil cas faisait « défaut », de substituer l'autorisation de la cour à celle du seigneur défaillant : ce qui ouvrirait évidemment la porte à d'assez larges interventions (Arch. Nat., L 809, n° 69). Il serait bien à souhaiter qu'un historien du droit entreprît de retracer l'évolution, à cet égard, de la jurisprudence ; les documents ne manquent pas ; mais jusqu'à ce qu'ils aient été mis en œuvre, il sera impossible de dire, au sujet de cette grave question de doctrine et de fait, rien que de vague et, peut-être, d'erroné (cf. une autre affaire, relative à Saint-Germain-des-Prés, en 1339, Arch. Nat., K 1169A, n° 47bis).

certitude ; les conflits des puissances servaient souvent le village. Il n'en était pas moins vrai qu'en s'insérant officiellement dans l'ordre juridique, il s'engageait, par là même, dans des liens assez étroits. C'était la rançon de son admission définitive dans l'honorable société des personnes morales.

***

Il avait fallu bien des siècles à la communauté rurale pour forcer cette porte. Mais pour être, elle n'avait pas attendu qu'on lui en accordât la permission. La vie agraire ancienne, toute entière, supposait un pareil groupe, fortement constitué. Elle suffit à en déceler l'existence.

Voici, d'abord, dans les pays ouverts, tout le jeu des contraintes collectives : vaine pâture, assolement obligatoire, interdiction de clore. A vrai dire, lorsque ces règles sont enfreintes, ce n'est pas, en général, le village qui juge. Il n'y a, dans l'ancienne France, depuis l'écroulement du système judiciaire franc, d'autres tribunaux que ceux du roi ou des seigneurs. Sans doute — du moins jusqu'au moment où, à des époques fort variables selon les lieux, l'idée que le jugement par les pairs était réservé aux nobles triompha définitivement — il arrivait que des paysans siégeassent aux assises seigneuriales : en plein XIIIe siècle, alors que le mouvement vers le juge unique était déjà largement amorcé, le maire du chapitre de Paris, à Orly, devait, avant de prononcer ses arrêts, prendre le conseil de « bons hommes », certainement choisis parmi les laboureurs [1]. C'est le seigneur cependant, non la collectivité, que représentaient ces magistrats d'occasion. Au moyen-âge, lorsque régnaient encore les vieux usages d'exécution personnelle, il était communément admis que le groupe atteint par certaines infractions pouvait exercer des représailles. Les habitants de Valenton, près de Paris, trouvent-ils, dans le marais commun, un troupeau de moutons, qui n'a point la faculté d'y paître ? ils peuvent, au XIIIe siècle encore, s'emparer d'une des bêtes, l'égorger et la manger [2]. Mais, de plus en plus, ces violences furent remplacées par de simples prises de gages, amorce d'une action en justice qui se terminait devant les tribunaux ordinaires. Légalement, sauf dans quelques villages

---

[1] B. Guérard, *Cartulaire de Notre-Dame de Paris*, t. II, p. 17.
[2] Arch. Nat., L L 1043, fol. 149 v° (1291). Cf. (prise de gages substituée au meurtre des bêtes) règlement de 1211, relatif à Maisons, S 1171. n. 16.

pourvus de franchises exceptionnelles, seul le maître suprême du terroir conserva définitivement le droit de punir, — quitte parfois à devoir abandonner une fraction des amendes à la communauté lésée, dont le penchant naturel, selon des mœurs fort répandues aussi dans les primitives sociétés urbaines, était de convertir cet argent en « buvettes »[1].

Mais les règles elles-mêmes, qui les faisait ? Pour l'essentiel, à dire la vérité, elles n'étaient point « faites ». Car elles étaient coutumières. Le groupe les recevait de la tradition et, par ailleurs, elles se trouvaient si intimement liées à tout un système bien concerté, à la fois matériel et juridique, qu'elles semblaient participer véritablement de la nature des choses. Pourtant, par moments, quelques compléments à l'ordre ancien étaient indispensables : modifier les modalités de la dépaissance, réserver tantôt tel quartier, tantôt tel autre à la pâture privilégiée des bêtes de labour (« embannies ») ; lorsqu'un canton nouveau avait été conquis sur les friches, y fixer la suite des assolements ; parfois même, sur toute une portion du finage, modifier celle-ci ; enfin fixer les dates, forcément variables, de la moisson ou de la vendange. En pareil cas, qui décidait ?

Impossible de donner à cette question une réponse uniforme, même pour une époque ou une région données. Certes, légalement, le seigneur est seul à détenir le droit de commandement, le « ban ». Les villes, à grand peine, ont bien pu lui en arracher une partie ; les villages, jamais, ou peu s'en faut. Mais, en pratique, fût-ce par simple commodité, il était souvent amené à souffrir, de la part du groupe, certaines initiatives, dont la tradition était sans doute millénaire et qui, par le fait même qu'elles avaient été longtemps tolérées, prenaient force de loi. Des circonstances strictement locales décidaient du partage des attributions. En 1536, les moines de Cîteaux prétendent changer la date coutumière du pâturage sur les prés de Gilly ; les habitants, devant les tribunaux, leur en refusent la faculté. En 1356, le sire de Bruyères-le-Châtel, près de Paris, fixe seul la date des vendanges. A Montévrein, non loin de là, ce sont les manants, à condition d'obtenir l'assentiment du seigneur ; de même, à Vermenton, dans l'Auxerrois, où, en 1775, l'agent du seigneur (en l'espèce du roi) s'efforça en vain

---

1 Arch. de la Moselle, B 6337 (Longeville, 18 déc. 1738 ; Many, 8 sept. 1760).

de retirer ce droit à l'assemblée [1]. Rien de plus caractéristique que les usages relatifs à certaines nominations. Parfois les paysans participent à la désignation des officiers même qui sont chargés, au nom du seigneur, de percevoir les redevances ou de rendre la justice ; mais le cas, fréquent en Angleterre, est en France infiniment rare. Beaucoup plus souvent, ils ont leur mot à dire dans le choix des menus fonctionnaires champêtres. A Champhol, près de Chartres, dès le début du XIIe siècle, ils élisent le fournier du four banal. A Neuilly-sous-Clermont, en 1307, le vacher commun. A Rungis, en mai 1241, le maire, représentant du seigneur, établit les gardes des vignes, mais après avoir pris à la fois l'avis du seigneur lui-même et des habitants. A Pontoy, en Lorraine, au XVIIIe siècle, des trois « banguards » — gardes champêtres — les habitants en nomment deux et le seigneur, le troisième. Par contre, tout près de là, le seigneur abbé de Longeville revendique jusqu'au privilège « de choisir des violons pour les festes de tous les villages de la seigneurie » [2]. En somme, parmi toutes ces divergences et le principe du pouvoir seigneurial étant officiellement sauvegardé, l'action du groupe, dans ces petites mais graves questions de discipline rurale, demeurait pratiquement très forte.

Aussi bien n'hésitait-elle pas à s'exercer, au besoin, en dehors de toute forme légale, voire contre toute légalité : notamment dans ces pays de champs ouverts et allongés qu'une vieille tradition, en même temps que leur armature agraire, vouait à une mentalité communautaire facilement tyrannique. Que les servitudes collectives dussent souvent leur principale force à la puissance d'une opinion publique, capable, à l'occasion, de substituer à une pression purement morale d'efficaces violences, c'est ce que nous savons déjà. Mais sans doute l'expression la plus significative, dans les masses rurales, de cet esprit véritablement indomptable d'union et de résistance nous est-elle donnée, aux temps modernes, par

---

1 *Revue Bourguignonne d'enseignement supérieur*, 1893, p. 407. — L. Merlet et A. Moutié, *Cartulaire de Notre-Dame des Vaux-de-Cernay*, t. II, n° 1062. — Arch. Nat., L 781, n° 12 et LL 1026, fol. 127 v° et 308. — 1858, *Bulletin de la soc. des sciences historiques ... de l'Yonne*, t. XXX (1876), 1re partie, p. 93.
2 L. Delisle, *Études sur la condition de la classe agricole*, p. 105, et *Olim*, t. III, 1, p. 98, n° XLVII. — *Cartulaire de Saint-Père de Chartres*. t. II, p. 307, n° LIV. — Arch. de Seine et Oise, H. Maubuisson, 54. — Bibl. de Ste Geneviève, ms. 356, p. 154. — Arch. de la Moselle, B 6337.

une coutume, propre pour l'essentiel, aux plaines picardes ou flamandes, encore qu'on puisse déceler ailleurs, en Lorraine particulièrement, quelques tendances semblables : l'usage que l'on désignait tantôt sous le nom de droit de marché — « droit » au regard des paysans, abus aux yeux de la loi — tantôt sous ceux, qui sentent le combat, de « mauvais gré » ou « haine de cens » (en flamand *haet van pacht*) [1]. C'était, contre le fermage temporaire, introduit par l'évolution économique, la revanche de ces anciennes notions de perpétuité et d'hérédité qui avaient jadis établi la pérennité coutumière des tenures. Le gros propriétaire peut bien chercher à protéger sa fortune en ne concluant que des contrats à temps. Lorsque le bail vient à expiration, malheur à lui s'il refuse de le renouveler au même fermier, à des conditions à peu près semblables ! malheur surtout au nouveau locataire, s'il s'en trouve — un étranger au village, généralement ; les gens du lieu ne veulent ni n'osent —, au « dépointeur » ! L'un et l'autre risquent de payer cher ce que la conscience paysanne ressent comme une atteinte à ses droits : le boycottage, le vol, l'assassinat, « le fer et le feu » ne seront pas de trop pour les punir. Les exigences du peuple de ces campagnes vont plus loin encore : le fermier, en cas de vente, se croit un privilège de préemption ; les ouvriers agricoles même, « moissonneurs, batteurs en grange, bergers, gardes des bois », se regardent, eux aussi, comme inamovibles et héréditaires, — tout particulièrement les bergers qui, sous Louis XV, dans le Laonnais et le pays de Guise, ont réussi, « par les menaces, voies de fait et meurtres », à assurer à leur « race » un véritable monopole. Les ordonnances royales s'époumonent en vain, depuis le XVIIe siècle, à interdire ces pratiques, qui, dit un rapport officiel, font « de la propriété des terres », dans les baillages picards de Péronne, Montdidier, Roye et Saint-Quentin, une notion « fictive ». La peur même des galères n'arrête point les obstinés : en 1785, l'intendant d'Amiens, devant

---

1 Outre les monographies géographiques ou historiques régionales, travaux de J. LEFORT, 1892 ; F. DEBOUVRY, 1899 ; C. BOULANGER, 1906. J'emprunte quelques expressions aux mémoires et édits publiés par Boulanger et par E. DE LA POIX DE FRÉMINVILLE, *Traité général du gouvernement des biens et affaires des Communautés*, 1760, p. 102 et suiv. et *La pratique universelle pour la rénovation des terriers*, t. IV, 1754, p. 381 (cf. DENISART, *Collection de décisions*, t. III, 1786, mot Berger). Pour la Lorraine, cf. une ordonnance du duc Charles IV, 1666, 10 juin, contre la « monopoleuse intelligence » des fermiers : FRANÇOIS DE NEUFCHÂTEAU, *Recueil authentique*, 1784, II, p. 144.

une nouvelle proposition d'édit, se demande si la maréchaussée de sa généralité suffira à « fournir la quantité de cavaliers dont elle aura besoin pour contenir une foule de mutins ». Les préfets ni les tribunaux de la France nouvelle ne devaient être beaucoup plus heureux que les intendants ou les Parlements de naguère. Car, appliqué de préférence, par une tradition caractéristique, à certaines grandes propriétés qui correspondent, presque champ pour champ, à celles même que détenaient, sous l'Ancien Régime, les seigneurs ou les divers rassembleurs de parcelles, le droit de marché a traversé le XIXe siècle, et, sans doute, n'est-il point aujourd'hui tout à fait mort.

***

Mais, plus encore que les servitudes qui pesaient sur le sol cultivé, l'existence d'une terre d'exploitation collective formait, entre les membres du groupe, à quelque régime agraire qu'obéît son finage, un lien puissant. « La petite paroisse de Saci », écrit, à la fin du XVIIIe siècle, Rétif de la Bretonne, « *ayant des communes*, elle se gouverne comme une grande famille » [1].

L'utilité du communal était multiple. Friche ou forêt, il assurait aux bêtes le supplément de pâture dont ni les prés ni le champoyage sur les jachères n'eussent à l'ordinaire permis de se passer. Forêt encore, il donnait le bois et les mille autres produits que l'on était habitué à chercher à l'ombre des arbres. Marais, la tourbe et les joncs. Lande, les broussailles de la litière, les mottes de gazon, les genêts ou les fougères qui servaient d'engrais. Enfin, en beaucoup de contrées, il tenait la fonction d'une réserve de terre arable, vouée à la culture temporaire. On doit se demander comment aux diverses époques et dans les divers lieux fut réglée sa condition juridique, non s'il existait. Car, surtout aux périodes anciennes, où l'agriculture était encore faiblement individualisée et où les denrées que ne pouvait fournir la petite exploitation ne trouvaient guère à s'acheter, sans lui, point de vie agraire possible.

Dans la mise en valeur de ces biens précieux, des groupes humains plus étendus que le village lui-même trouvaient parfois une raison d'union. Il arrivait qu'une vaste lande, une forêt — telle, en Normandie, celle de Roumare —, plus fréquemment encore des alpages de montagne servissent à l'usage indivis de plusieurs

---

1 *La vie de mon père*, 3e éd., 1788, t. II, p. 82.

communautés, soit que celles-ci fussent nées de la scission d'une collectivité plus large, soit que, dès l'origine indépendantes, la nécessité d'employer à des fins semblables un territoire placé au milieu d'elles les eût conduites à une entente. Ainsi, les « vallées » pyrénéennes, confédérations dont le pacage était le ciment. Le plus souvent, néanmoins, le communal était chose de village ou de hameau, l'annexe et le prolongement du terroir arable.

Le communal idéal, juridiquement parlant, eût été une terre sur laquelle n'eussent pesé d'autres droits réels que ceux du groupe : en terme de droit médiéval, un alleu, possédé en commun par les habitants. De ces alleux collectifs, on rencontre en effet quelques exemples, mais infiniment rares [1]. Le plus souvent, sur le sol d'exploitation commune, comme sur l'ensemble du finage, s'enchevêtraient des droits divers et hiérarchisés : ceux du seigneur et de ses seigneurs à lui, ceux du corps des manants. Et là, beaucoup plus encore que sur les exploitations individuelles, les limites de ces droits restèrent longtemps fort imprécises. Elles ne se fixèrent qu'au cours d'âpres luttes procédurières.

Le combat pour le communal était dans la nature des choses. De tout temps, il divisa le seigneur et ses sujets. Dès le IXe siècle, une formule judiciaire franque — rédigée, il est vrai, dans un monastère alémanique, celui de Saint-Gall, mais c'est pur hasard si nous n'en possédons pas de pareilles pour la Gaule — nous décrit le procès d'un établissement religieux avec les habitants, au sujet de l'exploitation d'une forêt [2]. De l'accaparement du sol commun, les révoltes agraires, à travers les âges, ont tiré un de leurs plus anciens et plus constants griefs. « Ils voulaient », écrit, à propos des paysans normands révoltés vers l'an mil, le chroniqueur Guillaume de Jumièges, « plier à leurs propres lois l'usage des eaux et des forêts » ; ce que le poète Wace, un peu plus tard, traduit par ces ardentes paroles : « Nombreux comme nous le sommes, — contre les chevaliers défendons nous. — Ainsi nous pourrons aller aux bois, — couper les arbres et les prendre à notre choix, — dans les

---

1 B. ALART, *Cartulaire roussillonnais*, 1880 p. 51 (1027) ; cf., pour un autre exemple dans les pays de l'ancienne Marche d'Espagne, M. KOWALEWSKY, *Die ökonomische Entwickelung Europas*, 1901 et suiv., t. III, 430, n. 1. — A. BERNARD et A. BRUEL, *Recueil des chartes de l'abbaye de Cluny*, t. VI, n° 5167 (1271).
2 Il semble qu'un diplôme de Clotaire III, relatif à Larrey en Bourgogne, se rapporte à une affaire de communaux : PARDESSUS, *Diplomata*, t. II, n° CCCXLIX.

viviers prendre les poissons — et dans les forêts les venaisons ; — de tout nous ferons à notre volonté, — des bois, des eaux et des prés ». — Que l'herbe, l'eau, les terres incultes, tout ce que n'ont pas travaillé les mains humaines, ne pût, sans abus, être approprié par l'homme, c'était là un vieux sentiment élémentaire de la conscience sociale. D'un seigneur qui avait prétendu, contrairement à la coutume, faire payer aux moines un droit de pacage, un religieux chartrain disait, au XIe siècle : « contre toute justice il refusait cette herbe que Dieu a ordonné à la terre de produire pour tous les animaux »[1].

Cependant, tant qu'il y eut en abondance de la terre vacante, la bataille pour le sol en friche ou pour les forêts ne fut pas très vive. Par suite, le besoin de préciser la situation juridique des communaux n'était alors que médiocrement ressenti. Sur le pâquis ou la forêt, le seigneur, le plus souvent, exerce le même droit réel supérieur que sur les labours — supérieur, non pas forcément suprême, car comme ce personnage, à son tour, est généralement le vassal d'un autre baron, lui même pris dans les liens de l'hommage, au dessus de ses propres droits s'élèvent, à l'ordinaire, ceux de toute une hiérarchie féodale. Mais tenons-nous en au seigneur immédiat du village, premier anneau de cette chaîne vassalique. La sujétion, envers lui, du sol inculte se traduit, généralement, par le paiement de redevances auxquelles sont astreints, en corps ou individuellement, les habitants usagers. Dirons-nous donc que le communal lui appartient ? Ce serait bien mal parler : car les usages des paysans — auxquels, naturellement, le seigneur, exploitant en même temps que chef, prend également sa part — sont, à leur façon, des droits aussi forts. Ne sont-ils pas, au même titre, sanctionnés et protégés par la tradition ? n'appelle-t-on pas couramment, dans la langue médiévale, de ce nom si énergique, « les coutumes » de tel ou tel village, le territoire même soumis à la jouissance commune ? Une parfaite expression de cet état d'esprit nous est fourni par ces textes de l'époque franque qui, énumérant les appartenances d'une *villa*, manquent rarement d'y faire place aux *communia*. En apparence, quel paradoxe : parmi les biens d'un particulier, donnés, vendus, inféodés en toute liberté, faire figurer des « terres communes » ! C'est que la seigneurie ne comprend pas seulement le

---

1 Guérard, Cartulaire de Saint-Père de Chartres, t. I, p. 1722, n° XLV.

domaine directement exploité par le maître. Elle englobe aussi les espaces sur lesquels il ne fait qu'étendre sa domination et exiger les charges dues : les tenures, même si elles sont héréditaires, les communaux, soumis à des usages collectifs qui ne sont pas moins respectables que la saisine individuelle du tenancier. « Les chaussées et voies publiques », écrivent vers 1070, les Usages de Barcelone, appliqués, de ce côté ci des Pyrénées, en Roussillon, « les eaux courantes et sources vives, les prés, les pâtis, les forêts, les garrigues et les roches... sont aux seigneurs non pour qu'ils les aient en alleu » c'est à dire sans avoir à se préoccuper d'autres droits que les leurs « ou les tiennent dans leur domaine, mais afin qu'en tout temps la jouissance en revienne à leur peuple »[1].

Vinrent les grands défrichements, raréfiant la terre inculte. Le conflit prit une acuité nouvelle. Non qu'en général le communal tentât alors les seigneurs comme un moyen d'agrandir leurs propres labours. Les domaines, partout, étaient en pleine diminution. Substituer sur les pâquis l'œuvre de la charrue au vagabondage du troupeau commun, l'opération fut souvent imposée par le pouvoir seigneurial : mais c'était pour allotir, à des tenanciers, ce sol vierge. Les exploitants de ces nouveaux champs et le bénéficiaire des redevances en tiraient de grands gains ; la communauté, par contre, qui y perdait ses droits d'usage et aussi toute possibilité de libre essartage, était lésée. Ailleurs, pourtant, c'est bien dans le dessein d'en tirer directement profit que le seigneur s'efforce d'accaparer le communal. Mais qu'y cherche-t-il à l'ordinaire ? un terrain de pâture, désormais exclusivement réservé à ses bêtes — en cette époque de décadence des réserves, la bergerie, qui ne réclame que peu de main-d'œuvre, demeure, beaucoup plus que la ferme, un élément important d'exploitation seigneuriale ; — ou bien certains produits particulièrement avantageux. S'agit-il d'un marais ? ce sera la tourbe : « en ce temps (vers 1200) » écrit le prêtre Lambert d'Ardres, « Manassé, fils aîné du comte de Guines... fit fossoyer et trancher en tourbes un pâquis marécageux qui avait jadis été donné, comme bien commun, à tous les habitants de la paroisse d'Andres ». Surtout, lorsque la terre, sujette à la jouissance

---

[1] Cf. la discussion, par P. LACOMBE, *L'appropriation du sol*, 1912, p. 379, du commentaire que BRUTAILS avait donné de ce texte. Pour l'essentiel — et toutes réserves faites sur son commentaire des mots *alodium* et *dominicum* —, je me rallie à l'interprétation de Lacombe.

collective, est plantée d'arbres, les convoitises seigneuriales vont au bois, devenu, comme l'on sait, de plus en plus précieux. Où était le droit ? Dans l'incertitude des frontières juridiques, le plus scrupuleux des hommes eût été souvent bien en peine de le savoir et plus d'un noble accapareur de terre, sans doute, trouvait, à ses propres yeux, une justification suffisante dans cette pensée que, en 1442, le sire de Sé-nas, ayant occupé les friches de son village provençal, exprimait avec tant de candeur : « la raison montre que du seigneur à ses sujets il faut une différence »[1]. Mais les manants ne se laissaient pas faire sans protestation. Souvent un partage, un « cantonnement », intervenait, en fin de compte. Le seigneur obtient la pleine disposition d'une fraction du sol jadis indivis ; la communauté, à l'ordinaire moyennant un cens, garde l'usage, « l'aisement » du reste. Ainsi cette crise, en beaucoup de lieux, avait abouti à la reconnaissance officielle des droits du groupe, sur une partie au moins des antiques *communia* : un bon nombre de nos municipalités actuelles peuvent encore faire remonter à des actes de cette sorte l'origine de leurs biens.

Nouvelle crise, et beaucoup plus grave, à partir du XVIe siècle. Alors la classe seigneuriale renouvelée se porte, de toute son ardeur et de toute son adresse, à la reconstitution des grandes exploitations. Comme elle, bourgeois et riches paysans se font rassembleurs de terres. La transformation de la mentalité juridique servit à point nommé leurs convoitises. A l'enchevêtrement des droits réels superposés, les juristes peinaient à substituer une notion claire de la propriété. Au communal, comme au reste du terroir, il fallait trouver un *dominus*, au sens romain du mot. On conclut, à l'ordinaire, que c'était le seigneur. A cette pure idée, on ajouta une thèse génétique, que, chose extraordinaire, les historiens d'aujourd'hui ont parfois reprise à leur compte. A l'origine, disait-on, les terres communes avaient appartenu aux seuls seigneurs ; quant aux habitants, ils ne tenaient leur jouissance que de concessions, faites au cours des âges : comme si le village était, forcément, plus jeune que son chef ! Naturellement, ces théoriciens n'entendaient pas sacrifier les droits acquis des communautés. Mais, suivant une jurisprudence qui avait commencé à s'esquisser dès le XIIIe siècle[2],

[1] « Car reson monstra que differencia sia entre lo senhor et los vassalhs ». Arch. Bouches-du-Rhône, B 3343, fol. 342 (1442, 28 Janv.).
[2] *Olim*, t. I, p. 334, n° III et 776, n° XVII (mais il s'agit d'hommes qui n'étaient pas

ils inclinaient en général à ne guère les reconnaître pour valables que s'ils étaient sanctionnés par le paiement d'une redevance : les « concessions » de pure générosité, à moins d'actes formels, semblaient peu solides et l'on pouvait, au surplus, douter, en ce cas, s'il y avait eu vraiment cadeau ou, de la part des usagers, simple abus. Tout cela n'allait pas sans beaucoup d'hésitations et de nuances. Professeurs de droit, praticiens, administrateurs, s'efforçaient, sans unanimité et sans beaucoup de succès, d'introduire dans la masse des biens communaux toute une classification, calculée d'après les forces variables des droits antagonistes attribués au seigneur ou à ses hommes. Mais, inspirés de cet état d'esprit, armés par la doctrine, les seigneurs, leurs hommes de loi, les tribunaux même, qu'animait un vigoureux esprit de classe, voyaient volontiers plus simple et plus gros. En 1736, le Procureur Général du Parlement de Rennes adopte, sans ambages, la thèse seigneuriale : « toutes les landes, galois, terres vaines et vagues sont en Bretagne le domaine propre des Seigneurs de Fief ». Le 20 juin 1270, une transaction avait interdit au seigneur de Couchey, en Bourgogne, d'aliéner les « comunaultés de la ville », sans l'avis conforme des habitants ; en dépit de ce texte si clair, dès 1386, le conseil ducal, suivi, à près de trois siècles et demi de distance (1733), par le Parlement, décida que « les plaices, les rues, les voyes, chemins, sentiers, pasquiers... et aultres lieux communs » du village, étant au seigneur, celui-ci pouvait en faire à sa « voulenté ». En 1777, le Parlement de Douai refusait d'enregistrer un édit, où il était fait mention des biens qui « appartiennent » aux communautés. Il fallut écrire : « dont elles jouissent » [1].

En fait — les doléances des usagers, jusque dans les États provinciaux ou généraux, en témoignent éloquemment — l'assaut contre les communaux, se fit, depuis le XVIIe siècle, plus vigoureux que jamais. Il revêtit des formes diverses.

Usurpation pure et simple, d'abord. Le seigneur abusait de ses pouvoirs de commandement et de justice : il en est, disent, aux États de Blois de 1576, les députés du Tiers, qui « de leur propre volonté

---

couchants et levants du seigneur intéressé et le point de droit ne fut pas jugé). — L. Verriest, *Le régime seigneurial*, p. 297, 302, 308.

[1] Poullain du Parc, *Journal des audiences... du Parlement de Bretagne*, t. II, 1740, p. 256 et suiv. — J. Garnier, *Chartes de communes*, t. II, n° CCCLXXI et CCCLXXII. — G. Lefebvre, *Les paysans du Nord*, p. 67, n. 1.

se faisant juges en leurs propres causes, ont pris et appréhendé les usages, places vagues, landes et communes dont les pauvres sujets jouissent et même leur ont ôté les lettres par lesquelles il apparoissoit de leur bon droit ». Les riches propriétaires, même paysans, tiraient parti de cette influence que donne la fortune et à laquelle, de l'avis d'un agronome du XVIIIe siècle, dans les campagnes, tout cédait. En 1747, les gens du Cros-Bas, en Auvergne, se plaignent que « Géraud Salat-Patagon, habitant du dit village.... s'est advisé de son autorité privée..., comme il est riche et le coq du village, de fermer, clore la majeure partie des communs dépendant dudit village et les joindre à ses champs »[1].

Parfois l'accaparement prenait des allures plus insidieuses et, juridiquement, presque irréprochables. Un laboureur aisé se faisait accenser une partie du communal, à un prix trop bas. Ou bien un seigneur réclamait le cantonnement. L'opération, en soi, n'était pas forcément désavantageuse pour les communautés, puisqu'elle consolidait une fraction au moins de leurs droits ; mais elle le devenait si les conditions du partage étaient par trop défavorables. Or beaucoup de seigneurs exigeaient jusqu'au tiers des biens divisés ; c'était le droit de « triage », fort étendu, aux temps modernes, par la jurisprudence et que la royauté même, en 1669, eut la faiblesse de reconnaître. Sans doute était-il, en principe, limité à des cas déterminés ; il fallait, notamment, que la prétendue concession primitive eût été gratuite. Pratiquement ces réserves, qui d'ailleurs laissaient le champ libre à bien des prétentions, ne furent pas toujours fort exactement respectées.

Enfin les paysans, en tant qu'individus, n'étaient pas seuls à s'être chargés de ces emprunts qui, nous l'avons vu, aidèrent les grands acquéreurs de terres à opérer de fructueuses réunions de parcelles. Les communautés aussi étaient souvent endettées, et lourdement : à la suite de dépenses à'intérêt commun nécessitées notamment par la reconstruction, après les guerres ; surtout parce qu'elles avaient dû engager l'avenir pour satisfaire aux exigences des fiscalités royale et seigneuriales. Pour se débarrasser de ce fardeau, quelle tentation de vendre tout ou partie du communal ! Les seigneurs y

---

1 Essuile, *Traité politique et économique des communes*, 1770, p. 178. — O. Trapenard, *Le pâturage communal en Haute-Auvergne*, 1904, p. 57 ; cf. Arch. du Puy-de-Dôme, Inventaire, C, t. II, n. 2051.

poussaient- volontiers, soit qu'ils comptassent eux-mêmes acheter, soit que, réclamant, à cette occasion, l'application du triage, à titre d'indemnité pour la perte de leur droit supérieur sur le sol, ils pussent espérer emporter, sans frais, une part du gâteau. En Lorraine, la coutume ou la jurisprudence allaient jusqu'à leur reconnaître le droit de percevoir le tiers de la somme versée aux habitants. Ces ventes étaient parfois fort suspectes, tantôt dans leur raison d'être officielle, — une ordonnance royale de 1647 accusait les personnes empressées à « dépouiller » les communautés de prétexter des dettes « simulées », — tantôt par suite des conditions même de fixation du prix. Mais à la fois la pression des intérêts en éveil et la lamentable situation financière de beaucoup de petits groupes ruraux, souvent fort mal administrés, les rendaient inévitables. De 1590 à 1662, le village de Champdôtre, en Bourgogne, vendit trois fois ses communaux ; les deux premières opérations furent cassées, comme entachées de fraude ou d'erreur ; la dernière — consentie aux mêmes acquéreurs que la seconde — fut définitive.

Naturellement, le mouvement rencontra de fortes résistances. Même devant les abus les plus patents, il est vrai, les paysans hésitaient souvent à entamer la lutte du pot de terre contre le pot de fer. « Tous les communaux ayant été usurpés et estant possédés ou par les seigneurs des communautés ou par des personnes d'autorité », écrit en 1667 l'intendant de Dijon, « les pauvres paysans n'auront garde de se plaindre si on les maltraite ». Et le grand docteur de la « pratique des terriers », Fréminville : « contre un seigneur puissant, des habitants osent-ils s'exposer à son ressentiment ? »[1] Tous cependant n'étaient pas si aisés à intimider. En Bretagne, vers le début du XVIIIe siècle, les seigneurs s'étaient mis, en grand nombre, à « afféager » les landes, c'est à dire à les affermer à des entrepreneurs de culture ou de boisement. De ce progrès de l'appropriation individuelle, le signe visible était l'établissement, autour du terrain arraché à l'usage commun, de fortes levées de terre ; des attroupements armés souvent venaient détruire ses clôtures, gênantes et symboliques. Le Parlement voulut sévir. Peine perdue ! il était impossible, dans les campagnes, de trouver des témoins. Quelques levées autour de la lande de Plourivo ayant ainsi été abattues, le seigneur fit publier des monitoires « afin de découvrir... les cou-

---

[1] *Pratique*, 2e éd., t. II, p. 254.

pables ». Mais, un beau jour, à la limite des deux paroisses intéressées, on trouva une potence ; au pied, une fosse, avec cette inscription : *C'est ici qu'on enverra ceux qui déposeront* [1].

Un autre pouvoir que celui de la masse paysanne cherchait à faire frein : la monarchie elle-même, et ses fonctionnaires, protecteurs nés des groupements ruraux, qui portaient l'impôt et recrutaient la milice. Depuis 1560 — où l'ordonnance d'Orléans enleva aux seigneurs le jugement « en souveraineté » des procès relatifs aux communaux — toute une suite d'édits, de portée tantôt générale, tantôt locale, se succédèrent, interdisant les aliénations, cassant les ventes ou les triages opérés depuis un certain temps, organisant la « recherche » des droits usurpés sur les communautés. Les Parlements favorisaient les entreprises des seigneurs ; à partir du XVIIIe siècle, leurs adversaires habituels, les Intendants, embrassèrent le parti contraire. Cette politique s'imposait si bien à tout État de ce temps un peu soucieux de sa prospérité qu'on la voit se poursuivre, par exemple, toute pareille dans le duché de Lorraine. Les gouvernants ne changèrent de camp — par un véritable renversement d'idées — que vers le milieu du XVIIIe siècle, lorsque se manifesta cette « révolution agricole » dont nous étudierons plus loin, avec la nature propre, les effets sur le régime des communaux.

Mais, ni l'une ni l'autre de ces résistances ne fut très efficace. Celle de la royauté fut viciée par des préoccupations d'exploitation fiscale : les déclarations de 1677 et 1702 autorisaient les accapareurs à conserver, au moins temporairement, les biens aliénés, à condition de « restituer » — au Roi, bien entendu — les fruits perçus pendant les trente dernières années. Les paysans, trop souvent, se bornaient à des « émotions populaires » sans lendemain. Le morcellement des communaux, an profit des seigneurs ou des riches, fut, aux temps modernes, un fait européen. Les mêmes causes partout l'entraînaient : tendance à la reconstitution de la grande exploitation, progrès d'un individualisme producteur, soucieux de travailler pour le marché, crise des masses rurales qui ne réussissaient que péniblement à s'adapter à un système économique fondé sur l'argent et les échanges. Contre ces forces, les communautés n'étaient pas de taille à lutter. Aussi bien étaient-elles elles-mêmes loin de posséder la parfaite union intérieure qu'on leur suppose

---

[1] POULLAIN DU PARC, *loc. cit.*, p. 258.

quelquefois.

3. Les classes.

Laissons le seigneur, laissons le bourgeois qui, depuis la ville ou la bourgade voisines, régente sa terre ou en perçoit les rentes. Ces gens là ne faisaient pas, à proprement parler, partie de la société paysanne. Bornons-nous à celle-ci, composée de cultivateurs, vivant directement du sol qu'ils travaillent Il est visible qu'elle n'est pas, aujourd'hui, qu'elle n'était plus, au XVIIIe siècle déjà, véritablement égalitaire. Mais on s'est parfois plu à voir dans ces différences de niveau l'effet de transformations relativement récentes. « Le village », écrivait Fustel de Coulanges, « n'était plus au XVIIIe siècle ce qu'il avait été au moyen-âge ; l'inégalité s'y était introduite » [1]. Il semble bien, au contraire, que de tout temps ces petits groupes ruraux aient présenté, avec d'inévitables fluctuations dans les lignes de clivage, des divisions de classes assez tranchées.

A dire vrai, ce mot de classe est un des plus équivoques du vocabulaire historique et il importe de bien préciser l'emploi qui en sera fait ici. Qu'il y ait eu, à diverses époques, entre les villageois, des différences de statut juridique, le démontrer serait enfoncer une porte ouverte. La *villa* franque présentait tout un prisme multicolore, de conditions diverses, dont les contrastes, d'ailleurs, furent de bonne heure plus apparents que réels. Dans beaucoup de seigneuries médiévales, de plus en plus nombreuses à mesure que se multiplièrent les affranchissements, des vilains « libres » vécurent côte à côte avec des serfs. Postuler, comme certains l'ont fait, l'égalité primitive de la société paysanne, ce n'est point, bien entendu, refuser de reconnaître ces indéniables contrastes : c'est estimer que dans l'ensemble des manants, fussent-ils soumis à des règles de droit différentes, les genres de vie étaient assez semblables et les fortunes d'ordres de grandeur assez voisins pour ne créer aucune opposition d'intérêt ; en un mot, pour nous servir de termes commodes, encore que médiocrement rigoureux, c'est, tout en admettant des classes juridiques, nier l'existence de classes sociales. Or, rien n'est moins exact.

---

[1] *Séances et travaux de l'Acad. des Sc. Morales*, t. CXII, p. 357.

Chapitre V

Dans la seigneurie du haut moyen-âge, les manses d'une même catégorie — soit que l'inégalité fût originelle, soit qu'elle résultât déjà d'une décadence de l'institution — présentaient parfois entre eux, nous le savons, de fortes différences. A Thiais, le ménage du colon *Badilo* détient, à titre de manse ingénuile, entre 16 et 17 hectares de labours, environ 38 ares de vigne et 34 ares de prés. Doon et Demanche, le premier avec sa sœur, le second avec sa femme et son fils, également colons et possesseurs, en commun, d'un manse ingénuile, à eux deux se réunissent pour exploiter un tout petit peu plus de 3 hectares de champs arables, 38 ares de vigne et 10 à 11 ares de prés. Croira-t-on que Badilo et ses voisins se sentissent au même degré de l'échelle sociale ? Quant aux diverses classes de manses, la disparité, entre elles, est normale. Un manse servile peut bien être aux mains d'un personnage — un colon par exemple — égal en droit au possesseur du manse ingénuile limitrophe ; il n'en est pas moins régulièrement plus petit. Enfin les paysans dont les lopins n'ont pas été élevés à la dignité de manse — possesseurs d'hôtises ou d'*accolae*, qui le plus souvent, sans doute, ne sont que des « squatters » tolérés sur un morceau des friches, qu'ils ont essarté — appartiennent, pour la plupart, à une couche encore plus humble.

La dissolution des manses, favorisant le morcellement des tenures, ne fit qu'accentuer ces contrastes. Il nous est rarement aisé, au moyen-âge, d'apprécier les fortunes paysannes. Quelques documents, pourtant, permettent de trop rares sondages. En 1170, dans trois seigneuries gâtinaises, une taille est assise sur les tenures, certainement à proportion de leur valeur : les versements vont de 2 à 48 deniers. Sous saint Louis, les serfs royaux de la châtellenie de Pierrefonds paient, pour prix de leur affranchissement, 5 % de leurs avoirs : ceux-ci, traduits en valeur monétaire, s'échelonnent de 1 à 1920 livres. A dire vrai, les plus riches de ces gens-là n'étaient sans doute pas des ruraux. Mais même parmi les petits et moyens patrimoines, que l'on doit supposer surtout agricoles, les écarts demeurent sensibles ; plus des deux tiers, au total, n'atteignaient pas vingt livres ; plus d'un septième, par contre, dépassaient quarante [1].

---

[1] M. Prou et A. Vidier, *Recueil des chartes de Saint-Benoît sur Loire*, 1900 et suiv., n° CXCIV (le texte parle de « masures » ; il faut entendre exploitations). — Marc Bloch, *Rois et serfs*, 1920, p. 180.

Deux principes de distinction surtout mirent, au cours des âges, entre les paysans des différences tranchées. L'un, de dignité et de puissance : le service du seigneur. L'autre, plus spécialement économique, la possession ou le manque d'attelages de labour.

Dans la seigneurie médiévale, le maître avait un représentant, qui gouvernait en son nom. On appelait ce fonctionnaire, selon les lieux, prévôt, maire, bayle ou (dans le Limousin) juge. Rien dans son statut personnel ne le haussait au-dessus de ses administrés. Quelquefois même il se trouvait, juridiquement, plus bas que ceux des manants qui avaient conservé leur « liberté ». Car il était souvent de condition servile ; la force de ce lien, primitivement, avait paru une garantie de bonne conduite. Mais sa charge lui assurait d'abondants profits, légitimes ou non ; surtout elle lui conférait ce prestige inégalé que, de tout temps, mais particulièrement aux époques de mœurs violentes et de sentiments un peu rudes, a donné le droit de commander les hommes. Il était, dans sa modeste sphère, un chef, bien mieux, à l'occasion, un chef de guerre ; ne prenait-il pas, en cas de danger ou de vendetta, la tête des levées du village ? En dépit, parfois, d'interdictions sévères, il se plaisait à porter l'épée et la lance. Exceptionnellement, il obtenait d'être armé chevalier. Par son pouvoir, sa fortune, ses habitudes de vie, il se distinguait de la foule méprisée des rustres. Ce petit monde de « sergents » seigneuriaux, passablement turbulent et tyrannique, mais qui n'était point toujours incapable de loyauté, posséda de bonne heure, par surcroît, le ciment, à peu près indispensable, de toute classe solidement constituée : l'hérédité. En pratique, malgré les efforts des seigneurs, qui craignaient pour leur autorité, la fonction, comme la tenure (le « fief ») qui y était attachée, se transmettait de père et fils. Aux XIIe et XIIIe siècles, — nous le savons par les contrats d'échange de serfs — de seigneurie à seigneurie, fils et filles de maires s'unissaient de préférence entre eux. Tenir à se marier « dans son milieu », preuve, entre toutes sensible, que ce milieu est en voie de devenir, socialement, une classe.

Classe éphémère, cependant, et à laquelle, en France, manqua toujours la consécration d'un statut juridique particulier. En Allemagne on lui fit une place à part au bas de l'échelle nobiliaire ; c'est que la hiérarchie sociale, là-bas, se trouva comporter, à partir du XIIIe siècle, une multitude de degrés. La société française s'organisa hiérarchiquement elle aussi, mais selon un mode plus simple. La noblesse s'y constitua, au XIIIe siècle également, avec beaucoup de force, mais sans connaître, officiellement, de sous-classes. Beaucoup de sergents, acquérant la chevalerie héréditaire, se fondirent dans la gentilhommerie des campagnes. Le plus souvent ils renoncèrent en même temps à leurs fonctions, que rachetèrent les seigneurs, médiocrement désireux de conserver des représentants devenus bien indociles. Ces anciens despotes de villages s'étaient si bien élevés au-dessus de la collectivité paysanne qu'ils avaient tout à fait cessé de lui appartenir. D'autres cependant, moins heureux ou moins habiles, ne montèrent pas si haut. La diminution du domaine, la décadence du pouvoir de commandement du seigneur, l'habitude qu'il prenait de plus en plus d'affermer ses revenus, sa méfiance même, rendirent leurs charges de moins en moins importantes ; ils ne furent plus guère désormais, par leur genre de vie et leur rang social, que de riches vilains, sans plus. Si puissante aux XIe et XIIe siècles, la classe des sergents, au cours du XIIIe, s'évanouit par l'effet d'une sorte de scission. La société s'est cristallisée : il faut être noble ou paysan.

Désormais les seigneurs souffrent de moins en moins de fonctionnaires héréditaires ou leur accordent de moins en moins de pouvoirs. Dans le village, aux temps modernes, leurs représentants principaux seront soit des hommes de loi à leurs gages, soit les fermiers des redevances ou du domaine. L'homme de loi est un bourgeois, qui ne nous intéresse pas ici. Le fermier, un bourgeois aussi parfois ; ailleurs cependant un riche paysan. Mais dans ce cas, ce n'est qu'un « laboureur » — particulièrement aisé — parmi d'autres.

« Colin », écrit Voltaire, « devait le jour à un brave laboureur ». Le mot est, fréquent, dans la littérature du XVIIIe siècle. Je crains bien que le lecteur d'aujourd'hui n'incline à y voir une expression du style noble, plus distinguée que « paysan ». Ce serait une erreur. Le terme avait, pour un homme du temps, un sens très plein. Dès le moyen-âge, on observe une séparation très nette entre deux catégories de manants : d'une part, ceux qui ont des attelages de labour, chevaux, bœufs ou ânes (ce sont naturellement les plus aisés), de l'autre, ceux qui n'ont pour travailler que leurs bras — laboureurs proprement dits, cultivateurs « ayant cheval trayant », contre brassiers, « laboureurs de bras », « ménagers ». Les états de corvées les distinguent soigneusement. A Varreddes, au XIIIe siècle, les corvées de labour et de charroi sont exigées de quiconque « joint bête à la charrue », tandis que le travail dans le clos de l'évêque incombe à tous les manants « qu'ils aient ou non charrue ». A Grisolles, dans le Toulousain, en 1155, le nom de brassiers est expressément prononcé. Sans doute, parmi les laboureurs, tous ne sont pas égaux, tant s'en faut : lorsqu'il s'agit d'échelonner sur eux les redevances, c'est encore vers leurs écuries ou leurs étables que volontiers regarde l'administration seigneuriale. Les moins riches un peu partout, comme on nous le dit, au XIIIe siècle, du village de Curey, en Avranchin, sont forcés « d'associer leurs bêtes » à une même charrue. Dans les pays de sol lourd, ne faut-il pas jusqu'à trois ou quatre paires de bœufs pour tracer le sillon ? D'où de nouvelles distinctions : à Varreddes même, entre les vilains qui « joignent » un, deux, trois, quatre chevaux (ou davantage) ; à Saint-Hilaire-sur-Autize, en Poitou, au XIe siècle, entre les possesseurs de deux et quatre bœufs. A Marizy-Sainte-Geneviève, vers le même temps, à côté des pauvres hères qui « travaillent sans bœufs », certains paysans ont « charrue » entière ; d'autres, une « demi-charrue » seulement [1]. Malgré ces nuances, le contraste essentiel n'en demeure pas moins celui qui sépare les laboureurs des brassiers.

Propriétaires contre non-propriétaires ? Pas tout à fait. L'opposition est d'ordre économique, non juridique. Le brassier a souvent quelques lopins de terre — fût-ce sa chaumière et son clos — et même quelques menues bêtes. Cela, très anciennement. « Amauri, fils de Rahier », dit une notice qui relate un contrat un peu antérieur à 1096, « a donné aux moines de Saint-Martin-des-Champs, à Mondonville..., deux hôtes qui n'ont de terre que ce qui suffit aux maisons et jardins » [2]. C'est la situation que décrivent encore très clairement les textes du XVIIIe siècle. Quant au « laboureur », il se peut fort bien qu'il ne tienne son exploitation, au moins en grande partie, qu'à titre de fermage temporaire. Le cas sera de plus en plus

---

1 Bibl. de Meaux, ms 64, p. 197 (Varreddes). — C. Douais, *Cartulaire de l'abbaye de Saint-Sernin*, 1887, n° CVI (Grisolles). — L. Delisle, *Études*, p. 135, n. 36 (Curey). — L. Rédet, dans *Mém. de la Soc. des Antiquaires de l'Ouest*, t. XIV, n° LXXXV (St-Hilaire). — F. Soehnée, *Catalogue des actes de Henri Ier*, 1907, n° 26 (Marizy).
2 Depoin, *Liber testamentorum Sancti Martini*, n° LXXX.

fréquent à mesure qu'aux temps modernes se développe la grande propriété, rarement mise en valeur par faire-valoir direct. Tirant profit de champs nombreux et de vastes troupeaux, véritable capitaliste de village, le cultivateur qui a loué au noble ou au bourgeois les terres que celui-ci ou ses ancêtres ont tenacement rassemblée dépasse souvent en richesse et en prestige le petit propriétaire. Ce n'est pas un hasard si, dès le XVIIIe siècle, fermier était devenu presque synonyme de laboureur ; aujourd'hui encore, le langage courant entend par ferme, sans aucune idée de précision juridique, toute exploitation rurale un peu importante.

Comment le brassier, privé d'animaux de trait, travaillait-il ses quelques champs ? Parfois — et sans doute assez fréquemment aux époques anciennes —, sans charrue. Un acte de 1210, prévoyant le cas où le monastère de La Cour-Dieu fera mettre en culture un bois, suppose à l'avance qu'on y verra deux catégories de manants : « ceux qui cultiveront avec des bœufs, ceux qui œuvreront avec la houe ». A Vauquois, le plan de 1771 note des « terres cultivées à bras »[1]. Mais ailleurs — là surtout où le sol est compact — il faut emprunter l'attelage et la charrue du voisin plus fortuné : gratuitement quelquefois — l'entre-aide était, dans beaucoup de communautés rurales, une obligation sociale assez forte —, plus souvent contre rémunération. Celle-ci se payait parfois en argent, ailleurs en nature, sous forme d'un de ces services de bras que le pauvre était accoutumé à rendre au riche. Car, trop mal pourvu pour pouvoir vivre de son bien, le brassier complète généralement son gagne-pain en se louant chez le laboureur ; il est « manouvrier » ou « journalier ». Ainsi entre les deux classes se noue une collaboration, qui n'exclut pas l'antagonisme. En Artois, à la fin du XVIIIe siècle, les laboureurs, mécontents de voir les « ménagers » affermer quelques terres au lieu de réserver leur travail aux paysans aisés, haussèrent, pour les punir, le prix de location des attelages ; le mécontentement fut si vif et si menaçant que le gouvernement dut fixer, d'autorité, un taux légal[2].

---

1 R De Maulde, Étude sur la condition forestière de l'Orléanais, p. 178, n. 6 et p. 114. — Chantilly, reg. E 34.
2 A. De Calonne, dans *Mém. de la soc. des Antiquaires de Picardie*, 4e série, t. IX, p. 178-179. Cf. l'art. 9 du cahier de doléances commun aux villages lorrains de Bannay et Loutremange, Condé-Northen, Vaudoncourt et Varize, dans *Quellen zur lothringischen Geschichte*, t. IX.

L'antithèse et, par conséquent, la rivalité étaient de tout temps. Mais les transformations économiques du monde moderne les rendirent plus aiguës. L'entrée de l'agriculture dans un cycle d'échanges fut, on l'a vu, l'origine d'une véritable crise paysanne. Les plus aisés et les plus habiles des cultivateurs en profitèrent et n'en devinrent que plus riches ; beaucoup de laboureurs, en revanche, s'endettèrent, durent vendre une partie de leurs biens, et allèrent grossir la masse des manouvriers ou du moins glissèrent à une condition fort voisine de celle-là. Encore, tant que les nouveaux maîtres du sol exploitèrent par petites fermes, il restait à ces déclassés la ressource, dont beaucoup faisaient usage, de prendre, contre loyer d'argent ou métayage, quelques terres. Mais la « réunion des fermes », opérée en grand au XVIIIe siècle dans beaucoup de provinces, précipita définitivement, un bon nombre d'entre eux dans le prolétariat agricole. Beaucoup de textes de ce temps nous décrivent ces villages, où, comme le dit en 1768, de certains cantons de l'Artois, l'intendant de Lille, « le même fermier embrasse toutes les charrues d'une seule communauté, ce qui le rend. absolument le maître de la vie des habitans et fait tort à la population comme à l'agriculture »[1]. A la veille de 1787, dans un grand nombre de communautés, — en Lorraine, en Picardie, par exemple, peut-être en Berry — les manœuvres formaient la majorité. La « révolution agricole », économique et technique, qui commença vers 1750 à transformer les campagnes de la plus grande partie de la France, de même que plus tard la révolution politique qui devait abattre la monarchie, trouvèrent, en face d'elles, une société paysanne fort divisée.

Chapitre VI.
Les débuts de la révolution agricole

L'habitude s'est prise de désigner sous le nom de « révolution agricole » les grands bouleversements de la technique et des usages agraires qui, dans toute l'Europe, à des dates variables selon les pays, marquèrent l'avènement des pratiques de l'exploitation contemporaine. Le terme est commode. Entre ces métamorphoses terriennes et la « révolution industrielle », qui a donné naissance

---

1 Arch. Nat., H. 1515, n° 16.

à la grande industrie capitaliste, il évoque un parallélisme dont on ne saurait contester l'exactitude et des liens véritablement fondés dans les faits. Il met l'accent sur l'ampleur et l'intensité du phénomène. On doit, semble-t-il, lui donner définitivement droit de cité dans le vocabulaire historique. A condition, toutefois, d'éviter les équivoques. L'histoire rurale tout entière, dès les premiers âges, fut un perpétuel mouvement : pour nous en tenir à la pure technique, y eut-il jamais transformation plus décisive que l'invention de la charrue à roues, la substitution des assolements réglés à la culture temporaire, la lutte dramatique des défricheurs contre la lande, la forêt et les usagers ? « Révolution », sans doute, les changements dont nous allons aborder l'étude, si l'on entend par ce mot une mutation profonde. Mais secousse inouïe succédant à des siècles d'immobilité ? Non certes. Mutation brusque ? Pas davantage. Elle s'est étendue sur de longues années, voire sur plusieurs siècles. Nulle part sa lenteur n'a été plus sensible qu'en France.

Deux traits la caractérisent : effacement progressif des servitudes collectives, là où elles régnaient anciennement ; nouveautés techniques. Les deux mouvements eurent des liens, étroits ; et ce fut lorsqu'ils coïncidèrent que la révolution, au sens plein du mot, se fit jour. Mais ils ne furent pas exactement contemporains ; en France, comme à peu près en tous pays — en Angleterre, par exemple — l'assaut contre les servitudes collectives précéda, de beaucoup, les modifications proprement culturales.

1. Le premier assaut contre les servitudes collectives : Provence et Normandie.

La vaine pâture avait jadis été, en Provence, à peu près aussi rigoureuse que dans les autres pays ouverts [1]. S'il était parfois permis

---

1 Sur l'histoire agraire de la Provence — qui est presque tout entière a écrire, et pourtant les documents ne manquent pas, notamment sur la transhumance, dont l'étude fournirait à l'histoire de la structure sociale des données d'un si vif intérêt —, voir les juristes d'Ancien Régime, notamment J. MORGUES, *Les statuts*, 2ᵉ éd. 1658, p. 301 ; les réponses de l'intendant et du Procureur-Général à l'enquête de 1766 sur la vaine pâture ; les réponses des sous-préfets et maires des Bouches-du-Rhône aux enquêtes de 1812 et 1814 (Arch. des B.-du-Rhône, M 13⁶ et *Statistique agricole de 1814*, 1914) ; les usages locaux imprimés des Bouches-du-Rhône (CH. TAVERNIER, 1859) et du Var (CAUVIN et POULLE, 1887, mais d'après une enquête de 1844) ;

aux cultivateurs de mettre en défens une partie de leurs guérets, notamment pour la nourriture de leurs animaux de labour, cette faculté — a Grasse, par exemple, d'après les statuts de 1242 [1] — était limitée à une faible fraction de leurs biens. Mais, à partir du XIVe siècle, un fort mouvement se dessina contre l'antique coutume.

Il fut assez vigoureux pour aboutir, dès la fin du moyen-âge, à une tentative de réforme légale. En 1469, les États de Provence, occupés à une sorte de codification générale du droit public, présentèrent au souverain du moment, le roi René, la requête suivante : « Comme toutes les possessions propres des particuliers doivent être à leur propre avantage et non à celui d'autrui, supplient les États que tous les prés, vignes, défens et autres possessions quelles qu'elles soient qui peuvent être défendues soient en défense toute l'année sous une peine redoutable, nonobstant toute coutume contraire courant dans les lieux dépendant du roi ». Le roi acquiesça : « Considérant qu'il est juste et équitable que chacun dispose et ordonne de son bien, soit fait comme il a été demandé » [2]. A dire vrai, ce « statut » — par approbation royale, il était devenu tel — n'était pas, en ce qui regardait les labours, d'une parfaite clarté. Les commentateurs, cependant, furent unanimes à l'interpréter comme abolissant totalement la vaine pâture obligatoire. Seulement, pareil en cela à la plupart des actes législatifs du temps, il ne fut guère observé. Il révèle un état d'esprit. Mais la transformation véritable vint d'ailleurs : de décisions locales, communauté par communauté. Elle s'échelonna sur quatre siècles au moins : du XIVe au XVIIIe. Pour en écrire un récit exact, il faudrait posséder dans les détails l'histoire de presque tous les bourgs ou villages de la Provence. On ne s'étonnera pas que je doive me borner — faute de place, faute aussi des données nécessaires — à une rudimentaire esquisse [3].

---

enfin P. MASSON, dans *Les Bouches-du-Rhône, Encyclopédie départementale*, t. VII, *L'Agriculture*, 1928.
1 F. BENOIT, *Recueil des actes des comtes de Provence*, 1925, t. II, p. 435, n. 355, c. VII.
2 Arch. B.-du-Rhône, B 49, fol. 301 v°.
3 La nature des documents imprimés et même manuscrits rend plus particulièrement accessibles à un chercheur empêché de parcourir le pays, village par village, les délibérations de communautés au moins à demi-urbaines. Il n'y a pas à cela grand inconvénient, car toutes ces « villes » provençales – même Aix — avaient un

Souvent, surtout dans les premiers temps, la compascuité fut seulement réduite. Parfois on étendait à des cultures nouvelles la protection dont certains produits privilégiés avaient toujours été l'objet : à Salon, où les vignes seules étaient anciennement soustraites à la pâture, on y ajouta, en 1454, les olivettes, les vergers d'amandiers, même les prés [1]. Ou bien on proscrivait la dépaissance sur toute une partie du terroir, appelée ordinairement, d'après les bornes qui la délimitaient, les « bolles » : c'était à l'ordinaire la plus proche de l'agglomération ou la plus riche. Ainsi, à Aix en 1381 — mais on prévoyait la levée de la défense en cas de guerre, parce qu'alors les troupeaux ne pouvaient s'écarter trop loin des murailles ; l'exception joua dès 1390 —, à Tarascon, à Salon (en 1424), à Malaucène, à Carnoules, à Pernes, à Aubagne [2].

Ailleurs, et dès les premiers temps, on osa des mesures plus radicales. A Sénas, la dépaissance collective s'exerçait traditionnellement sur tout le finage, domaine seigneurial compris. Un jour vint où les seigneurs s'avisèrent que cet usage leur était préjudiciable ; en 1322, ils interdirent, pour l'année en cours, aux troupeaux des villageois l'accès des « restoubles » — c'est à dire des chaumes — sur quelque champ que ce fût ; mais ils prétendaient persister à y envoyer leurs propres bêtes. Les paysans protestèrent, moins, semble-t-il, contre l'interdiction en elle-même que contre l'inégalité du traitement. Le problème était juridique en même temps que technique : à qui appartenait-il d'édicter les règles agraires ? La sentence arbitrale, qui intervint enfin, trancha ce conflit d'attribution, toujours délicat, par une cote mal taillée ; le droit du seigneur à mettre en défense les chaumes fut reconnu, mais à condition de consulter auparavant les habitants, — sous réserve aussi qu'il ob-

---

caractère encore très largement rural. La question des droits de pâture sur les terroirs avoisinants était pour les Aixois si grave qu'elle les entraîna, au XIVe siècle à commettre un faux : BENOIT, *loc. cit.*, p. 57, n. 44 (antérieur au 4 août 1351 ; cf. Arch. Aix, AA 3, fol. 139).
1 R. BRUN, *La ville de Salon*, 1924, p. 287, c. 9 ; p. 300, c. XX ; p. 371, c 27 ; cf. plus tard, pour Allemagne, Arch. des B.-du-Rhône, B 3356. fol. 154 (1647, 21 juillet).
2 Arch. d'Aix, AA 2, foi. 42 v° ; 46 ; 45. — E. BONDURAND, *Les coutumes de Tarascon*, 1892, c. CXI. — Arch. des B.-du-Rhône, Livre vert de l'archevêché d'Arles, fol. 235. — F. et A. SAUREL, *Histoire de la ville de Malaucène*. t. II, 1883, p. LV (1500, 4 juin). — Arch. des B.-du-Rhône, B 3348, fol. 589 v° (1631, 28 sept.). — GIBERTI, *L'histoire de la ville de Pernes*, p. 382. — L. BARTHÉLEMY, *Histoire d'Aubagne*, t. II, 1889, p. 404 et suiv. (notamment c. 29).

servât lui-même la prohibition : faute de quoi, personne ne serait tenu de la respecter. Visiblement les arbitres considéraient comme toute naturelle l'abolition du vieil usage, qui, faite ici par criées annuelles, devait sans nul doute, tendre à se perpétuer [1]. D'autres communautés, à des dates extrêmement variables, supprimèrent d'un coup toute compascuité. Salon, par exemple, après avoir prélaudé à cet acte décisif par les dispositions plus modérées qu'on a vues, s'y résolut un peu avant 1463 ; Avignon, dès 1458 ; Riez, en 1647 ; Orange, plus au nord, attendit jusqu'au 5 juillet 1789 [2]. Peu à peu ces décisions se multiplièrent. En beaucoup d'autres lieux, sans que le pâturage commun fût, en principe, aboli, on reconnut aux cultivateurs, tantôt par acte exprès, tantôt par l'effet d'une simple tolérance, qui bien vite passait en loi, le droit d'y soustraire leurs champs. Cette faculté était parfois bornée à une fraction de chaque exploitation — le tiers, par exemple, à Valensolle, en 1647 [3]. Ailleurs elle était totale. Pour écarter les bergers, un simple signe suffisait : en général, une « montjoie », tas de cailloux ou de mottes. En fin de compte, la pratique obligatoire des droits collectifs s'effaça, plus ou moins complètement, de presque toute la surface du pays. Non point, cependant, du pays tout entier. Quelques communautés, restées fidèles aux vieilles mœurs, refusaient d'admettre aucun défens ; ou bien c'étaient les seigneurs qui, armés d'anciens privilèges, s'estimaient en droit de ne pas respecter les « montjoies ». Si l'on pouvait dresser une carte agraire de la Provence, au terme de l'Ancien Régime, on y verrait, parmi de larges

---

1 Arch. B.-du-Rhône, B 3343, fol. 412 v° et 512 v° (1322, 5 oct.). Les difficultés recommencèrent en 1442 (*ibid.*, fol. 323 v° et suiv.). Ce dernier texte, d'ailleurs obscur, semble montrer que la défense de paître les restoubles n'était pas toujours exactement observée. La mise en culture des friches (« herms ») et l'exercice sur elles des droits de dépaissance soulevèrent également de vives controverses : outre les textes cités (ici, et ci-dessus p. 189, n. 41), voir dans le même registre fol. 400 v° (5 déc. 1432 ; confirmé 1438, 6 août) et 385 (1439, 29 déc.). — A Digne, la vaine pâture sur les chaumes fut de même, en 1365, interdite pour trois ans : F. GUICHARD, *Essai historique sur le cominalat*, 1846, t. II, n. CXXIII.

2 Pour Salon, ci-dessous p. 207, n. 12. — J. GIRARD et P. PANSIER, *La cour temporelle d'Avignon*, 1909, p. 149, c. 95 et p. 155, c. 124. — Arch. des B.-du-Rhône, B 3356 fol. 705 v°. — Arch. d'Orange, BB 46, fol. 299 (d'après l'inventaire ; malgré des recherches sur place, je n'ai pu retrouver le document).

3 Arch. des B.-du-Rhône, B 3355, fol. 360 v° (les faiseurs de défens semblent avoir souhaité davantage). A Allemagne (B 3356, fol. 154), en 1647, les « devandudes » sont permises à proportion de l'impôt payé.

espaces de teinte uniforme, marquant le triomphe de l'individualisme, un semis d'autre couleur, qui indiquerait les terroirs plus rares où la servitude de pacage sur les guérets subsistait encore. En rejoignant par la pensée ces points éparpillés, comme les géologues font pour les « témoins » des couches érodées ou bien, pour les débris des formes anciennes du langage, la géographie linguistique, on reconstituerait, dans toute son étendue, l'ancien aspect communautaire.

Pourquoi, en Provence, ce précoce effacement du « communisme rudimentaire » de jadis ? A dire vrai, comme l'on sait, il n'y avait jamais été aussi fort que dans les plaines du Nord. Il ne s'appuyait pas sur le même réseau de règles impérieuses. Surtout il n'était pas, comme là-bas, rendu presque nécessaire par le dessin même des terroirs. Sur les champs, presque aussi larges que longs, et dispersés presque au hasard dans les finages, point de difficultés sérieuses à s'isoler du voisin. Mais le même tracé se rencontre dans d'autres contrées, comme le Languedoc tout proche, ou plus loin le Berry, qui furent beaucoup plus lentes à se déprendre des vieux systèmes. Il explique que la transformation ait pu se faire ; non qu'elle se soit faite, et si tôt.

De tout temps enseignées en Provence, les lois romaines y étaient officiellement reconnues comme fixant, à défaut de stipulations particulières des coutumes, la norme même du droit. Or, toute restriction de la propriété individuelle leur était, comme disaient les vieux juristes, « haineuse ». Elles fournirent des arguments en faveur de la réforme agraire et y inclinèrent les esprits. Le statut de 1469, visiblement, est, plein de leur souvenir. De même, plus d'un arrêt de tribunal ou d'une décision de communauté, rédigée par l'homme de loi du lieu. Mais leur action, qui seconda le mouvement, ne le créa point. Le Languedoc aussi, voué pourtant à un triomphe beaucoup plus tardif de l'individualisme, ne vivait-il pas sous leur empire ? Les causes véritables de la métamorphose du régime agraire provençal, c'est dans la constitution économique et géographique du pays qu'il les faut chercher.

La nature du sol avait empêché qu'en Provence le défrichement n'allât aussi loin que dans d'autres régions. Les terres incultes et destinées à l'être toujours n'y manquaient point. Il n'était guère de terroir qui ne possédât sa « roche », sa « garrigue », recouvertes de broussailles aromatiques, et, ça et là, piquetées d'arbres. Ajoutez quelques vastes étendues trop sèches et trop pauvres en humus pour se prêter à la culture, mais susceptibles de fournir, à la bonne saison, une herbe précieuse : notamment, la Crau. Bien entendu, ces espaces sans moissons servaient de pâquis. Tantôt les troupeaux y erraient librement, tantôt les habitants ou quelques uns d'entre eux s'étaient fait reconnaître le droit d'en distraire temporairement des parties, appelées « cossouls », pour les enclore et les réserver aux bêtes de certains propriétaires. Contre les seigneurs, les communautés, vaillamment, défendaient leurs usages. Comme, dans les pays d'enclos, les landes, les « herms » pierreux de la Provence — « herm », au propre, veut dire désert — permettaient aux petits exploitants de se passer, plus aisément que dans les contrées plus complètement essartées, de la dépaissance collective.

Or il se trouvait précisément que celle-ci, peu à peu, en était arrivée à servir surtout des intérêts différents de ceux des laboureurs. Les manouvriers, évidemment, et les tout petits propriétaires, bien que les friches communales leur fussent à eux aussi ouvertes, n'avaient pas de raison de souhaiter que les champs échappassent à l'ancienne servitude ; sans terres eux-mêmes ou peu s'en faut, ils devaient perdre à ce changement quelques facilités de pacage, sans y rien gagner. En plusieurs lieux, lors des troubles agraires qui coïncidèrent, avec la révolution politique de 1789, ils s'efforcèrent de rétablir la compascuité [1]. Sans doute ne l'avaient-ils point vue disparaître sans regrets. Certaines hostilités, que les faiseurs de défens, rencontrèrent, çà et là, dans les communautés, provenaient vraisemblablement de cette source [2]. Mais l'opposition véritable à la restriction de l'antique usage partit d'un milieu singulièrement plus puissant : les grands entrepreneurs de l'élève du mouton, les « nourriguiers ». Ce furent eux, par exemple, qui, à Salon, appuyés par leurs clients naturels, les bouchers, après que la municipalité

---

[1] Pour les Alpes-Maritimes (l'évolution dans le comté de Nice, détaché de la Provence en 1388, paraît avoir été semblable à celle du reste du pays), voir un rapport du préfet, Arch. Nat., F [10] 337 (an XII, 10 frimaire). Dans les Bouches-du-Rhône, la commune de Puyloubier, semble-t-il, avait maintenu la compascuité ; en l'an IV et l'an V, les « gros tenanciers » voulurent l'abolir ; ce fut « la cause des riches contre les pauvres » : F [10] 336 ; cf. Arch. des B.-du-Rhône, L 658.
[2] Cf. pour la région de Digne, Arch. des Bouches-du-Rhône, B 159, fol. 65 et 66 (1345) ; et pour Valensolle, ci-dessus p 205, n. 9.

eut obtenu de l'archevêque d'Arles, son seigneur, l'abolition totale de la vaine pâture sur les labours, tinrent, plusieurs années durant, la réforme en échec [1]. Vaincus pour l'essentiel et n'ayant gagné que deux points accessoires — le maintien de la dépaissance sur les champs isolés au milieu des lieux incultes et par là trop difficiles à défendre, la suppression d'un cossoul que la communauté avait créé pour en exclure leurs bêtes —, ils ne renoncèrent point à leur rancœur. En 1626 encore, comme on avait augmenté les amendes pour les dégâts aux vignes et olivettes, ils protestaient contre un règlement susceptible de porter préjudice aux « particuliers quy ont inclination de nourrir du bétail » [2]. Ce n'était pas involontairement que la nouvelle politique agraire des communautés lésait les éleveurs ; elle avait pour objet essentiel de mettre fin au profit qu'abusivement, au gré des autres habitants, ils tiraient des anciens usages.

Dès les temps les plus reculés, la Provence avait été pays de transhumance. Mais, depuis le XIIIe siècle, par suite des progrès de la draperie et du développement des villes, avides de viandes, l'importance, dans l'économie, de cette pratique millénaire n'avait fait que grandir. Les troupeaux étaient formés, pour la plupart, par de riches personnages qui en possédaient les bêtes ou les prenaient à charge. Au printemps, le long des larges pistes — les « carreires » — que les cultivateurs, sous des peines fort dures, étaient obligés de laisser ouvertes au milieu des champs, ils montaient vers les pâturages des hautes terres, soulevant autour d'eux ces nuées de poussière qui avaient fait donner aux droits de péage auxquels ils étaient soumis le nom pittoresque de « pulvérage ». L'automne venu, ils redescendaient, et c'est alors qu'ils se répandaient sur les labours dépouillés. Car les nourriguiers mettaient à profit la compascuité, soit qu'originaires eux-mêmes du terroir, ils y eussent

---

1 12 Arch. de Salon, Copie du Livre Blanc (XVIIIe siècle), p. 674 et suiv. Une pièce publiée, avec date inexacte (adressée à l'archevêque Philippe, elle doit se placer entre le 11 février 1463 et le 4 nov. 1475) et sans récit complet de l'affaire, par R. Brun, *La ville de Salon*, p. 379. La criée interdisant la pâture sur les labours, même vides de moisson, datait du temps du cardinal de Foix (1450, 9 oct. — 1463, 11 févr.). Le procès, porté d'abord devant la juridiction royale du juge mage, le fut définitivement devant l'official de l'archevêque et la sentence rendue, le 26 oct. 1476. Les statuts de 1293, art. LXXVII, *in fine*, et art. LXXVIII, témoignent déjà de beaucoup d'hostilité contre le bétail étranger.

2 Arch. des Bouches-du-Rhône, B 3347, fol. 6077.

droit comme habitants, soit qu'ils en eussent affermé l'exercice à une communauté obérée ou, plus souvent, en dépit des protestations des paysans, à quelque seigneur en mal d'argent [1]. Ainsi l'archaïque servitude, jadis imaginée pour assurer à chaque membre du petit groupe la nourriture des bêtes indispensables à sa vie, tournait à l'avantage de quelques gros entrepreneurs — « nobles et prudents hommes », ainsi s'intitulaient ceux de Salon — dont les moutons dévoraient tout. Comme les cultivateurs pouvaient fort bien, grâce à la forme des champs, maintenir leurs animaux à la pâture sur leurs propres chaumes et que par ailleurs les herms leur fournissaient un supplément d'herbe suffisant, ils supprimèrent la compascuité, qui ne servait plus qu'à livrer leurs biens à la dent redoutable des transhumants. La destruction, en Provence, de l'ancien système de pacage communautaire fut un épisode de la lutte éternelle du cultivateur contre l'éleveur — on oserait presque dire du sédentaire contre le nomade —, en même temps que du combat du petit producteur contre le capitaliste.

Elle n'eut pour effet aucune modification apparente dans le paysage agraire. Point ou presque point de clôtures (les haies de cyprès, qui caractérisent aujourd'hui tant de campagnes provençales, ont pour mission de défendre les champs contre le vent, non contre les troupeaux ; elles ne se sont guère élevées avant le XIXe siècle) [2]. Point de rassemblements de parcelles. C'est sans toucher au cadre matériel bâti par les générations passées que la Provence, insensiblement, avait passé à l'individualisme agraire.

***

Dans les pays ouverts du Nord, les communautés demeurèrent longtemps, parfois jusqu'à nos jours, attachées à la dépaissance collective. Mais, principalement depuis le XVIe siècle, certains individus se prirent à la haïr comme une gêne. C'étaient les propriétaires de ces vastes parcelles, constituées au prix de patientes réunions, qui, vers ce temps, commençaient, dans d'innombrables terroirs, à rompre l'antique morcellement. La forme de leurs champs leur

---

[1] Cf. une instructive doléance des habitants de Sault ;, en 1543, dans T. Gavot, *Titres de l'ancien comté de Sault*, t. II, 1867, p. 137 ; et comparez avec les « bandites » du comté de Nice, étudiées par L. Guyot, *Les droits de bandite*, 1884 ; J. Labarrière, *Le pâturage d'été*, 1923.

[2] Voir pourtant une affaire de clôture : H. Boniface, *Arrests notables*. t. IV, 1708, 3e partie, 1. II, t. I, c. XXI.

permettait d'en réserver les guérets à la nourriture de leurs propres bêtes. Leur rang social leur rendait insupportable la soumission aux mêmes règles que le petit peuple. Enfin leurs étables bien garnies leur donnaient d'assez abondantes fumures pour les engager quelquefois à se libérer de la jachère morte. Volontiers, au lieu de laisser, un an durant, leur terre complètement oisive, ils y semaient, cette année-là, quelque menus grains, comme le millet, des plantes oléagineuses, surtout des légumes, « fayoulx » ou « porées ». On appelait cette pratique : « jachère dérobée » ; ne volait-elle pas au sol son repos ? Les agronomes de l'Antiquité classique déjà la recommandaient. Depuis, elle n'avait sans doute jamais été tout à fait perdue de vue ; mais on n'en usait que rarement et sporadiquement. Peu à peu, cependant, son emploi se répandit dans quelques provinces où les marchés urbains offraient aux producteurs des débouchés tentants. La Flandre, probablement, lui fit, dès la fin du moyen-âge, une large place. En Provence, lors de la dernière phase du mouvement contre les droits communautaires, elle contribua peut-être, avec la peur des transhumants, à achever d'incliner les propriétaires à cette transformation. En Normandie, on la voit attestée dès le début du XVIe siècle [1].

Dans les campagnes où le troupeau commun continuait, de toutes parts, à paître les champs dépouillés — dans presque tous les pays ouverts, par conséquent, Provence exceptée — cette émancipation individuelle ne pouvait guère avoir d'effet qu'à l'abri de bonnes haies ou de profonds fossés. Ça et là, dans la France moderne, on vit s'élever de nouveaux clos, contre lesquels protestaient les communautés. La plupart d'entre eux cependant ne protégeaient pas des labours. Pour des motifs que nous exposerons plus loin, on les réservait aux prés, ou bien, comme ceux qu'interdisait, peu après 1565, le comte de Montbéliard, ils avaient pour raison d'être le changement des emblavures en jardins ou vergers [2]. Avant la fin du XVIIIe siècle, dans la plus grande partie du pays, sur le sol

---

[1] Arch. B.-du-Rhône, B 3348, fol. 589 v° (Carnoules). — *Le grand coustumier du pays et duché de Normandie... avec plusieurs additions... composées par...* GUILLAUME LE ROUILLE, 1539, c. VIII. Pour la Bourgogne, témoignage de culture du « milot » sur la jachère en 1370, à Semur : B. PROST, *Inventaires mobiliers*, t. 1, 1902-04, n° 1171 (signalé par M. Deléage).

[2] *Mém. de la Soc. d'émulation de Montbéliard*, 895, p 218. La défense de clore fut renouvelée en 1703 et 1148 : Arch. Nat., K 2195 (6).

arable, rien de pareil à ces « enclôtures » qui, dès les Tudors, commencèrent à métamorphoser le paysage de la vieille Angleterre. Voyez, par exemple, ces cartes parcellaires beauceronnes ou berrichonnes, du début du XVIIIe siècle, où s'étalent les vastes champs des rassembleurs de terres [1] ; ils sont tout ouverts, autant que les minces lanières des petits paysans. Les règles coutumières étaient trop solidement assises, le mouvement vers la réunion des parcelles rencontrait, dans la perpétuité des tenures, trop d'obstacles pour qu'une transformation d'une telle ampleur fût possible ou même très vivement souhaitée. A une exception près, cependant : la Normandie.

Trois faits dominent l'évolution des anciennes régions ouvertes de la Normandie, aux temps modernes. L'un d'ordre agraire : dans une partie au moins d'entre elles — le Pays de Caux — beaucoup de terroirs affectaient ce dessin en puzzle, particulièrement favorable, comme en Provence, à l'abolition des servitudes. Un autre, de nature juridique : centralisé de bonne heure, le duché normand avait une coutume unique, mise en forme, dès le début du XIIIe siècle, dans des compilations qui, d'origine privée, n'en avaient pas moins été de bonne heure reconnues par la jurisprudence comme la source même du droit et devaient, en 1583, servir de base à une rédaction expressément officielle. Or, dans sa constitution agraire, il était, au contraire, fort loin de l'uniformité : il comprenait, à côté de plaines ouvertes, des bocages, où la clôture, traditionnellement, était autorisée. Faits pour l'une et l'autre contrée et sans doute les distinguant mal, les coutumiers du XIIIe siècle avaient abouti à une solution bâtarde et d'une médiocre clarté. Ils reconnaissaient la vaine pâture — le « banon » — sur les terres vides, « si elles n'étaient closes d'ancienneté ». Mais avait-on le droit de clore librement ? Probablement, on s'en remettait là dessus aux usages locaux. Quelle facilité, pourtant, de plier le texte à l'avantage des faiseurs d'enclos ! d'autant que les coutumiers avaient pour eux la force de l'écrit ; les usages locaux, par contre, ne subsistaient que par transmission orale. Enfin — et c'est le troisième fait, proprement économique — dans l'ancienne France, dès le XIIe siècle, point de campagnes plus riches que celles du Caux ou de la Basse-Normandie. L'agriculture y atteignit, de bonne heure, un haut point de per-

---

[1] Pl. VII et XIV.

fection. Dès le XIIIe siècle, la pratique des labours de défonçage, sur la jachère, avait amené les coutumiers à réduire, même sur les terres non closes, la durée de la vaine pâture, autorisée seulement jusqu'à la mi-mars [1]. Très tôt la jachère dérobée fut en honneur. Les fortunes bourgeoises étaient nombreuses et solides. Puissante, par conséquent, l'action de la grande propriété renouvelée.

De fait, dans ces plaines fertiles, la clôture des labours, dès le XVIe siècle, prit une ampleur ailleurs insoupçonnée. Les larges parcelles arables, tenacement réunies, autour de Bretteville l'Orgueilleuse, par les Perrotte de Cairon, sont des clos, des « parcs » [2]. On croirait voir. une de ces cartes d'« enclôtures », publiées par les historiens anglais. Doctrine et jurisprudence inclinaient à reconnaître, sans restriction, la faculté de fermer les champs. Dès 1539, un des premiers commentateurs des textes coutumiers, Guillaume le Rouille, l'admet. En 1583, la coutume officielle, précisant et complétant les recueils antérieurs, la sanctionne expressément. Au XVIIIe siècle dans, la plaine de Caen, les haies vives étaient nombreuses, — plus que de nos jours, car beaucoup d'entre elles, qui servaient d'abri aux chouans, furent abattues sous la Révolution et d'autres, plus pacifiquement, ont été arrachées par les propriétaires, lorsque dans tout ce pays disparut, au XIXe siècle, l'usage de la vaine pâture, qui seul les rendait utiles.

Mais la clôture, après tout, coûtait cher. N'eût-il pas été plus simple de reconnaître à tout propriétaire d'un héritage, même ouvert, le droit, s'il le désirait d'en refuser l'accès aux bêtes du voisin ? Les plus anciens commentateurs de la coutume n'osaient pas aller si loin. Depuis Basnage, qui écrivait en 1678, ils sautèrent le pas. La jurisprudence hésita longtemps. Au XVIIe siècle, on voit encore le Parlement casser la sentence d'une juridiction inférieure qui avait admis la prétention d'un seigneur à n'accepter sur son domaine la vaine pâture qu'à titre onéreux. Au siècle suivant, ses arrêts se firent plus favorables aux souhaits des grands propriétaires. Notamment dans le Caux. Là l'existence, dans les villes et même les campagnes, d'une industrie drapière en plein développement créait, de cultivateurs à éleveurs, le classique antagonisme. « Il n'est point rare »,

---
1 Prescription d'ailleurs, au moins dans le Caux, assez mal observée ; voir p. 214, n. 21.
2 Pl. XVI.

dit un mémoire de 1786, « de voir dans ce Païs ceux qui n'ont point de moutons trouver des moyens d'interdire à ceux qui en ont la pâture de leurs terres en temps de banon et des juges assez complaisants pour accueillir un système si contraire à l'intérêt public ». Le mouvement n'alla point sans protestations, vives surtout, par un trait bien significatif, dans les villages, comme ceux de l'Aliermont, qui, nés de défrichements relativement récents, s'opposaient, par l'allongement et la minceur des parcelles, aux anciens établissements scandinaves. En dépit de ces résistances, les campagnes normandes, soit par enclôture, soit par l'acceptation, pure et simple, du droit au chacun chez soi, avaient, dès le milieu du XVIIIe siècle, passé à un stade agraire fort différent de celui où s'en tenaient, pour l'essentiel, les pays demeurés, comme, par exemple, l'Ile-de-France ou la Lorraine, fidèles aux usages collectifs sur les labours [1].

---

1 Voici les textes essentiels : *Summa de legibus*, éd. TARDIF, VIII ; dans le texte du c. 1, interpréter, dans la phrase « nisi clause fuerint vel ex antiquitate defense », le mot *vel* par « c'est-à-dire » ; cela ressort des mots qui suivent : « ut haie et hujusmodi », et, mieux encore, du c. 4. — *Le grand coustumier... avec plusieurs additions composées par... maistre* GUILLAUME LE ROUILLE, 1539, sur le c. VIII. — G. TERRIEN, *Commentaire...*, 2e éd., 1578, p. 120. — Coutumes de 1583, c. LXXXIII. — BASNAGE, *La coutume réformée*, 2e éd., 1694, t. I, p. 126. — Arrêt déboutant le sieur d'Agon de ses prétentions à faire payer la vaine pâture : 1616, 1er juillet : Arch. Seine-Infér., registre intitulé *Audiences, 1616, Costentin* ; cf. Bibl. Rouen, ms. 869. — Arrêt du 19 déc. 1732, relatif, il est vrai, à une pièce semée de petits chênes, mais avec la mention marginale caractéristique « Nul n'est obligé de se clore ; les terres ensemencées sont en deffends sans être closes » : Arch. S.-Inf., *Recueil d'arrets... depuis la Saint-Martin* 1732, p. 24 à 26. — Mémoire du syndic de l'assemblée municipale de Beaumont-le-Hareng, adressé à la Commission intermédiaire : Arch. S.-Inf., C. 2120. Il faut noter, cependant, que quelque favorable qu'il fût, à d'autres égards, aux vœux des propriétaires, l'arrêt du 26 août 1734, relatif au comté d'Aliermont (*Recueil d'arrets... depuis la Saint-Martin* 1732, p. 204), interdisait la vaine pâture seulement pendant le temps de deffends depuis la mi-mars jusqu'au 14 sept., conformément à la coutume écrite, mais contrairement à l'usage. Sans doute la jurisprudence, depuis cette décision, s'était-elle modifiée. Dans le Caux, les laboureurs ne faisaient point troupeau commun sur toute la paroisse, mais simplement à l'intérieur de cantons (ou « cueillettes »), plus petits. — La jurisprudence, médiocrement disposée, en somme pour la vaine pâture, fut, dès le XVIIe siècle, hostile au parcours : BASNAGE, t. I, p. 127 (j'ai vérifié les arrêts). — A Verson, au XIIIe siècle, les vilains payaient au seigneur, quand ils voulaient clore, un droit de « porpresture » (L. DELISLE, *Études*, p. 670, v. 103 et suiv.) ; mais il s'agit visiblement d'une clôture destinée à changer la culture — transformer, probablement, un labour en jardin ou verger —, puisque ce droit seigneurial avait sa source dans le champart.

2. La décadence des droits collectifs sur les prés [1].

Là où régnait encore la jachère morte, il importait, après tout, assez peu au cultivateur d'un champ labouré de type ordinaire —. s'il n'avait, comme en Provence, à se défendre contre les entreprises de grands éleveurs — que sa terre, une fois dépouillée, s'ouvrît aux bêtes de tout le monde. Il n'y perdait qu'un peu de chaumes ou de plantes folles. Il y gagnait — outre la réciprocité — la fumure par le passage du troupeau commun. Sur les prés, il en allait autrement. Très anciennement, on s'était aperçu qu'à peu près partout ils pouvaient donner une seconde récolte. Mais, presque en tous lieux aussi, ce regain, dévoré sur pied par le troupeau commun ou bien fauché par les soins et au profil de la communauté, échappait au propriétaire. Celui-ci ne voyait qu'avec beaucoup de déplaisir se dissiper ainsi une denrée précieuse, qu'il eût aimé engranger pour l'hivernage de ses étables, ou vendre, lui aussi, à beaux deniers comptants. D'autant que le manque à gagner, ici, était sans compensation. Les prés étaient rares et concentrés entre peu de mains ; beaucoup d'habitants qui tiraient avantage de la servitude collective sur l'herbe d'autrui n'avaient rien à offrir en échange.

Or la mauvaise humeur des maîtres des prés était redoutable ; car, pour la plupart, ils comptaient parmi les puissants : seigneurs, qui, lors de la dissolution des domaines, cédant leurs labours, s'étaient réservé les herbages ; rassembleurs de toute origine qui, plus tard, en avaient acheté. Plus capables que le commun des villageois d'imposer, même illégalement, leur volonté, moins portés à craindre les représailles, ils cherchèrent, de bonne heure, soit à se soustraire à la vaine pâture en général, soit du moins à ne la permettre qu'après le regain. Volontiers ils protégeaient leur foin par de bonnes et solides barrières. Dès le XIII siècle, des procès, déjà nombreux, s'élevèrent à ce sujet entre eux et les habitants. Leurs efforts ne furent point sans succès. Étaient-ils parvenus à interdire au troupeau commun, plusieurs années de suite, définitivement

---

[1] Je renvoie, une fois pour toutes, en ce qui regarde ce paragraphe et les suivants — ainsi que le chapitre VII —, aux articles que j'ai fait paraître dans les *Annales d'histoire économique*, 1930, sous le titre *La lutte pour l'individualisme agraire dans la France du XVIII siècle*. On ne trouvera ci-dessous de références qu'à quelques faits non signalés dans ce mémoire. Voir aussi, H. Sée, *La vie économique... en France au XVIII siècle*, 1924 ; pour les communaux, G. Bourgin, dans *Nouvelle revue historique du droit*, 1908.

ou du moins jusqu'au regain, l'entrée de leur bien ? l'abus devenait ancienneté ; les tribunaux ne pouvaient guère faire autrement que de l'accepter comme un droit. Les juges y mirent d'ailleurs, depuis le XVIe siècle, beaucoup de complaisance, allant, en Champagne, jusqu'à admettre pour suffisante une prescription de trois ans, créant, comme les Parlements de Dijon et de Rouen, une jurisprudence favorable, sauf impossibilité juridique absolue, à ce genre d'enclos ou d'exemption [1]. Ailleurs un terrier, un aveu, une convention fournissait au seigneur l'occasion de faire reconnaître, par ses sujets, le privilège des herbes domaniales [2]. Trois classes de prés peu à peu se créèrent : les uns formés en tout temps ; d'autres, en plus grande quantité — « prés gaigneaux », « prés de revivre » — qui, dépourvus de clôtures permanentes, ne s'ouvraient, néanmoins, au pacage qu'après la deuxième fauchaison ; ceux, enfin, les plus nombreux de beaucoup, qui continuaient d'être soumis à l'antique servitude, dans toute sa rigueur. L'équilibre des forces locales décidait de l'étendue des uns et des autres. Car les paysans, à l'ordinaire, ne se laissaient pas faire sans résistance. En vertu de traditions qui remontaient au plus lointain passé et qui avaient fini par se parer d'une couleur quasi sentimentale, l'herbe, plus que tout autre produit, ne passait-elle pas pour chose commune ? « Depuis la création du monde jusqu'à présent », dit, en 1789, un cahier lorrain, « le second surpoil » appartient aux communautés.

Mais un moment vint où des pouvoirs plus haut placés entrèrent dans la lice. Le gaspillage des regains par l'usage collectif, surtout lorsque, par accident, la première récolte avait été maigre, inquiétait les autorités responsables de l'économie générale du pays : gouverneurs, intendants, Cours Souveraines. D'autant que, au moins près des frontières, il les touchait à un point particulièrement sen-

---

1 TAISAND, *Coutumes générales des pays et duché de Bourgogne*, 1698, p. 748 ; I. BOUVOT, *Nouveau recueil des arrests*, t. II, 1728, p. 764 ; P. J. BRILLON, *Dictionnaire des Arrêts*, t. V, 1727, p. 108 et 109. Mais arrêts opposés, FRÉMINVILLE, *Pratique*, t. III, p. 430 et suiv. — Pour la Normandie, Bibl. de Rouen, ms. 970, fol. 283 ; Arch. Seine-Infér., registre d'arrêts. juillet-août 1588, arrêt du 7 juillet ; P. DUCHEMIN, Petit-Quevilly, 1900, p. 59. — Même tendance, dès le XVIe siècle, chez le Parlement de Paris : arrêts curieux dans J. IMBERT, *Enchiridion*, 1627, p. 194.
2 Exemples (entre bien d'autres) : Saint-Ouen-en-Brie, Bibl. Nat., lat. 10943, fol. 297 (1266, juin). — A. LACROIX, *L'arrondissement de Montélimar*, t V, 1877, p. 24 et 183 (1415, 24 avril et 1485, 27 janv.). — P. L. DAVID. *Amance en Franche-Comté*, 1926, p. 458 (1603).

sible : les intérêts de la Cavalerie du Roi, grande consommatrice de fourrages. Peu à peu, à partir du XVIe siècle, et, au XVIIe de plus en plus fréquemment, on contracta l'habitude, lorsque le printemps avait été trop humide ou trop sec, de promulguer des ordonnances qui, dans la région atteinte, prescrivaient ou permettaient la mise en réserve de tout ou partie des secondes herbes. Très discrètement d'abord, et seulement lorsque, en toute sincérité, la mesure paraissait s'imposer. Pourtant le pli était pris. Les Parlements, qui dans beaucoup de provinces, revendiquaient le droit d'exercer cette forme de la police rurale, inclinaient à sauvegarder les droits des propriétaires. Les intendants eux-mêmes, disposés d'abord à protéger les communautés, subirent, à partir du milieu du XVIIIe siècle, l'influence des doctrines économiques nouvelles qui volontiers sacrifiaient aux nécessités de la production les intérêts des petits et les droits acquis des collectivités. Une tentative fut faite, dès 1682, pour abolir totalement, dans une province militairement des plus exposées — l'Alsace — la vaine pâture sur les regains. Prématuré, attaqué par les communautés et médiocrement respecté par les tribunaux, le règlement resta à peu près lettre morte. Mais au XVIIIe siècle, dans une grande partie du royaume, édits et arrêts, en principe toujours exceptionnels et invariablement limités à l'année en cours, se succédèrent à intervalles de plus en plus rapprochés, au moindre prétexte, parfois en dehors de tout prétexte valable : au point que dans deux provinces au moins — le Béarn, dès le début du siècle, la Franche Comté, vers sa fin — on les vit se répéter, régulièrement, tous les ans. « Le petit peuple » des villages protestait, non sans violences, mais, dans l'ensemble, sans succès.

La. victoire de la propriété individuelle n'était pas, pour cela, pleinement assurée. Réserver les regains était, en théorie, chose aisée. Mais au profit de quelle partie prenante ? Ici commençaient les difficultés. Plusieurs prétendants faisaient valoir leurs droits. Les propriétaires, bien entendu. Mais aussi les communautés, fort capables d'entreprendre, à leur propre compte, la récolte et la distribution ou la vente. Elles-mêmes n'étaient point unanimes. Leurs intérêts se séparaient nettement de ceux des propriétaires de prés, qui formaient une petite minorité. Mais, parmi les habitants qui n'avaient point d'herbages, on rencontrait des laboureurs et des manouvriers : des modes de partage différents semblaient susceptibles de favoriser les uns ou les autres. Enfin, au-dessus des paysans, se dressait le seigneur, possesseur de prairies, à l'ordinaire mais en même temps pourvu, assez souvent, de privilèges propres : droits de pacage, comme le « troupeau à part » ou « les herbes mortes », qui, diminués de valeur par la mise en défens des regains, semblaient devoir donner lieu à une indemnité, — en Lorraine prélèvement du tiers sur tous les produits communaux. Entre tant de revendications contraires, images d'une société complexe et empêtrée dans une foule de survivances, comment ne pas hésiter ? Tel Parlement, comme celui de Metz, oscilla perpétuellement entre les thèses les plus diverses. Ailleurs la jurisprudence se stabilisa, mais dans des sens, selon les provinces, fort différents. Là où, comme en Franche Comté et en Béarn, à la défense devenue annuelle s'ajoutait l'application d'un système qui donnait au propriétaire le regain entier, toute trace de l'ancienne servitude collective s'était définitivement effacée. Ailleurs — en Bourgogne par exemple ou en Lorraine — elle n'avait point tout à fait succombé, puisque la vaine pâture sur les secondes herbes s'exerçait encore pendant certaines années et que, le reste du temps, les fourrages, enlevés au troupeau commun, revenaient sous une autre forme, en tout ou partie, aux collectivités. Mais comme le partage du foin s'opérait, à l'ordinaire, proportionnellement au nombre des têtes de bétail possédées par chacun, les manouvriers du moins, victimes désignées de la révolution agricole, perdaient beaucoup au changement. De toute façon, les vieilles pratiques communautaires sur les prés, sans réforme d'ensemble, par une sorte d'insensible grignotage. s'évanouissaient peu à peu.

3. La révolution technique.

L'essentiel de la révolution technique qui devait donner à la lutte contre les servitudes collectives un nouvel élan peut se résumer en quelques mots : l'abolition de ce qu'un agronome, François de Neufchâteau, appelait « l'opprobre des jachères ». A la terre, habituée jusque-là, dans les systèmes les plus perfectionnés, à se reposer un an sur deux ou sur trois, toute paresse désormais devait être interdite. Dans la vie matérielle de l'humanité, point de progrès plus considérable. C'était la production agricole tantôt doublée, tantôt augmentée de la moitié de sa valeur antérieure, par conséquent la possibilité d'entretenir un beaucoup plus grand nombre d'hommes ; en outre, comme l'augmentation de la population, en fait, ne suivit pas exactement l'accroissement des cultures, la faculté d'entretenir mieux que par le passé des foules pourtant plus nombreuses. Sans cette conquête inouïe, ni le développement de la grande industrie, entassant dans les villes des multitudes qui ne tiraient pas directement leur subsistance du sol, ni d'une façon générale le « dix-neuvième siècle », avec tout ce que ce mot évoque pour nous de bouillonnement humain et de transformations foudroyantes, n'eussent été concevables.

Mais les anciens régimes agraires formaient des systèmes bien liés. Il n'était pas facile d'y porter la hache sans tout détruire. Pour que s'exécutât la révolution culturale, plusieurs conditions se trouvaient nécessaires.

Que mettre sur la sole jadis réservée à la jachère ? Du blé ? On en eut parfois l'idée. Elle était trop mauvaise pour qu'on s'y tînt. L'observation montrait qu'à semer éternellement la même plante — ou des plantes analogues — sur la même terre, on se fût condamné à d'infimes moissons. Il fallait trouver des végétaux capables de fouiller l'humus à des profondeurs différentes de celle qu'atteignent les racines des céréales. Des légume ? C'est par là, qu'à l'ordinaire on commença. Mais leur culture n'était point partout recommandable, ni leur consommation susceptible d'une extension indéfinie. Même observation pour le lin et le colza. Ce n'était pas la peine, vraiment, de bouleverser, pour cela, toute l'antique constitution agraire.

Aussi bien, découvrir la plante n'était pas tout. Si bien choisie que fût l'alternance des récoltes, la continuité de la culture risquait d'épuiser le sol, si on ne trouvait le moyen de lui administrer une dose renforcée d'engrais, c'est-à-dire — l'engrais chimique n'étant pas inventé — de fumier. D'où la nécessité de pousser au développement du bétail. Mais ici, la contradiction, au premier abord, paraissait insoluble. La jachère n'avait pas, en effet, pour seul objet de procurer à la terre le repos. Elle donnait aux bêtes la pâture. Aux XVIIe et XVIIIe siècles, le Parlement de Paris, dans plusieurs villages voisins de la capitale, imposa, par arrêts, le respect de l'ancien assolement, avec année vide ; c'est que les méthodes nouvelles lui semblaient compromettre l'élève du mouton, et par là, le ravitaillement de la population parisienne [1]. En supprimant la jachère, vouloir non seulement maintenir, mais rendre plus intense l'élevage, n'était-ce pas chercher la quadrature du cercle ?

La solution de cette double difficulté fut donnée par la culture des fourrages artificiels. Essentiellement, ce sont les plantes fourragères qui vont faire la relève du blé, dans une alternance nouvelle, et, du même coup contraindre, comme chantait Saint-Lambert, « les champs depuis peu moissonnés — d'offrir une herbe tendre aux troupeaux étonnés » [2] : légumineuses, comme le trèfle, le sainfoin, la luzerne, dont les racines, plus profondes que celles des céréales, par surcroît ne demandent point au sol la même proportion d'aliments chimiques, ou bien végétaux à racines charnues, comme le navet —, les fameux « turneps », si, souvent mentionnés dans les mémoires agronomiques du temps — qui, aux vertus des espèces précédentes, joignent l'avantage de forcer à un sarclage par où les labours sont périodiquement débarrassés des mauvaises herbes. Cultures nouvelles ? Pas absolument. On les pratiquait pour la plupart depuis longtemps, mais en petites quantités et non pas dans les champs. Elles étaient réservées aux jardins. En un certain sens, la révolution culturale peut être considérée sous l'aspect d'une conquête du labour par le jardinage : emprunt de produits, emprunt de procédés — sarclage et fumure intensive —, emprunt de règles d'exploitation : l'exclusion de toute vaine pâture et, au besoin, l'enclos [3]. A la fin du XVIIIe siècle la pomme de terre, connue depuis sa venue d'Amérique, mais qui longtemps n'avait été cultivée qu'en petit, dans quelques provinces de l'Est seulement et surtout pour l'alimentation des bêtes, s'ajouta à la liste des dé-

---

1 Cf. ci-dessus p. 44, n. 27 ; motifs dans des conclusions de l'Avocat Général d'Aguesseau. 1722, 28 févr., *Journal des Audiences*, t. VII, p. 647.
2 *Les Saisons, L'automne*, éd. de 1826, p. 161.
3 Dans les pays pauvres, comme la Marche, le froment lui-même, plus délicat que le seigle, avait été parfois une plante de jardin : G. MARTIN, dans *Mém. de la Soc. des sciences naturelles de la Creuse*, t. VIII, p. 109, Parfois les prairies artificielles succédèrent à d'anciennes chènevières soustraites, de tout temps, à la servitude collective : Arch. Nat., H 1502, n° 1, fol. 5 v°. On a, pour les, environs de Paris surtout, au XVIIe siècle, un assez grand nombre d'exemples de culture du sainfoin ; beaucoup des textes, relatifs aux dîmes, qui nous révèlent cette pratique, montrent clairement que ce fourrage était alors cultivé dans des clos, souvent dans des vergers : *Recueil des édits... rendus en faveur des curez*, 1708, p. 25, 73, 119, 135, 165, 183.

Chapitre VI

couvertes végétales, aidant, du même coup, les populations paysannes, jusque là nourries de céréales, à écarter le spectre de la disette. Puis ce fut la betterave sucrière, destinée à former avec le blé la plus classique des rotations. Mais, dans sa première phase, l'« agriculture nouvelle », pour parler comme ses théoriciens, fut tout entière placée sous le signe des fourrages.

La première idée qui vint à ces initiateurs fut, très naturellement, de conserver l'ancien rythme, biennal ou triennal. Simplement, on « dérobait » la jachère. Mais on s'aperçut assez vite que beaucoup de fourrages donnaient des récoltes plus belles lorsqu'on les laissait se développer sans interruption, pendant quelques années, sur la même terre. Retournait-on ensuite au blé ? les épis n'en étaient que plus lourds et plus serrés. On fut ainsi amené à constituer de véritables « prairies artificielles », d'une certaine durée, et à inventer des cycles d'assolement, à la fois plus longs et plus souples, qui bouleversaient de fond en comble l'ancien système.

Une autre condition en outre était indispensable — ne disons pas encore pour que la révolution technique réussît, car son succès n'était possible que moyennant certaines transformations juridiques dont l'étude viendra plus loin, — mais pour qu'elle fût seulement tentée : qu'on en eût l'idée et le besoin.

Pour l'essentiel, ce fut de l'étranger que la France reçut l'impulsion des méthodes nouvelles. Fait européen, la révolution agricole se propagea selon des lignes de filiation extrêmement curieuses à relever. Les pays de peuplement intense et plus particulièrement de fort développement urbain furent partout les premiers à abolir la jachère : telles les banlieues de quelques villes allemandes, quelques campagnes de Normandie ou de Provence, — mais surtout les deux grandes contrées de civilisation urbaine qu'ait connues l'Europe, dès le moyen-âge : Italie du Nord et Flandre. Bien que, dès le XVIe siècle, un agronome vénitien, le premier sans doute dans tout l'Occident, eût recommandé un assolement sans repos, avec fourrages [1], et en dépit de quelques références, dans les écrits français du XVIIIe siècle, aux pratiques de la Lombardie, l'exemple italien ne paraît pas avoir exercé sur les techniques d'outre-monts une influence bien forte. La Flandre, au contraire,

---

1 C. Torello, *Ricordo d'agricoltora* : la première édition, sauf erreur, de 1556 ; la Bibl. Nat. possède celle de 1567, Venise.

avec le Brabant, fut vraiment la mère des réformes culturales. Aussi bien ses méthodes étaient-elles sans doute mieux adaptées à nos climats. Mais, si on laisse de côté, pour simplifier, la petite partie de la France — de la France d'après Louis XIV — qui n'est qu'un morceau de la Flandre, l'influence des Pays-Bas, pourtant limitrophes, ne se fit guère jour chez nous qu'en empruntant un chemin détourné : celui de l'Angleterre. « Discours sur l'agriculture telle qu'on la pratique en Brabant et dans les Flandres », tel est — en 1650 — le titre du premier ouvrage anglais qui développe un programme, parfaitement net, d'assolement fondé sur les plantes fourragères [1]. Dans une Angleterre qui naissait à la grande industrie, mangeuse de pain et de viande, et où le sol était dominé de plus en plus par les grands propriétaires, volontiers novateurs, l'« agriculture nouvelle » trouvait un terrain prédisposé ; elle y fut grandement développée et perfectionnée. Mais on ne saurait guère douter que ce n'ait été, pour l'essentiel, dans les plaines flamandes que ses pionniers en prirent les principes. De la Grande-Bretagne à leur tour, à partir de 1760 surtout — l'année où parurent les *Éléments d'agriculture* de Duhamel du Monceau, qui firent date —, les théoriciens français reçurent le flambeau.

C'est de théories, en effet, et d'idées qu'il convient tout d'abord de parler. « Il n'est pas un possesseur de terres », écrivait, en 1766, un observateur tourangeau — il pensait, bien entendu, aux grands propriétaires —, « qui ne réfléchisse... sur les avantages qu'il peut en tirer [2]. Les pessimistes, comme Grimm, raillaient les « cultivateurs de cabinet ». Ils n'avaient pas toujours tort. « Réflexions », cependant, influence du livre sur la pratique, effort pour fonder en raison le progrès technique, autant de traits significatifs. Les transformations agricoles des âges précédents n'avaient jamais eu pareille couleur intellectuelle. Mais la doctrine nouvelle n'obtint quelque succès que parce qu'elle rencontrait, dans la société française, des circonstances alors, à tous égards, singulièrement favorables.

La population croissait fortement. Les personnes préoccupées du bien public en concluaient à la nécessité d'augmenter les sub-

---

[1] R. E. Prothero, *The pioneers*, 1888, p. 249 et 32 : cf. *Dict. of National Biography*, art. R. *Weston*.
[2] G. Weulersse, *Le mouvement physiocratique*, 1910, t. II, p. 152.

sistances et de les rendre, autant que possible, indépendantes des arrivages étrangers, toujours hasardeux et que les guerres, à plusieurs reprises, avaient menacé d'interrompre. Le même phénomène démographique assurait aux propriétaires, s'ils parvenaient à élever le rendement de leurs biens, des débouchés certains. Toute une doctrine économique se fondait, dominée par le souci de la production et prête à y sacrifier les autres intérêts humains. Le rassemblement des terres, opéré par la noblesse et la bourgeoisie, avait reconstitué les grandes propriétés, propices aux améliorations techniques. Les capitaux, auxquels l'industrie et le commerce n'offraient que des placements insuffisants et souvent aléatoires, se portaient volontiers vers la terre et y cherchaient un emploi plus rémunérateur que les rentes seigneuriales. Enfin l'intelligence du siècle des lumières vivait sous l'empire de deux grandes directions de pensée. Elle s'appliquait à rationaliser la pratique, comme les croyances, et refusait de tenir, dorénavant, la tradition pour respectable en elle-même ; les usages agricoles anciens, que pour leur barbarie on comparait volontiers aux édifices gothiques, devaient disparaître, s'ils n'avaient pour eux que d'avoir longtemps existé. Elle mettait très haut les droits de l'individu et n'acceptait plus qu'ils fussent garrottés par des entraves, nées de la coutume et imposées par des collectivités peu éclairées. L'engouement des salons pour les champs, l'« agromanie » régnante, a parfois fait sourire ; on s'est étonné du simplisme de la thèse physiocratique qui de la terre dérive toute richesse. Modes littéraires ? esprit de système ? Sans doute. Mais, surtout, manifestations intellectuelles ou sentimentales d'une grande vague de fond : la révolution agricole.

Qui dit histoire d'une technique, dit histoire de contacts entre des esprits. Comme tous les autres changements de même ordre, les transformations agricoles se firent jour à partir de certains points de rayonnement humain : bureaux ministériels ou bureaux d'intendance, bientôt peuplés d'hommes gagnés à l'agronomie réformée ; sociétés d'agriculture, plus qu'à demi officielles elles aussi ; surtout, ces plus modestes mais plus efficaces foyers que formaient, dans les campagnes même, telle et telle propriété intelligemment exploitée. L'initiative vint rarement des paysans. Là où l'on voit ceux-ci se rallier spontanément aux méthodes nouvelles, leur attitude s'explique, à l'ordinaire, par leurs rapports, individuellement ou en masse, avec des régions déjà plus évoluées : les petits producteurs du Perche, en même temps colporteurs de toile, toucheurs de bœufs ou marchands de cercles de tonneaux, apprirent de la Normandie et de l'Ile-de-France, où ils portaient leurs marchandises, les pratiques nouvelles [1]. Plus souvent, c'est un gentilhomme, instruit par les livres ou les voyages, un curé, grand lecteur d'écrits nouveaux, un directeur de forges ou un maître de postes à l'affût, l'un comme l'autre, des inventions capables de les aider à nourrir leurs attelages — beaucoup de maîtres des postes, — vers la fin du siècle, furent pris pour fermiers par les propriétaires soucieux d'amélioration —, qui introduit sur sa terre les prairies artificielles et dont l'exemple, peu à peu, s'impose aux voisins. Parfois, aux migrations d'idées s'ajoutent des migrations d'hommes : Flamands surtout, venus de la patrie même du progrès technique, que le Hainaut, la Normandie, le Gâtinais, la Lorraine appellent comme ouvriers ou fermiers, gens du pays de Caux que l'on s'efforce d'attirer dans la Brie, plus arriérée. De proche en proche, la culture des fourrages, accompagnée de beaucoup d'autres perfectionnements, réalisés ou tentés — dans l'outillage, dans la sélection des races animales, dans la protection contre les maladies des végétaux ou des animaux — s'étendit de champ en champ. La jachère commença à disparaître, surtout dans les pays de grande propriété et, de préférence, aux abords des villages, où la fumure était plus aisée. Très lentement, d'ailleurs. La révolution technique ne se heurtait pas seulement aux habitudes reçues ou à des difficultés d'ordre économique. Elle trouvait devant elle, dans la plus grande partie du pays, l'obstacle d'un système juridique, aux contours arrêtés. Pour lui permettre de triompher, un remaniement du droit était nécessaire. A cette réforme, dans la seconde moitié du siècle, les gouvernants s'attelèrent.

4. L'effort vers l'individualisme agraire : communaux et clôtures

Partout, dans l'ancienne France, des landes, des marais, des bois étaient réservés à l'usage collectif des habitants ; là même où, en pays d'enclos, l'exploitant était pleinement maître de son champ, cette liberté des labours, précisément, n'avait été rendue possible que par l'existence de friches communes. Dans une grande par-

---

[1] Dureau de la Malle, *Description du bocage percheron*, 1823, p. 58 et suiv.

Chapitre VI

tie du royaume, en outre, la terre arable elle-même obéissait à de fortes servitudes, au profit du groupe. Les agronomes de la nouvelle école partirent en guerre contre ces pratiques communautaires. Aux communaux, « restes de notre antique barbarie » [1], ils reprochaient de gaspiller beaucoup de bonnes terres, capables, si elles avaient été intelligemment mises en valeur, de porter de riches moissons ou du moins de nourrir de plus abondants troupeaux. « Quel vide », écrivait le comte d'Essuile, spécialiste notoire, « dans la masse générale des denrées de consommation ou de commerce » [2] ! Ils s'exagéraient parfois la productivité de ces étendues, qui souvent, n'étaient restées incultes que parce qu'elles étaient incultivables. Pourtant ils n'avaient pas toujours tort. Comment, si l'on s'en tient au souci de la production, ne pas donner raison au duc de Rohan, lorsqu'il se plaignait qu'« étripant » les landes, pour en enlever les mottes, « jusqu'à mettre le roc à nu », les paysans bretons les rendissent « à jamais stériles ? » [3] Quant à la vaine pâture, disaient ses ennemis, non sans quelque couleur de vérité, dépourvue d'avantages réels pour les animaux qu'elle condamnait à ne trouver sur les guérets, au prix de fatigants vagabondages, qu'une herbe déplorablement rare, — elle empêchait, par elle-même ou par les contraintes annexes, qu'elle rendait nécessaires, l'abolition de la jachère et la culture des fourrages. Ces raisons théoriques n'étaient point sans force. Mais sans doute, à elles seules, eussent-elles été, impuissantes à alimenter une haine aussi vigoureuse. Des sentiments plus profonds, à demi-inconscients, poussaient les réformateurs. Motifs d'intérêts : beaucoup étaient de grands propriétaires ; leur fortune souffrait de ces entraves ; par surcroît, en offrant aux petits cultivateurs et aux manouvriers l'occasion de vivre maigrement de quelques profits trop faciles, communaux et droits de pacage en encourageaient l'« indolence », entendez détournaient leurs bras du service des grandes exploitations. Goût de l'individualisme : ces gênes « déshonoraient » la propriété.

Or, il se trouva que, vers le milieu du siècle, les idées nouvelles gagnèrent les pouvoirs : États Provinciaux qui, comme ceux du Béarn depuis 1754, ceux de Languedoc et de Bourgogne vers le même temps, embrassent alors avec beaucoup de ténacité la cause

---

1 Mémoire de la Soc. d'agriculture de Bourges, Arch. Nat., H. 1495, n° 20.
2 *Traité politique*, 1770, p. VI.
3 Du Halgouët, *Le duché de Rohan*, p. 56.

des transformations agraires ; intendants et leurs bureaux ; ministres même et grands commis. Bertin, Contrôleur Général de 1759 à 1763, puis Secrétaire d'État, aidé — jusqu'en janvier 1769 — par son ami et conseiller ordinaire Daniel Trudaine, échafaude le projet de réformes modérées, animées d'un prudent empirisme. Surtout, dans les bureaux du Contrôle Général, qui, pratiquement, gardent jusqu'en 1773 la direction des affaires agricoles, un homme, l'intendant des finances d'Ormesson, sous le nom des ministres éphémères, guide, d'une main ferme, l'administration dans les voies de ce que son esprit rigide et systématique conçoit comme le vrai progrès.

Une série de mesures législatives prises, en général, après enquêtes, traduisirent, par des actes, ces vues théoriques. Province par province, naturellement : la France de l'Ancien Régime n'était qu'imparfaitement unifiée. De 1769 à 1781 le partage des communaux est autorisé par édits dans les Trois Évêchés, la Lorraine, l'Alsace, le Cambrésis, la Flandre, l'Artois, la Bourgogne, la généralité d'Auch et Pau. Dans d'autres régions, çà et là, des ordonnances ou arrêts de portée purement locale — venus du Conseil du Roi ou des pouvoirs régionaux — permettent, village par village, la même opération. En Bretagne, par simple application d'une jurisprudence favorable aux seigneurs, les afféagements des landes se poursuivent en grand. En outre les avantages de toute sorte, fiscaux notamment, qui furent accordés aux défrichements, poussaient à la mise en culture de beaucoup d'anciens terrains voués par coutume ou tolérance, au pacage commun et en favorisaient, pratiquement, l'usurpation, tantôt par les riches, tantôt par la masse des petits essarteurs.

Même élan contre les servitudes collectives. Les États du Languedoc, en 1766, obtiennent du Parlement de Toulouse un arrêt qui, dans une grande partie de la province, interdit, en principe et sauf avis contraire des communautés, la vaine pâture obligatoire. Le Parlement de Rouen la proscrit totalement sur certains fourrages ; de même le Conseil Souverain de Roussillon, et dans quelques sections de son ressort, le Parlement de Paris. Ailleurs des tribunaux de bailliage, des intendants, voire même, sous l'inspiration, à l'ordinaire, des autorités supérieures, de simples communautés, prennent, en faveur des prairies artificielles, des dispositions analogues. En 1767, sous l'impulsion de d'Ormesson, le gouvernement de la monarchie entre en campagne. Supprimer purement et simplement la contrainte de la vaine pâture, la révolution paraît trop considérable, trop susceptible de provoquer des « émotions » populaires, pour qu'on la puisse tenter. Du moins juge-t-on raisonnable, et déjà efficace, de s'attaquer à deux des anciens usages. D'abord à l'interdiction de clore ; désormais libre de s'enfermer chez lui, le propriétaire, s'il consent à faire les frais d'une barrière ou d'un fossé, sera véritablement le maître de son champ et en pourra refuser l'accès, en tout temps, aux bestiaux du voisin. Puis au parcours entre communautés, qui, assujettissant toute réforme à l'accord de plusieurs villages, rendait pratiquement impossible à chaque groupe, pris, à part, de restreindre sur son propre terroir, s'il le désirait, la rigueur du pacage. De 1767 à 1777, dans la Lorraine, les Trois Évêchés, le Barrois, le Hainaut, la Flandre, le Boulonnais, la Champagne, la Bourgogne, la Franche Comté, le Roussillon, le Béarn, la Bigorre, la Corse, une série d'édits établissent la liberté de clôture. De 1768 à ʿ 1771, dans la Lorraine, les Trois Évêchés, le Barrois, le Hainaut, la Champagne, la Franche Comté, le Roussillon, le Béarn, la Bigorre, la Corse, le parcours est officiellement supprimé.

La tentative — à laquelle l'imitation de l'œuvre entreprise, outre. Manche, par le Parlement anglais ne fut point étrangère — était grandiose. Elle s'arrêta assez brusquement. L'édit du Boulonnais, qui est de 1777, marque le terme des « édits des clos ». Encore n'était-il lui-même que le résultat de tractations engagées huit ans auparavant. Le mouvement, en fait, cessa dès 1771. Depuis ce temps, on ne rencontre, çà et là, que quelques mesures toutes locales. Un vent de timidité et de découragement semble souffler sur les esprits ; consultés, à l'occasion, sur les effets des réformes anciennes et la possibilité de réformes nouvelles, les administrateurs presque toujours conseillent, pour l'avenir, la prudence et l'abstention. C'est que cet essai de grande politique agraire s'était heurté à des difficultés insoupçonnées de ses premiers auteurs. La société rurale de l'Ancien Régime, par la complication même de son armature, offrait au bouleversement des vieux usages de multiples obstacles, d'autant plus malaisés à prévoir et à surmonter que leur nature variait selon les régions.

***

Laissons de côté, si l'on veut, certains mobiles d'opposition, pourtant, à l'aventure, fort puissants : chez quelques gentilshommes, la crainte que les barrières nouvelles n'arrêtassent l'élan des chasses, plaisir et orgueil de leur classe ; les clôtures n'étaient-elles pas, pour ce motif, dans les terroirs dépendant des capitaineries royales, fort soigneusement prohibées par les veneurs de Sa Majesté ? — chez beaucoup d'administrateurs et principalement de magistrats, le respect des droits acquis, de « cette espèce de propriété appartenante aux corps de communautés d'habitans », comme disait, à propos de la vaine pâture, le Procureur-Général de Paris : en ne voulant voir dans la propriété que son aspect individuel, les économistes, à leur façon, étaient des révolutionnaires ; — chez un grand nombre de personnes, souvent dans les mêmes milieux, la peur de tout bouleversement qui, atteignant l'ordre établi, risquerait d'ébranler l'édifice social tout entier et notamment ces privilèges seigneuriaux, que les plus hardis parmi les agronomes enveloppaient volontiers avec les servitudes collectives dans une même réprobation ; — enfin, plus simplement, le culte de la tradition en elle-même. Cet « empire de l'habitude », qui s'opposait à la fois aux nouveautés techniques et aux réformes du droit agraire, se rencontrait dans tous les mondes. Encouragé par les échecs de quelques novateurs plus enthousiastes qu'habiles, il inspirait les répugnances de beaucoup de personnes riches et relativement instruites : tels « Nos Seigneurs » du Parlement de Nancy, raillant les partis-pris agronomiques de l'intendant La Galaizière. Mais nulle part il n'était plus répandu et plus fort que dans les masses paysannes, où il se confondait avec le sentiment obscur des dangers dont la révolution agricole menaçait les petits.

Même en demeurant, par une simplification indispensable mais qui n'est pas sans déformer la mouvante réalité, sur le terrain des intérêts élémentaires, les transformations de la technique et des lois affectaient d'une façon partout fort diverse les différentes classes qui, directement ou non, vivaient du sol. Des variations régionales très accentuées nuançaient encore ces contrastes. Certes les classes n'avaient pas de leur position économique une notion toujours parfaitement nette ; leurs contours même étaient parfois bien incertains. Mais précisément la révolution agricole eut pour effet de fortifier en elles et de clarifier le sentiment des antagonismes nécessaires et, par suite, la conscience de leur propre existence ; elle fournit à leurs membres l'occasion de se concerter pour une action commune, les seigneurs dans les États provinciaux ou les Parlements, les paysans de tout niveau dans les assemblées de communautés, — en attendant que la Révolution politique de 1789 leur permît d'exprimer, dans les cahiers, des vœux où souvent les controverses des années précédentes font entendre leur écho.

Vis à vis de l'abolition des servitudes collectives et, plus généralement, de la suppression des jachères, qui risquait de restreindre le pacage, la position des manouvriers, auxquels il faut joindre les petits laboureurs, sans cesse menacés de glisser au prolétariat, ne souffrait point d'équivoque. N'ayant pas de terres ou très peu, habitués à cultiver au jour le jour leurs lopins, trop peu instruits pour s'adapter à des méthodes nouvelles et trop pauvres pour tenter des améliorations qui forcément exigeaient une certaine mise de fonds, si faible fût-elle, ils n'avaient aucun intérêt à une réforme dont ils étaient incapables de profiter. Ils avaient, par contre, tout à redouter d'elle. Car la plupart d'entre eux possédaient quelques bêtes, auxquelles ils ne pouvaient donner d'autre nourriture que celle que leur offraient, avec le communal, les champs dépouillés, soumis à la dépaissance commune. Sans doute les règlements qui présidaient à la pâture fixaient, à l'ordinaire, la part de chaque habitant à proportion de ses biens-fonds ; ils avantageaient donc les riches ; mais soit ces règlements eux-mêmes, soit une simple tolérance, que les agronomes volontiers traitaient d'usurpation [1], permettaient presque toujours au pauvre, n'eût-il pas un pouce de terre à lui, d'envoyer sur les guérets quelques « aumailles ». Privés de cette ressource, ces humbles gens risquaient ou de mourir de faim ou du moins de tomber, vis à vis des laboureurs ou des gros propriétaires, dans une dépendance beaucoup plus étroite encore que par le passé. Comment s'y fussent-ils trompés ? Unanimes dans leur résistance, ils formèrent partout les troupes de choc des partis ruraux opposés, soit aux perfectionnements essayés par des propriétaires isolés, soit aux édits des clos eux-mêmes. Leur main se retrouve dans tous les bris de clôture par où s'exprima le

---

[1] Arch. Nat., H. 1495, n° 33 (Soc. d'agriculture d'Angers) et *Annales d'histoire économique*, 1930, p. 523, n. 2.

mécontentement collectif soulevé, en Auvergne ou en Alsace, par les entreprises de quelques individus, en Hainaut, en Lorraine, en Champagne, par la législation.

Le problème des communaux les trouvait beaucoup moins unis. Sans doute toute atteinte portée aux biens de la collectivité réduisait forcément ces droits de dépaissance auxquels le petit peuple avait de si fortes raisons d'être attaché. Pour les prolétaires de la campagne, le partage, cependant, pouvait avoir ses attraits ; ne leur offrait-il pas l'occasion de réaliser ce rêve longtemps chéri : devenir, à leur tour, propriétaires ? A une condition, cela va de soi : que la distribution s'opérât selon un mode favorable aux plus modestes habitants. Contre l'accaparement insidieux ou brutal des pâquis communs par les seigneurs ou les « coqs de village », sans compensation pour les pauvres, contre les « afféagements » bretons par exemple, les manouvriers, comme la plupart des paysans, se dressaient vigoureusement. De même, contre les décisions de certaines communautés qui, dirigées par les gros propriétaires, ne morcelaient la terre commune que pour la répartir proportionnellement à la grandeur des propriétés déjà formées. Les édits royaux furent plus soigneux de l'intérêt de la masse. Par une manifestation significative de cette traditionnelle sollicitude pour les populations villageoises qui, chez les administrateurs, tendait pourtant de plus en plus à céder le pas devant le souci de la production, ils prescrivaient l'allotissement par ménage [1]. Ainsi conçu, et sauf dans les pays de montagne où personne, à vrai dire, dans la masse rurale, n'avait intérêt à diminuer les alpages, l'opération plaisait aux manouvriers, tout prêts à se transformer en défricheurs. Ce sont eux qui, en Lorraine par exemple, mirent à profit la majorité, parfois écrasante, que leur nombre leur donnait dans les assemblées de paroisse, pour imposer aux laboureurs récalcitrants l'application des lois de partage.

A l'autre extrémité de l'échelle sociale, les intérêts des seigneurs étaient commandés par des considérations diverses, parfois contradictoires et selon les lieux, très différentes. Ils étaient gros propriétaires, et, à l'ordinaire, de vastes parcelles, propices aux

---

[1] Toutefois l'édit relatif à l'Alsace donne le choix à la communauté entre le partage et l'affermage au plus offrant. J'ignore les raisons de ce système particulier, beaucoup plus favorable aux riches.

améliorations agricoles et au chacun chez soi. Par ailleurs, ils participaient aux servitudes collectives, non seulement au même titre que les autres habitants, mais, dans un assez grand nombre de provinces, beaucoup plus largement que la foule des paysans. Tantôt des avantages précis, reconnus par la coutume, comme en Lorraine et dans une partie de la Champagne le « troupeau à part », en Béarn les « herbes mortes », tantôt, comme en Franche Comté, un abus qui avait, ou peu s'en faut, pris force de loi, leur permettaient d'entretenir sur les communaux ou les jachères des troupeaux presque illimités. Ces faveurs étaient devenues d'autant plus lucratives que les transformations de l'économie assuraient à l'élevage de précieux débouchés et lui ouvraient, en même temps, toutes les facilités d'une exploitation de forme capitaliste : affermé à de puissants entrepreneurs, le « troupeau à part » lorrain ravitaillait en laines de nombreuses manufactures et, en viande, Paris. Rien de plus net, comme expression d'un égoïsme de classe admirablement raisonné, que la politique des seigneurs béarnais, maîtres du Parlement et de la majorité des États : liberté de clore sur les terrains de culture temporaire, les coteaux, dont ils possédaient d'amples fractions ; point de clôture sur les « plaines » où toutes les parcelles, même les leurs, étaient restées trop petites et trop enchevêtrées pour valoir la peine d'être fermées ; maintien, en dépit des barrières, ou bien remboursement à un taux élevé, du droit d'« herbes mortes ». Ils durent céder sur le second point ; sur les deux autres, les plus importants, ils eurent gain de cause. Les « plaines, » béarnaises exceptées, nulle part les seigneurs ne mirent obstacle à la liberté de clore ; ils savaient que, sur leurs champs bien arrondis, ils seraient presque les seuls à en tirer parti. Mais la suppression du parcours, qui risquait de restreindre l'étendue utile des privilèges de pacage, heurtait leurs intérêts, les plus chers ; ils s'y opposèrent, à peu près partout ; en Lorraine, en Franche Comté, appuyés sur les Parlements, ils parvinrent en fait, à l'empêcher.

Ils avaient, de tout temps, convoité les communaux. Ils continuèrent, pendant tout le siècle, à s'efforcer de les accaparer. Mais le partage légal lui-même, généralement, ne leur était point défavorable ; les édits prévoyaient l'application, en principe, du droit de triage et, n'en réglant point, en détail, les modalités, ouvraient la voie à une jurisprudence favorable à toutes les prétentions. Obtenir, sans bourse délier, le tiers des terrains partagés, la proie était tentante. En Lorraine, les seigneurs s'unirent aux manouvriers pour faire pression sur les communautés [1].

Les laboureurs ne formaient point, tant s'en faut, une classe parfaitement une. Ils étaient cependant presque partout d'accord sur un point particulièrement sensible. Ils s'opposaient unanimement au partage des communaux, s'il devait se faire par ménages et avec réserve du tiers seigneurial. L'opération ainsi réglée n'augmentait leurs terres que de lots à leur gré infimes. Elle les privait de droits de pacage auxquels ils attachaient d'autant plus de prix que leurs bêtes étaient, dans les troupeaux communs, les plus nombreuses. Enfin la transformation des journaliers en petits propriétaires risquait d'enlever aux exploitations une main-d'œuvre dont elles avaient grand besoin. Le manouvrier, disaient en 1789, dans leur cahier, les gros et moyens paysans de Frenelle-la-Grande, n'est-il pas « essentiellement destiné, dans les campagnes, à servir d'aide au laboureur » [2] ? Il est caractéristique qu'en Languedoc les États, maîtres, en fait, de la politique agraire, aient préféré au partage la mise à ferme ; par là, ils satisfaisaient à la fois les seigneurs, auxquels on avait pris soin de réserver la faculté de réclamer, à l'occasion, le cantonnement, et les paysans aisés, seuls capables de se porter amodiateurs [3]. C'était réaliser, habilement, l'union des possédants. En Lorraine, où la constellation des forces se fit selon d'autres lignes, la bataille pour le communal — laboureurs contre manouvriers et seigneurs groupés — prit les proportions d'une véritable lutte de classes.

Pour le reste, les laboureurs étaient fort divisés. Les plus riches, fermiers plutôt que propriétaires, avaient à peu près les mêmes intérêts que la bourgeoisie terrienne. Isolément, ils cherchaient volontiers à attirer à eux une part du communal. Ils poussaient parfois au partage, lorsqu'ils pouvaient obtenir des communautés qu'il se fît proportionnellement à la fortune foncière ou aux impositions. Possesseurs ou exploitants de champs assez vastes, formés par des réunions de parcelles, ils étaient aisément gagnés à la

---

1 Pourtant le Parlement y fut opposé aux édits de partage, peut-être parce qu'ils ne reconnaissaient le triage qu'aux hauts-justiciers, peu nombreux dans le duché ; il y a là, malgré tout, un point assez obscur.
2 E. MARTIN, *Cahiers de doléances du bailliage de Mirecourt*, 1928, p. 90.
3 *Annales d'histoire économique*, 1930, p. 349.

cause de la culture continue et des fourrages. Ils ne demandaient qu'à fermer leurs biens, d'autant plus que, par un singulier abus, les édits, à une seule exception près — Flandre et Hainaut — permettaient aux faiseurs d'enclos de continuer à exercer, sans aucune restriction, la vaine pâture sur la partie du terroir demeurée ouverte : tout gain et point de perte !

La masse, au contraire, même parmi les paysans propriétaires, était beaucoup plus attachée aux anciens usages. Routine ? Sans doute. Mais aussi instinct très juste des dangers de l'heure. De toutes façons l'adaptation à un régime économique nouveau eût été malaisée à ces hommes de fortune modeste et dont les possessions obéissaient encore aux antiques dessins des terroirs. Les réformes, conçues pour servir d'autres intérêts, ajoutaient à ces raisons d'inquiétude leurs menaces propres. Les riches possédaient en général des prés, ils y trouvaient les ressources nécessaires pour suppléer au pacage collectif ; la liberté de clore leur donnait la faculté de se réserver complètement cette herbe précieuse. Les moyens laboureurs, le plus souvent, n'en avaient pas, ou bien peu ; ils avaient besoin, pour faire vivre leurs animaux, des pâquis communs, des servitudes collectives sur les labours et les prairies d'autrui. A dire vrai, leurs champs pouvaient porter des fourrages. Mais cette innovation culturale, de leur part, souffrait bien des difficultés, surtout dans les pays de parcelles allongées. L'assolement ne pouvait guère y être modifié que quartier par quartier. Il fallait s'entendre. L'accord en vérité, n'était point impossible. Dans plusieurs communautés lorraines, on était parvenu, vers la fin du XVIIIe siècle, à délimiter, ordinairement à l'extrémité des soles, des espaces régulièrement voués aux prairies artificielles. Mais ces coins privilégiés, comment les protéger, pendant l'année habituellement consacrée à la jachère et par suite à la vaine pâture, contre les entreprises de tous ceux qui avaient intérêt au maintien de l'antique dépaissance : non- seulement les manouvriers, mais les seigneurs, s'ils avaient troupeau à part, les principaux propriétaires qui, ayant clos leurs propres biens, n'entendaient pas renoncer, sur ceux de leurs voisins, aux profits du pacage ? Soustraire, en principe, tous les fourrages aux droits collectifs ? Dans quelques provinces, on l'a vu, des ordonnances ou des arrêts en avaient ainsi décidé, ailleurs des règlements pris par les communautés. Dans le Cambrésis, le

Soissonnais, ceux-ci semblent avoir été ordinairement respectés. Mais, dans d'autres régions, ils étaient, fréquemment attaqués en justice, et cassés, — surtout dans les contrées qui avaient été touchées par les édits des clos [1]. Car ceux-ci étaient formels : pour échapper à la vaine pâture, il fallait se clore. C'est précisément ce que les laboureurs de fortune médiocre étaient fort empêchée de faire. La clôture était toujours dispendieuse, surtout en un temps où la cherté du bois suscitait d'innombrables plaintes ; elle l'était plus encore, à dire vrai elle devenait véritablement impraticable, lorsqu'il s'agissait de fermer des parcelles minces et très allongées, dont les contours, par rapport à la surface, étaient démesurés. En fait la clôture, rendue libre, mais exigée comme la condition nécessaire à la mise en défense des champs, aboutissait à une sorte de monopole des riches, Elle interdisait aux autres exploitants l'accès des perfectionnements techniques, auxquels aspiraient les plus avertis d'entre eux. Comment s'étonner que l'ensemble des laboureurs, capables sans doute de se déprendre peu à peu des anciens usages, mais à condition qu'on leur rendît l'évolution aisée, se soient trouvés à peu près partout d'accord avec les manouvriers, qui demandaient purement et simplement le maintien de l'état de choses traditionnel, pour protester contre la politique agraire de la monarchie.

Ce qui avait été tenté par les réformateurs c'était, au fond, comme disait le Parlement de Nancy, un changement total de l'antique « économie champêtre », — bien mieux de l'ordre social. Il ne faudrait pas croire que leurs yeux fussent absolument fermés à la gravité de ce bouleversement. Ils n'avaient certainement pas mesuré, à sa juste valeur, la résistance de la plupart des laboureurs. Mais ils savaient bien que les petits, notamment les manouvriers, risquaient d'être écrasés. En 1766, aux États de Languedoc, l'archevêque de Toulouse, gagné pourtant à la cause de l'agronomie nouvelle, n'avouait-il pas que la vaine pâture pouvait être « regardée comme une suite d'une société comme nécessaire entre les habitants d'une même communauté et renfermant une égalité toujours juste » ? Tous les agronomes n'acceptent pas d'un cœur

---

1 En Alsace, l'édit sur les communaux, du 15 avril 1774, permettait d'interdire à la pâture un arpent de prairies artificielles, par pièce de bétail occupée à la culture. C'est la seule mesure, dans ce sens, qu'ait prise sous l'Ancien Régime le pouvoir central.

Chapitre VI

léger les redoutables conséquences de la révolution agraire. Elles faisaient hésiter le ministre Bertin et son auxiliaire Trudaine. Elles inspiraient à un observateur intelligent, le Président Musac, du Parlement de Metz, la crainte d'un exode rural qui, dépeuplant les campagnes, priverait les principaux propriétaires à la fois de main-d'œuvre et de consommateurs pour leurs denrées [1]. Devant cette éternelle tragédie des améliorations humaines, les plus hardis, cependant, ne reculaient pas. Ils voulaient le progrès et acceptaient qu'il fît des victimes. Ils ne répugnaient point à une organisation économique qui, plus strictement que par le passé, mettrait le prolétariat dans la dépendance des grands producteurs. Les propos des novateurs, souvent, n'étaient pas sans dureté. Préoccupée de la rareté et du haut prix de la main-d'œuvre, la Société d'agriculture d'Orléans, en 1784, repoussait, il est vrai, l'idée d'obliger les artisans à se louer pour les moissons, car « le plus grand nombre n'est point habitué à un travail pénible » ; mais elle proposait d'interdire aux femmes et filles de la campagne le glanage ; forcées de chercher d'autres ressources, elles feraient de bonnes moissonneuses ; ne sont-elles pas habituées, en effet, « à avoir le corps courbé vers la terre ? Volontiers, les administrateurs refusaient de tenir la misère pour autre chose que le résultat d'une coupable « fainéantise » [2].

A vrai dire, une inhumanité si crue eût révolté les âmes sensibles. Mais celles-ci trouvaient leur réconfort dans le merveilleux optimisme dont l'économie régnante, cousine du Dr. Pangloss, devait léguer le flambeau à l'école « classique » du siècle suivant. N'était-il pas reconnu, comme l'écrivait en 1766 le subdélégué de Montier-en-Der, que « tout ce qui est avantageux au public, le devient né-

---

1 Il semble d'ailleurs que cet exode se fût déjà fait sentir au XVIIIe siècle : cf. un mémoire (sans doute de d'Essuile) sur le partage des communaux, Arch. Nat., H 1495, n° 161 (la nécessité d'arrêter l'émigration vers les villes et le vagabondage des « pauvres sujets » est donnée comme un des motifs qui militent en faveur du partage et du partage par feu), et, pour le Hainaut, *Annales d'histoire économique*, 1930, p. 531.
2 Arch. Nat., K 906, n° 16 (Soc. d'Orléans). — En 1765, l'intendant de Bordeaux écrivait, à propos de la disette des blés. « Cette cherté, qui ramène infailliblement l'abondance par l'attrait du gain, peut bien exciter les plaintes de quelques personnes de la populace livrées à la misère parce qu'elles le sont à la fainéantise ; mais les plaintes de cette espèce ne méritent que du mépris » : Arch. de la Gironde, C 428. Il n'est pas malaisé — j'ai tenté ailleurs de le faire — de réunir beaucoup de textes de même ordre, à propos des communaux ou de la législation sur les clôtures.

cessairement au pauvre » ; en d'autres termes, que le bonheur du pauvre, dont tout l'espoir doit être de trouver aisément du travail et de ne pas connaître la disette, finit, tôt ou tard, par sortir de la prospérité du riche ? « En général, », disait Calonne, alors jeune intendant de Metz, « les manœuvres et les journaliers n'étant, à l'égard des cultivateurs, que comme l'accessoire est au principal, il ne faut pas s'inquiéter de leur sort lorsqu'on améliore celui des cultivateurs ; c'est un principe constant qu'en augmentant les productions et les subsistances dans un canton, on augmente l'aisance de tous ceux qui l'habitent dans tous les grades et dans toutes les conditions ; le reversement se fait de lui-même, et ce seroit mal connoître l'ordre naturel des choses que d'avoir sur cela le moindre doute ». En France comme en Angleterre, les problèmes agricoles, avant ceux de l'industrie, offrirent pour la première fois à ce qu'il faut bien appeler, en l'absence d'un meilleur mot, la doctrine capitaliste, l'occasion d'exprimer, avec la naïveté de la jeunesse, tout à la fois les illusions ingénues et la cruauté de son admirable, de sa féconde ardeur créatrice.

***

Cependant ni les réformes juridiques du troisième tiers du siècle, ni, plus généralement, le mouvement vers les perfectionnements techniques n'étaient parvenus à modifier bien sensiblement la physionomie agraire du pays. Les seules régions qui subirent, jusque dans leur paysage, une véritable métamorphose, furent celles que la révolution agricole atteignit au moment où elles commençaient à cesser d'être pays d'emblavures pour se consacrer presque tout entières aux herbages : la bordure orientale du Hainaut, le Boulonnais. Au cours du XVIIIe siècle, les progrès des communications et des échanges économiques, le voisinage de grandes plaines à blé, capables de nourrir les herbagers, et de villes, toutes prêtes à absorber la viande, permirent à ces contrées de renoncer enfin à l'antique empire du blé, pour mettre à profit les facilités particulières que sol et climat y offraient à l'élevage ou à l'embouche. La transformation fut conduite par les grands propriétaires, seuls capables de tirer profit d'une économie nouvelle. Ils usèrent de la liberté de clore, qu'ils avaient réclamée, pour planter autour de leurs prés, anciens ou nouveaux, de nombreuses haies, qui les protégeaient contre les droits collectifs, gaspilleurs de foin. Au lieu des labours « désencombrés », ce furent, de toutes parts, des enclos verdoyants. Dans d'autres provinces, ça et là, on vit de même des barrières s'élever, à l'ordinaire sur des terres seigneuriales ou bourgeoises. La plupart, là aussi, autour de prés. C'était l'herbe surtout qu'on se préoccupait de défendre. Les champs, beaucoup plus rarement. Même hésitation dans le progrès proprement cultural : sauf dans quelques provinces particulièrement évoluées comme la Normandie, la jachère, à la fin du siècle, continuait d'être largement pratiquée, sur l'immense majorité des parcelles paysannes, voire sur un bon nombre de plus vastes propriétés. Les améliorations, sans doute, gagnaient du terrain ; mais sans hâte. C'est que, dans une grande partie du royaume, surtout dans les pays de champs allongés, pour faire triompher les techniques nouvelles, il eût fallu un bouleversement plus profond encore que celui dont les réformateurs agraires avaient caressé le projet : comme en Angleterre, et dans diverses régions de l'Allemagne, un remaniement complet des terroirs.

Un obstacle, avant tout, empêchait le laboureur de se clore, ou d'une façon générale, de libérer son champ de toute servitude, entravait jusqu'aux tentatives des plus riches propriétaires. C'était le morcellement, loi des petites exploitations et auquel les grandes même ne parvenaient pas, en dépit de la réunion des parcelles, à échapper tout à fait. Grouper ces champs dispersés, de faible étendue et de forme incommode, en quelques vastes pièces d'un seul tenant, munies chacune d'un accès sur un chemin et, partant indépendantes les unes des autres, la méthode était, sur le papier, toute simple. L'Angleterre, en fait, la pratiquait ; tout acte d'enclôture, ou peu s'en faut, y prescrivait en même temps une redistribution des biens ; les cultivateurs n'avaient qu'à se soumettre à cet ordre. Naturelle dans un pays où la plus grande partie des tenures n'étaient point parvenues à conquérir la perpétuité, une pareille contrainte, en France, était-elle concevable ? Les économistes, les administrateurs n'en envisagèrent même pas la possibilité. Ils se bornaient à demander qu'on favorisât les échanges. C'était s'en remettre à la persuasion. Mais attachés aux habitudes anciennes, connaissant chacun sa terre et se méfiant de celle du voisin, désireux, selon un vieux principe, de diminuer les risques d'accidents agricoles — d'« orvales », comme on disait dans la Comté — en éparpillant les champs sur tout le finage, enfin portés, non sans raisons, à redouter les dangers d'une opération qui, forcément, eût été conduite par les seigneurs et les riches, les paysans, même dans les provinces où, comme en Bourgogne, la loi, par des exemptions fiscales, s'attacha à faciliter les échanges, ne s'y résolurent que par exception et ne se prêtèrent que plus rarement encore aux remaniements généraux tentés par quelques nobles agronomes. La force de la propriété paysanne, née de la coutume, en un temps où la terre était plus abondante que l'homme, consolidée ensuite par la juridiction royale, n'avait pas seulement modéré les conquêtes du capitalisme rural. Elle faisait frein vis à vis de la révolution agricole, la retardant, mais, en même temps, empêchant que dans sa brusquerie elle n'atteignît trop cruellement les masses rurales. Les manouvriers, qui n'étaient point parvenus à accéder à la possession du sol ou l'avaient perdue, étaient les inévitables souffre-douleurs des transformations de la technique ou de l'économie. Les laboureurs, en revanche, pouvaient conserver l'espoir de s'y adapter lentement et d'en tirer profit.

Chapitre VII.
Les prolongements : passé et présent

L'histoire rurale de la Révolution française ne peut être décrite dans ses nuances qu'en étroite liaison avec l'étude du phénomène politique et de ses diverses phases. Malgré quelques excellentes monographies régionales, l'évolution agraire du XIXe siècle et des débuts du XXe est encore trop mal connue pour souffrir d'être résumée, sans déformations. Pour l'essentiel, notre exposé doit s'arrêter à 1789. Mais il importe de marquer, en terminant, les retentissements, sur un passé plus proche et sur le présent même, du développement qui vient d'être esquissé [1].

***

Les Assemblées de la Révolution, abordant la politique agraire, ne se trouvaient pas devant une table rase. La monarchie avait posé les problèmes et tenté de les résoudre. Le régime nouveau prit sa suite, dans un esprit à beaucoup d'égards analogue. Il ne se borna

---
[1] Cf., pour la Révolution, G. LEFEBVRE, dans *Annales d'histoire économique*, 1929 (avec bibliographie qui me dispense d'autres citations) ; G. BOURGIN, dans *Revue d'histoire des doctrines économiques*, 1911.

point cependant à une imitation servile. Des échecs passés, il tira d'utiles leçons ; il obéissait à une préoccupation de classe sensiblement différente ; enfin il travaillait sur un terrain déblayé de beaucoup d'obstacles.

Nul doute que le peuple des campagnes, dans sa majorité, s'il avait été libre d'agir, ne fût revenu tout simplement aux vieux usages communautaires. C'est ce que prophétisait, en 1789, un observateur étranger, l'agronome anglais Arthur Young. Dans diverses régions, touchées par les édits des clos ou, comme la Provence, par des transformations plus anciennes encore, les paysans, au cours des troubles agraires du début de la Révolution, tentèrent de remettre en vigueur, souvent par la force, les servitudes collectives. Beaucoup d'assemblées de paroisse, dans leurs cahiers, plus tard des municipalités rurales, des sociétés populaires de villages réclamaient ce retour. « Cette loi », écrivaient, à propos du droit de clore, les sans-culottes de Parly, dans l'Yonne, « ne peut avoir été faite que par des riches et pour des riches, en un temps où la liberté n'était encore qu'un mot et l'égalité qu'une chimère ». D'autres cahiers, d'autres clubs dénoncent, comme la Société Populaire d'Autun, « la ligue parricide » des « agriculteurs égoïstes », « des propriétaires avares » et « des fermiers avides » qui, convertissant en prairies artificielles la majorité de leurs terres, privent, par là, le peuple de pain [1]. Mais les Assemblées n'étaient point composées de manœuvres ou de petits laboureurs et ne représentaient point leur opinion. Peuplées de bourgeois instruits et aisés, elles croyaient au caractère sacré de la propriété individuelle ; un Constituant, Heurtault-Lamerville, n'avait-il pas proposé de faire de « l'indépendance du sol » un article constitutionnel ? Les plus hardis parmi les Conventionnels de la grande époque pouvaient bien faire plier ces principes devant les nécessités de la guerre contre l'étranger et les ennemis de la Révolution ; ils ne leur en restaient pas moins, pour la plupart, au fond de leurs cœurs, loyalement fidèles. Par ailleurs, ces hommes, pénétrés par la philosophie ambiante, ne concevaient le progrès économique, auquel ils croyaient de toute leur âme, que sous le signe de la production, et le progrès agricole que sous les auspices des fourrages. « Sans engrais, point de récoltes ; sans bestiaux point d'engrais » : la Commission d'Agri-

---

[1] Arch. Nat., F^{10} 284 (1793, 29 août).

culture de la Convention ne répondait que par cette maxime à la Société Populaire de Nogent-le-Républicain, qui avait réclamé une loi obligeant les cultivateurs à la jachère [1]. Volontiers ils tenaient les anciennes routines pour un legs fâcheux de la barbarie « féodale ». « Les jachères », disaient en l'an II les administrateurs du département de l'Eure-et-Loir, « sont à l'agriculture ce que les tyrans sont à la liberté » [2].

Bien des gênes qui avaient entravé la politique agraire de la monarchie n'existaient plus. Les Parlements, qui, tant de fois, avaient porté obstacle aux mesures qui atteignaient les intérêts seigneuriaux ou simplement troublaient l'ordre établi, avaient disparu ; de même, les États Provinciaux. Les intérêts des privilégiés eux-mêmes avaient cessé d'être respectables : plus de troupeau à part, d'herbe morte ou de triage. Plus de motifs, non plus d'incliner les réformes dans un sens favorable surtout aux très grands propriétaires. La Révolution ne se préoccupa guère des manouvriers ; mais elle s'efforça, en somme, de donner satisfaction aux vœux des plus avertis parmi les moyens laboureurs. Enfin, dans la nation devenue une et indivisible, la législation n'avait garde d'être, comme jadis, provinciale. La « loi générale », dont naguère, au temps des grands élans réformateurs de l'Ancien Régime, d'Ormesson avait un moment caressé le rêve sans jamais osé lui donner corps, pouvait devenir une réalité.

La prudence, cependant, était encore de règle. L'assolement forcé, à vrai dire, était trop contraire à la nouvelle notion, toute individualiste, de la liberté pour qu'on pût songer, une minute, à le maintenir, En proclamant le droit des propriétaires à « varier, à leur gré, la culture et l'exploitation de leurs terres », la Constituante le frappa d'illégalité. Quant à la vaine pâture obligatoire, on alla parfois jusqu'à former, de même, le projet de l'abolir totalement. Mais ces propositions ne furent jamais prises bien au sérieux. La Constituante se contenta de poursuivre la politique des édits des clos, en l'étendant : elle proclama, dans toute la France, la faculté absolue de clore. Elle ajouta toutefois à cette disposition deux prescriptions nouvelles, qui supprimaient les plus graves inconvénients dont, au regard des paysans, avaient souffert les anciennes ordonnances.

---

1 Arch. Nat., F^{10} 212^{B}.
2 [L. MERLET], *L'agriculture dans la Beauce en l'an II*, 1859, p. 37.

Désormais les droits des propriétaires à la vaine pâture furent restreints ou abolis, en proportion des terrains qu'ils auraient fermés. Par ailleurs — conformément à des projets plusieurs fois agités à la fin de l'Ancien Régime et qui, si celui-ci avait duré et perdu la timidité par où se caractérisent ses derniers actes, auraient peut-être fini par aboutir [1] — les prairies artificielles, dorénavant, furent, en tout temps, interdites au pacage. C'était ouvrir à la masse des exploitants l'accès du progrès agricole. En même temps, la disparition des redevances seigneuriales les délivrait de l'angoisse, en augmentant leurs productions, de ne travailler, comme ils disaient naguère, que « pour le dîmeur et le terrageur » [2].

Restait la question des prairies naturelles, ou mieux des regains. Là encore une loi générale, interdisant toute vaine pâture, avant la deuxième herbe levée, eût pu sembler possible. La commission chargée par la Constituante d'élaborer le Code Rural en eut un moment l'idée. Il n'y fut pas donné suite. Devant la complexité des intérêts en jeu ; on s'en tint pendant longtemps, à la politique tâtonnante de l'Ancien Régime : règlements locaux pris par les municipalités, les districts, les départements, voire même — car la cavalerie de la République avait les mêmes exigences que les escadrons du Roi — par les représentants en mission aux armées ; affectation de la récolte tantôt par partage entre les propriétaires et les communautés, tantôt à ces dernières seulement. Il est possible même qu'en quelques endroits elle ait été tout entière remise aux propriétaires ; mais la Convention jacobine, respectueuse des vœux des petits paysans, qui n'avaient point de prés, tenait visiblement ces décisions pour contraires à l'équité. Les thermidoriens pensèrent autrement. Prescrivant, en 1795, par une mesure d'une étendue exceptionnelle, la mise en défense des regains sur tout le territoire, le Comité de Salut Public renouvelé les donna aux maîtres des herbages. Dès l'année suivante, on en revint aux arrêtés locaux, dont l'habitude s'est prolongée jusqu'à nos jours. Mais dorénavant seule l'attribution au propriétaire, à l'exclusion de

---

1 La réforme avait été partiellement réalisée en Alsace, au moins officiellement : ci-dessus, p. 233 n. 40.
2 Lettre de l'intendant de Soissons, 1760, 26 oct., dans *Vierteljahrschrift für Sozial- und Wirtschaftsgeschichte*, 1906, p. 641. La question de savoir si les cultures nouvelles devaient être soumises à la dîme fut souvent agitée au XVIIIe siècle ; généralement elle paraît avoir été résolue dans un sens favorable aux intérêts des décimateurs.

tout autres prétentions, fut en principe et sous réserve peut-être de certains usages locaux, considérée comme légale. Nul épisode, mieux que celui-là, ne met en relief à la fois la continuité du développement et les variations de la courbe. Dans la police des prés, nos préfets ont succédé aux intendants ; attaquée à petits coups dès les trois derniers siècles de la monarchie, la très antique coutume de la dépaissance sur le « second poil », sous des assauts également répétés et toujours sans loi d'ensemble, a, pendant le XIXe siècle, en beaucoup de lieux achevé de succomber. Mais plus hardie que le gouvernement des rois, la Révolution, après quelques hésitations, abolit, quand ils ne prenaient pas la forme du pacage, tous les droits des collectivités sur cette récolte, et, par là, fit tourner la transformation tout entière au profit de quelques individus. Non sans un dessein très clairement défini. L'arrêté de 1795 évoquait expressément le « caractère sacré » de la propriété, menacée par les « systèmes d'immoralité et de paresse ». Il est caractéristique que cet acte décisif ait été l'œuvre de l'assemblée transformée qui venait de réprimer durement les « émeutes de la faim » et restituait aux possédants le monopole du droit électoral.

Réduite en durée, mais non supprimée, sur les prés, la vaine pâture continua, pendant de longues années, dans les lieux où elle était de tradition, à s'exercer obligatoirement sur les labours dépouillés, s'ils n'étaient clos ou transformés en prairies artificielles. Des régimes politiques qui se succédèrent en France depuis 1789, il n'en est presque pas un qui n'ait songé à l'abolir, — pas un, de quelque sympathie qu'il fût animé pour la propriété individuelle, qui n'ait reculé devant le mécontentement certain des masses paysannes. La Troisième République finit par se rallier à la solution modérée appliquée, dès 1766, par les États du Languedoc : suppression, en principe, de la servitude, droit, pour la municipalité, de demander son maintien. Le vieil usage communautaire reste inscrit dans nos lois.

***

Les lenteurs et les hésitations de la législation n'avaient fait que se modeler sur la courbe même du développement technique.

Longtemps les communautés paysannes, surtout en pays de champs ouverts, restèrent obstinément attachées aux anciens usages. Ce n'était pas tout que de fermer son champ ; encore fallait-il obtenir des voisins qu'ils en respectassent les barrières. Sous la Monarchie de Juillet, la tradition des bris de clôture, châtiment infligé, au faiseur d'enclos par la collectivité lésée, n'était point morte. Pour protéger les prairies artificielles, non closes, il eût fallu, disait-on, en 1813, dans la Haute-Saône, « un garde à chaque sillon ». Les tribunaux inférieurs, tirant argument des coutumes locales, refusèrent parfois, dans la première moitié du siècle, de tenir pour valable la mise en défense des fourrages. Peu à peu cependant, les améliorations techniques se répandant, les droits de l'individu se firent mieux reconnaître. Mais les clôtures, excepté dans les régions qui, progressivement, aux labours substituaient les herbages, furent toujours très rares. La plupart des anciennes contrées ouvertes sont demeurées, jusqu'à nos jours, les « rases campagnes », de jadis ; du « plain » au « bocage » le contraste, pour le voyageur d'aujourd'hui, n'est guère moins vif qu'au temps du bon poète Wace. La vaine pâture a certainement perdu du terrain ; mais dans les pays de champs ouverts et surtout de champs allongés, elle a conservé pendant de longues années, elle conserve encore son empire sur un grand nombre de terroirs. Les Chambres, en 1889, l'avaient totalement supprimée sur les prés. L'année suivante, devant les résistances de l'opinion paysanne, elles durent l'y autoriser de nouveau. En Lorraine, en Champagne, en Picardie, en Franche Comté, ailleurs encore, beaucoup de communes ont mis à profit la faculté, que les lois leur accordaient, de la maintenir sur les labours ou les herbages. Habitué à interroger les vieux textes pour y chercher la trace de servitudes collectives, effacées depuis longtemps du sol de sa patrie, l'historien anglais Seebohm s'étonnait, en 1885, de voir, de ses yeux d'homme moderne, les troupeaux beaucerons errer sur les chaumes. L'abolition, en droit, de l'assolement forcé suscitait encore, sous le Premier Empire, bien des regrets. Dans les faits, il dura longtemps, presque aussi impérieux que par le passé. La pratique, dans le domaine des champs allongés, en a survécu jusqu'à nos jours : obligation imposée par la forme des parcelles, voire contrainte morale. Sur les plateaux lorrains, dans les plaines alsaciennes ou bourguignonnes, les trois « saisons » n'ont pas cessé d'opposer, au printemps, la diversité de leurs teintes [1]. Seulement, presque partout, sur celle qui autrefois eût été vouée au repos, des

---

[1] De même, les bans de fauchaison, de moisson, de vendanges sont encore légaux. Les derniers, seuls, semble-t-il, ont encore une réelle importance pratique.

plantes nouvelles ont remplacé les herbes rares de la jachère.

L'histoire de la conquête du guéret par la culture, nouveau triomphe de l'homme sur la terre, aussi émouvante que les grands défrichements médiévaux, sera sans nul doute une des plus belles qui puisse être contée, le jour où il sera possible de l'écrire. Pour l'instant, les matériaux manquent. A peine entrevoit-on quelques unes des causes qui ont aidé le mouvement : avènement des cultures industrielles ; — invention des engrais chimiques qui, résolvant le problème de la fumure, relâchèrent l'antique association du blé et du bétail et épargnèrent désormais à l'agronomie la hantise de ces fourrages dont la culture en grand avait paru, aux hommes du XVIIIe siècle, la condition impérieuse et parfois gênante de toute amélioration agricole ; — spécialisation rationnelle des sols, favorisée par le développement d'une économie d'échange européenne, puis mondiale ; — progrès enfin d'échanges d'un autre ordre, intellectuels ceux-là, qui désormais unissent à des milieux plus instruits et plus hardis les petits groupes ruraux. Un fait, en outre, est certain : le rythme de la transformation, très différent naturellement selon les régions, n'a nulle part été rapide. Jusque dans la seconde moitié du XIXe siècle, » plus d'une campagne, dans l'Est notamment, continua à dérouler les terres vides de ses « sombres » ou « somarts », hantées par les bergers et les chasseurs. En fin de compte, cependant, sauf dans les régions que la nature condamne à une irrémédiable stérilité, on s'est peu à peu habitué à exiger de la terre un travail de presque tous les ans. Mais les rendements demeurent, en moyenne, inférieurs à ceux de beaucoup de pays étrangers. A peu près partout, dans le monde européen ou européanisé, l'agriculture tend à se faire plus rationnelle, plus scientifique, à s'inspirer de méthodes techniques et financières semblables, à beaucoup d'égards, à celles de la grande industrie. Dans cette évolution, qui est une des caractéristiques les plus nettes de l'économie contemporaine, la France s'est engagée d'un pas plus incertain et, au total, est allée moins loin que la plupart des nations voisines. Là même où la monoculture, qui est une des formes du progrès des échanges, a triomphé — dans les pays de vignobles, notamment et surtout d'herbages — le paysan français, à la différence, par exemple, du producteur américain, continue à vivre en partie du sien : de son potager et de sa basse cour, du moins, souvent de son étable et de son toit à porcs.

Il n'est point impossible de discerner quelques unes des causes qui expliquent cette fidélité au passé. Celle qui frappe le plus immédiatement les yeux est d'ordre matériel. Le vieux dessin des terroirs, dans les régions ouvertes et particulièrement de champs allongés, c'est à dire dans quelques unes des contrées les plus riches, pour l'essentiel n'a guère changé ; il a continué à soutenir, à imposer les mœurs agraires pour lesquelles il était fait. Le remanier ? On y pensa souvent. Mais pour obtenir une redistribution générale des parcelles, il fallait l'ordonner. D'âme dictatoriale, Marat ne reculait point devant l'idée d'une pareille contrainte. Comment Constituants et Conventionnels, comment plus tard les économistes et les hommes au pouvoir l'eussent-ils suivi ? Le respect de l'indépendance du propriétaire était à la base de leur philosophie sociale. Forcer le maître du sol à renoncer à ses champs héréditaires, pouvait-on concevoir, à ses droits, atteinte plus cruelle ? Sans compter que, devant un bouleversement de cette envergure, les masses rurales, dont les réactions ne pouvaient laisser insensibles les régimes même qui n'étaient pas fondés sur le libre suffrage, n'auraient pas manqué de se cabrer. En fait, les remembrements, qu'on devait attendre de la persuasion, ont toujours été très rares. Par un véritable paradoxe historique, ce même culte de la propriété individuelle, qui amenait les réformateurs à rejeter les vieux principes communautaires, leur interdit le geste décisif qui, seul, eût pu efficacement dénouer les entraves où la propriété restait prise et, simultanément, précipiter le progrès technique.

A dire vrai, le remaniement eût pu être atteint, automatiquement, par une simple révolution économique, qui eût amené la mort des petites exploitations. Mais cette révolution, non plus, n'eut point lieu.

***

La grande crise qui s'ouvre en 1789 n'a pas détruit la grande propriété, reconstituée aux siècles précédents. Ceux des nobles ou des, bourgeois rassembleurs de terre qui n'émigrèrent point — beaucoup plus nombreux, même dans la noblesse, qu'on ne l'imagine parfois — gardèrent leurs biens. Parmi les émigrés, un certain nombre arrivèrent de même à les conserver, en les faisant racheter par leurs parents ou par personnes interposées, ou bien se les virent restituer par le Consulat ou l'Empire. La survivance des fortunes nobiliaires dans certaines régions de la France — dans l'Ouest notamment — est un des faits de notre récente histoire sociale les plus mal étudiés, mais les plus incontestables. La vente même des biens nationaux — biens du clergé, biens des émigrés — ne porta pas à la grande propriété un coup bien rude ; car les modalités même de l'opération ne furent pas défavorables aux achats par larges parcelles ou même par exploitations entières ; des gros fermiers devinrent gros propriétaires ; des bourgeois continuèrent l'œuvre terrienne, patiente et efficace, des générations antérieures ; des laboureurs aisés augmentèrent leur patrimoine et passèrent définitivement dans les rangs des capitalistes ruraux.

Cependant, en jetant sur le marché des terres aussi nombreuses, la Révolution, par ailleurs, fortifia la petite propriété. Beaucoup de modestes paysans — notamment dans les pays d'intense vie collective où la pression des communautés se fit sentir jusque dans les conditions de l'achat — acquirent eux aussi des parcelles, consolidant ainsi leur situation économique. Des manouvriers même prirent part à la curée et se haussèrent ainsi dans la classe des possédants. La division des communaux eut un effet pareil. Elle avait été prescrite — sauf pour les bois — par la Législative, après le Dix Août, parmi plusieurs mesures destinées, comme l'avouait le député François de Neufchâteau, à « attacher les habitants des campagnes à la Révolution ». Pour répondre à ce dessein, elle ne pouvait, bien entendu, être conçue que par ménages. C'est ainsi qu'en effet, un peu plus tard — réduisant d'ailleurs l'ordre à une autorisation — la Convention la régla. Plus de triage, cela va de soi, puisqu'il n'y avait plus de seigneur ; on alla, en août 92, jusqu'à révoquer, en principe, tous les triages anciens opérés depuis 1669. On reconnaissait, en outre, aux communautés, une sorte de présomption de propriété sur les terres vagues. En somme, les assemblées s'offraient le luxe de satisfaire à la fois, par le partage, qui devait peu à peu mettre fin à l'ancien usage collectif, l'individualisme des économistes, — par le règlement de l'opération, les vœux du petit peuple rural, dont le régime nouveau avait besoin. Mais, en vertu d'une évolution semblable à celle dont l'affaire des regains nous a déjà donné l'exemple, ces distributions, favorables aux pauvres, furent interdites par les gouvernements bourgeois de la Révolution finissante, Directoire et Consulat. Bien plus, un certain nombre qui avaient eu lieu sans les précautions légales nécessaires, furent annulées, souvent avec l'appui d'administrations municipales qui désormais étaient aux mains des riches ; on alla même, dans le Nord, jusqu'à en casser qui dataient de la monarchie. Seule désormais, à côté de l'allotissement en simple jouissance, l'aliénation à titre onéreux demeura permise ; la loi, à vrai dire, l'avait d'abord, elle aussi, défendue ; mais elle ne tarda pas à rentrer en usage et fut reconnue par la jurisprudence. Elle rendit possible, au cours du XIXe siècle, dans certaines régions, du Centre notamment, l'amenuisement progressif des communaux, parfois leur disparition presque totale (la marche du phénomène et ses modalités, encore très mal étudiées, nous échappent) ; mais elle ne pouvait aboutir, évidemment, à créer beaucoup de propriétaires nouveaux. En dépit de ce retour en arrière, et bien que, d'autre part, nous soyons fort mal renseignés sur l'application des décrets de la Législative et de la Convention, on ne saurait douter que la politique du partage, si éphémère qu'elle ait été, n'ait fourni à beaucoup d'humbles gens l'occasion de mettre la main sur la terre, tant convoitée. Enfin, en libérant le paysan des charges seigneuriales, les assemblées révolutionnaires le délivrèrent d'une des causes les plus puissantes de cet endettement qui, depuis le XVIe siècle, avait si dangereusement compromis son empire sur le sol. Somme toute, à voir les choses en gros, et sans vouloir tenir compte de nuances qu'il serait pourtant d'un intérêt capital de préciser, la coexistence de la grande propriété à forme capitaliste et de la petite propriété paysanne, établie par l'évolution de l'Ancien Régime, a subsisté dans la France renouvelée.

La plupart des hommes de la Révolution, à l'exception de ceux qui au plus fort de la lutte entrevirent la nécessité de s'appuyer sur le petit peuple, n'avaient pas pour les manouvriers beaucoup plus de considération que les réformateurs du XVIIIe siècle. Le Conventionnel Delacroix pensait qu'à leur donner des terres on risquait de priver de bras l'industrie et l'agriculture elle-même. Le Comité de Salut Public thermidorien, en leur enlevant tous droits sur les regains, leur conseillait, s'ils voulaient se procurer un peu d'herbe pour leurs bêtes, de louer leurs services aux maîtres des prés ; tout comme certains gouvernants de l'Ancien Régime, il se plaisait à mettre en doute jusqu'à l'existence d'une classe pauvre, dans les campagnes : « les habitants même indigents (s'il en existe encore) ... » En fait, l'effacement des servitudes collectives a porté au prolétariat rural un coup dont il ne s'est pas relevé. Sans doute, à la faveur des édits royaux et des lois révolutionnaires, avait-il retiré quelques avantages du morcellement du communal, et acquis, çà et là, quelques fragments des biens nationaux. Mais ces profits furent souvent illusoires ; sur ces terres médiocres et ces exploitations trop peu étendues, bien des déboires attendaient les défricheurs. Tout n'était pas faux dans les Prévisions des laboureurs de Frenelle-la-Grande qui prophétisaient, en 1789, à la suite des partages, un excédent temporaire de natalité, suivi d'une crise de misère. L'attrait des salaires urbains, la décadence des industries campagnardes, qui naguère aidaient à vivre les ouvriers de la terre, les difficultés de l'adaptation à une économie nouvelle, les changements même de la mentalité commune, moins fermement attachée que jadis aux travaux traditionnels, un goût nouveau du confort, avivant les répugnances contre les tristes conditions de vie de l'ouvrier de ferme, ont fait le reste. Réalisant les prédictions du Président Musac, journaliers et petits laboureurs ont, en masse, abandonné les champs. L'exode rural, tant de fois dénoncé, et qui, sensible déjà sous la Monarchie de Juillet, obéit, depuis le milieu du siècle, à un rythme presque constamment accéléré, est surtout venu d'eux. A son tour, secondé, depuis 1850 également, ou environ, par la crise de natalité, puis, de nos jours, par la terrible saignée de la grande guerre, il a, en raréfiant la main-d'œuvre, hâté certaines transformations techniques : progrès du machinisme agricole, conquête de beaucoup d'emblavures par les herbages. Aux campagnes congestionnées de la fin du XVIIIe siècle et, plus encore, de la première moitié du XIXe, a succédé une France rurale, beaucoup plus vide d'hommes, — trop vide sans doute et où, par endroits, renaissent les friches, mais peut-être plus propre à se plier à une économie dégagée à la fois de l'esprit de tradition et de cette angoisse perpétuelle de la faim, qui avait longtemps pesé d'un poids si lourd sur les pratiques culturales.

Il est beaucoup plus délicat, — à vrai dire, dans l'état actuel de nos connaissances, il est presque impossible, — de rendre un compte précis des destinées, dans la France contemporaine, de la petite ou moyenne exploitation paysanne — propriété, fermage ou métayage. Elle a souffert certainement de diverses crises, qui n'ont pas été sans gravité ! perpétuelles difficultés de crédit, concurrence des denrées exotiques, notamment, depuis 1880 ou environ, des blés russes et américains, manque de main-d'œuvre, par suite du départ des manouvriers et de la dénatalité, hausse, aujourd'hui, des produits industriels dont le paysan, plus que jadis, a besoin. Dans certains régions, où le petit exploitant est, pour une bonne part, fermier ou métayer, elle subit encore la sujétion des grands domaines ; un peu partout, celle du capitaliste, prêteur d'argent et surtout marchand, qui impose au producteur ses prix et, mieux que lui, peut profiter des conjonctures. Sa situation économique reste, à beaucoup d'égards, instable. Pour l'essentiel, cependant, il n'est point douteux qu'elle n'ait traversé victorieusement le XIXe siècle et le début du XXe. La propriété paysanne, en particulier, dans toute la force juridique du terme, a maintenu son empire sur une grande partie du sol ; elle en a même conquis de notables étendues ; tout près de nous, pendant la guerre et les premières années qui vinrent après, la crise du ravitaillement d'abord ; puis la crise monétaire l'ont servie, comme au temps de la Guerre de Cent Ans et de ses suites. C'est une banalité, mais une indiscutable vérité de dire qu'elle représente aujourd'hui encore une grande puissance économique et sociale. Emprisonnée dans des terroirs dont elle se refusait à changer l'armature, peu portée par goût aux innovations, brusques — « tant a de majesté », disait déjà le vieil Olivier de Serres, « l'ancienne façon de manier la terre » — elle ne s'est détachée qu'avec peine des usages ancestraux ; elle n'a accepté que lentement le progrès technique. Malgré la révolution nouvelle qu'une familiarité croissante avec la machine, sous toutes ses formes, introduit de nos jours dans la mentalité commune et dont il faut sans doute beaucoup attendre, elle n'a pas, jusqu'ici, poussé très loin les perfectionnements. Mais les métamorphoses agricoles, du moins, ne l'ont pas écrasée. La France reste un peuple où la terre appartient à beaucoup de mains.

***

Ainsi le passé commande le présent. Car il n'est presque pas un trait de la physionomie rurale de la France d'aujourd'hui dont l'explication ne doive être cherchée dans une évolution dont les racines plongent dans la nuit des temps. L'exode du prolétariat agricole ? C'est l'aboutissement du vieil antagonisme des manouvriers et des laboureurs, la suite d'une histoire dont une première phase s'inscrit, au moyen-âge, dans les parchemins qui opposaient les corvées de bras aux corvées de charrues. La tenace vigueur de la propriété paysanne, responsable elle-même du traditionalisme dans le dessin des terroirs, de la longue résistance qu'à l'esprit nouveau opposèrent les pratiques communautaires, de la lenteur du progrès technique ? Elle s'est fondée, juridiquement sur la coutume des seigneuries, elle a tiré sa raison d'être économique de l'abondance de la terre et de la rareté de l'homme, avant que les tribunaux royaux eussent définitivement accordé aux droits des tenanciers leur sanction. Mais le petit paysan n'est point seul à détenir le sol ; les vastes exploitations, qui lui ont fait, qui lui font encore une rude concurrence et sans lesquelles la révolution agricole, qui y prit son point de départ, eût peut-être été impossible, sont une création du capitalisme seigneurial et bourgeois des temps modernes. En pays de champs ouverts et allongés, le morcellement est aussi vieux que nos plus anciennes civilisations agraires ; les vicissitudes de la famille, depuis le manse patriarcal, en passant par la communauté taisible des âges suivants, donnent la clef de ses progrès ; les réunions de parcelles, application à la vie rurale d'un système économique nouveau, expliquent les exceptions qu'il a dû souffrir. Quant au contraste fondamental des champs ouverts et allongés, des champs ouverts et irréguliers, des enclos, aux contrastes parallèles dans les mœurs qui, par exemple, ont imposé aux campagnes du Nord et de l'Est cette forte mentalité collective, que ne connaissent au même degré, semble-t-il, ni les villages du Midi ni les hameaux de l'Ouest, c'est à des épisodes de l'occupation du sol, à des caractères de structure sociale, perdus dans les brumes d'un passé sans documents écrits, que, s'il était possible, il en faudrait demander le secret. Aux yeux de tout esprit réfléchi, dans ces observations réside l'intérêt passionnant des recherches rurales. Où trouver, en effet, un genre d'études qui, plus impérieusement, force à saisir la véritable nature de l'histoire ? Dans ce continu qu'est l'évolution des sociétés humaines, les vibrations, de molécule à molécule, se propagent à si longue distance que jamais l'intelligence d'un instant, quel qu'il soit, pris dans le cours du développement, ne s'atteint par le seul examen du moment immédiatement précédent.

Table des planches [1]

Planche I : Défrichement forestier ; terroir en arête de poisson (*Le-Petit-Bois-St-Denis*).

Planche II : Villeneuves sur la route de Paris à Orléans.

Planche III : Champs ouverts et allongés dans la plaine de Caen ; morcellement (*Bras* et *Hubert-Folie*).

Planche IV : Soles presque d'un seul tenant (*Montblainville*).

Planche V : Soles relativement morcelées ; terres hors coutures (*Dun-sur-Meuse*).

Planche VI : Champs ouverts et allongés dans un défrichement médiéval (*Spoy*).

Planche VII : Champs ouverts et irréguliers dans le Berry (*Charost*).

Planche VIII : Champs ouverts et irréguliers dans le Midi languedocien (*Montgaillard*).

Planche IX : Champs ouverts et irréguliers du Pays de Caux (*Bréauté*).

Planche X : Enclos dans le Bocage Normand (*St-Aubert-sur-Orne*).

Planche XI : Enclos et hameau bretons (*Kerhouarn*).

Planche XII : Enclos dans le Centre : Combrailles (*Les Joberts*).

Planche XIII : L'extension d'un domaine seigneurial (*Thomirey*).

Planche XIV : Formation de la grande propriété en Beauce (*Monnerville*).

Planche XV : Formation de la grande propriété en Beauce (*Monnerville*).

Planche XVI : Rassemblement de parcelles et enclôtures dans la plaine de Caen (*Bretteville-l'Orgueilleuse*).

---

1 La plupart des clichés qui ont servi à l'établissement des planches, ainsi qu'un assez grand nombre d'autres dont il a été fait emploi pour la documentation de l'ouvrage, ont été exécutés au cours de missions d'études subventionnées par le Ministère de l'Agriculture et le Conseil d'Administration de la Caisse des Recherches Scientifiques, auxquels je tiens à exprimer ma vive reconnaissance.

Planche XVII : Mas limousins et marchois (*Le Chatain*).

Planche XVIII : Frérèche du Centre donnant naissance à un hameau (*La Baudrière*).

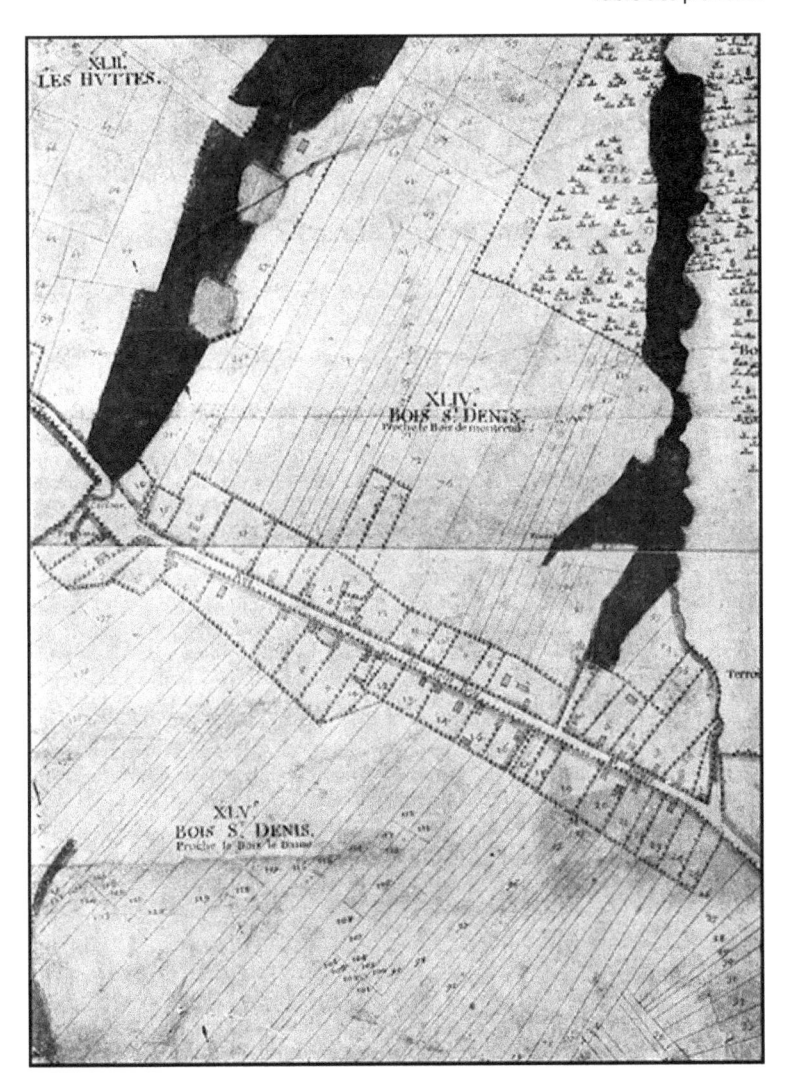

PLANCHE I.

DÉFRICHEMENT FORESTIER : TERROIR EN ARÊTE DE POISSON.

Plan du hameau du Petit-Bois-Saint-Denis, fragment du plan de la seigneurie de La Flamengrie (Aisne, cant. La Capelle), 1715.

Arch. Seine et Oise, D, fonds de St. Cyr.

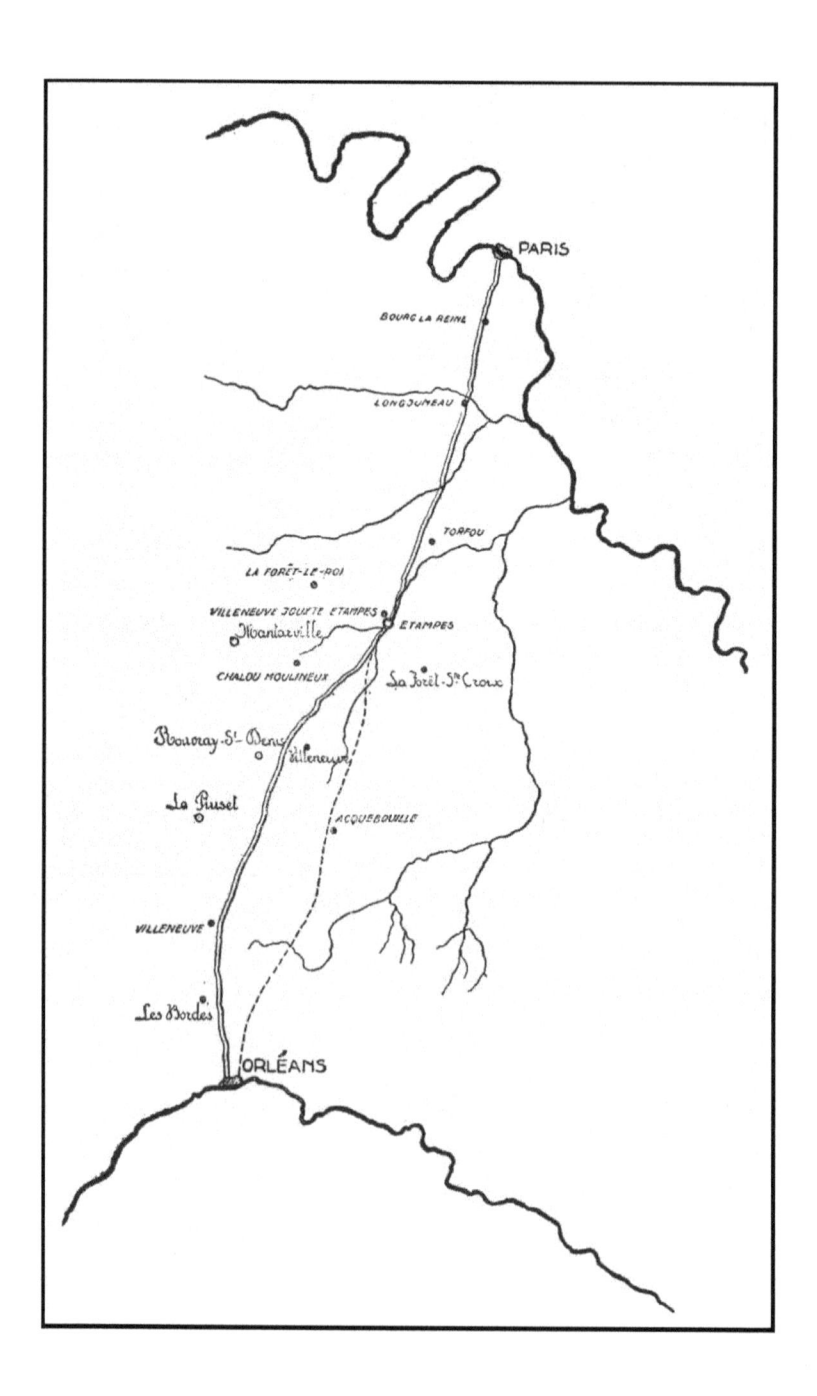

Planche II.

VILLENEUVES SUR LA ROUTE DE PARIS A ORLÉANS.

Légende:

▰ Route actuelle, déjà suivie dans son tracé général, entre Etampes et Orléans, au XII⁰ siècle;
⋯ Ancienne voie romaine;
● Villeneuves construites de toutes pièces;
○ Bourgs construits à côté d'agglomérations anciennes;
TORFOU : villeneuves royales (y compris les pariages);
Rouvray St. Denis : villeneuves ecclésiastiques.

Indication sommaire des sources: Acquebouille, 1142-43: Luchaire, Louis VII, n° 98; — Les Bordes, 1203-1225: *Cartul. de St. Avit d'Orléans*, n° 50-55; — Bourg-la-Reine, primitivement Préau Hédouin, avant 1134 : Luchaire, Louis VI, n° 536; — Chalou-Moulineux, avant 1185: Arch. Nat., S 5131; — Etampes, Marché Neuf, 1123 : Luchaire, Louis VI, n° 333; — La Forêt-le-Roi, 1123-1127 : Luchaire, Louis VI, n° 601, —La Forêt-Sainte-Croix, 1155: *Cartul. de Ste Croix d'Orléans*, n° 75 et 115; — Longjumeau, avant 1268 : Arch. Seine et Oise, H, fonds de Longjumeau; — Mantarville, vers 1123 : *Cartul. de St. Jean en Vallée*, n° 33; — Le Puiset, entre 1102 et 1106: *Liber Testamentorum Sancti Martini*, n° 56; — Rouvray-Saint-Denis, 1122-1145 : Suger, *De rebus*, c. XI; — Torfou, 1108-1134: Luchaire, Louis VI, n° 551; — Villeneuve-Jouxte-Etampes, 1169-1170 : Luchaire, Louis VII, n° 566; cf. J. M. Alliot, *Cartulaire de Notre-Dame d'Etampes*, n° XIII et CI; — Villeneuve (près Angerville), avant 1244 : Arch. Seine et Oise, H, fonds d'Yerres (fondateur inconnu); — Villeneuve (près Artenay), avant 1174 : Arch. Loiret, G 1502 (sous le nom d'*Essart*).

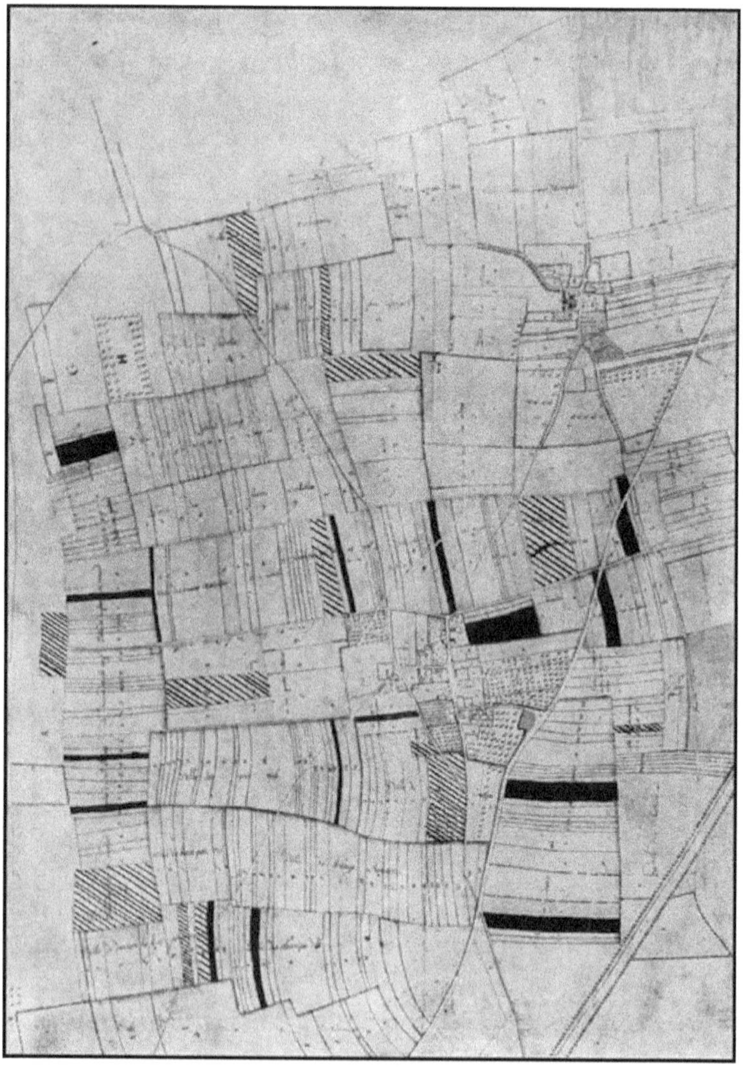

Table des planches

Planche III.

CHAMPS OUVERTS ET ALLONGÉS DANS LA PLAINE DE CAEN; MORCELLEMENT.

Plan de Bras (Calvados, cune Ifs), à gauche de la carte, et d'Hubert-Folie (Calvados, cant. Bourguébus), à droite: 1738.

Arch. Calvados, H 2503.

Les parcelles ombrées ▨ appartiennent à un assez riche tenancier, Claude Vanier; on notera une tendance certaine au rassemblement des terres. Les parcelles en noir ■ , à un tenancier moins aisé, Jean Le Febvre (d'après l'arpentage, H 2489). Il possède 17 parcelles, alors que Claude Vanier en détient seulement 16 (l'une d'elles n'ayant pu être identifiée, 15 seulement apparaissent sur la carte); mais, si le morcellement est plus considérable, l'étendue totale de l'exploitation est sensiblement plus faible. Ça et là apparaissent quelque enclos, autour des villages et, le plus souvent, plantés en pommiers; cf. à ce sujet, ce qui sera dit, au chapitre VI, des transformations agraires de la plaine de Caen, depuis le XVIe siècle.

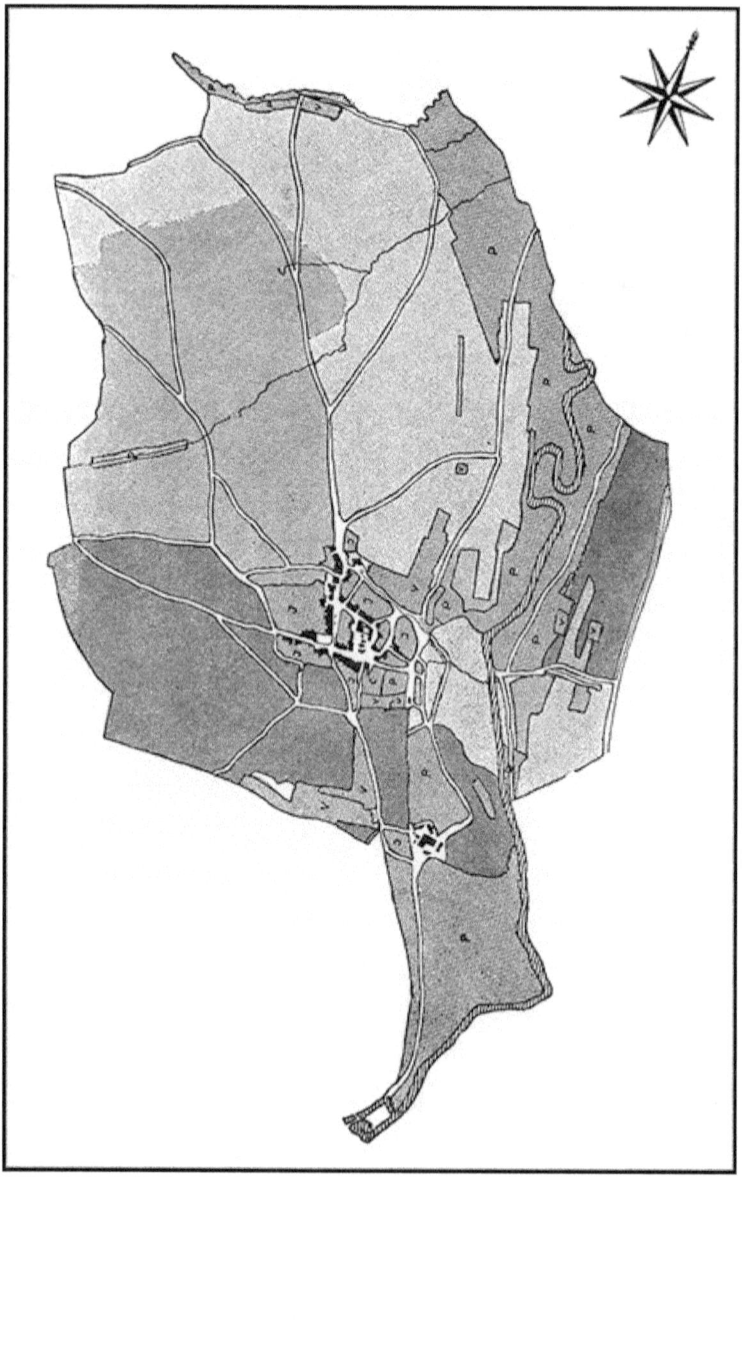

Planche IV.

SOLES PRESQUE D'UN SEUL TENANT.

L'assolement à Montblainville (Meuse, cant. Varennes), en 1769 d'après le plan, Cabinet des Titres de Chantilly, E reg. 35.

- ▬ Maisons.
- ▭ Jardins (J), Vignes (V), Chenevières (C), Prés (P).
- ▭ Couture ou roye réglée de la Cour ou du Noyer, en froment.
- ▭ Couture ou roye réglée du Sugnon ou de l'Oserois, en marsages.
- ▭ Couture ou roye réglée de la Perchie, en jachère (« versaine »).
- ▭ Prés ou pâtis communaux.

Les fragments de coutures à l'est du terroir représentent probablement un défrichement relativement récent.

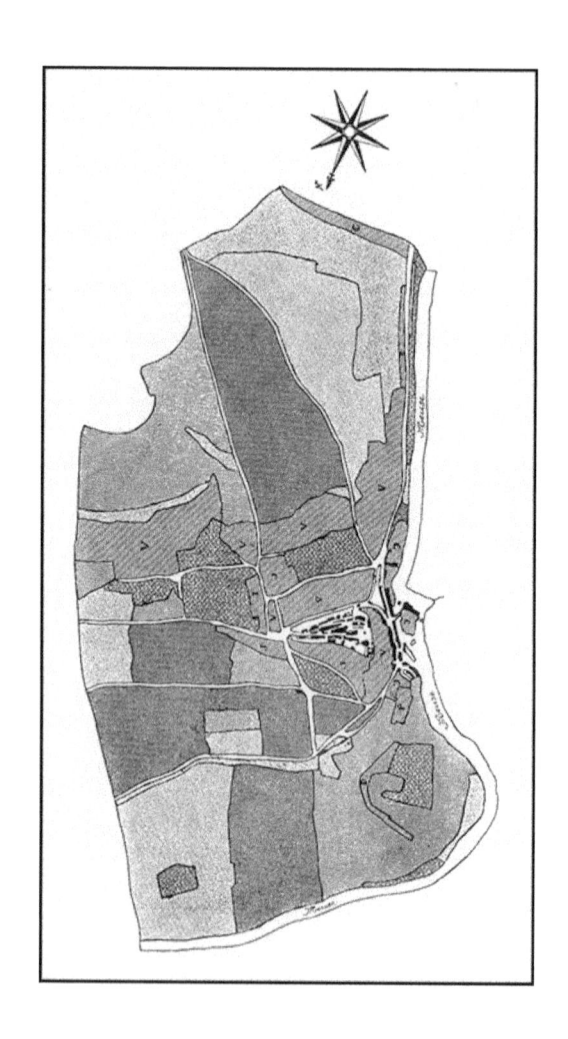

PLANCHE V.

SOLES RELATIVEMENT MORCELÉES; TERRES HORS COUTURE.

L'assolement à Dun sur Meuse (Meuse), en 1783 (d'après le plan, Cabinet des Titres de Chantilly, E reg. 39).

- Maisons.
- Jardins et vergers (J), Vignes (V), Chenevières (C), Prés (P).
- Couture du froment.
- Couture des marsages.
- Couture en jachère (« versaine »).
- Terres hors couture, ensemencées à volonté.
- Pâtis communaux.

Retour à la table des planches

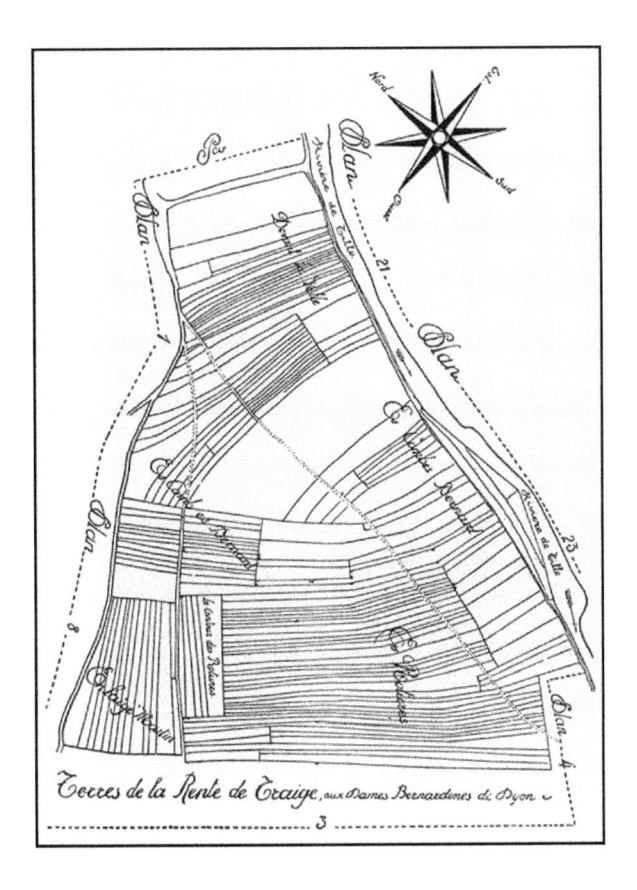

PLANCHE VI.

CHAMPS OUVERTS ET ALLONGÉS DANS UN DÉFRICHEMENT MÉDIÉVAL.

D'après un fragment de l'atlas de Spoy (Côte d'Or, cant. Is-sur-Tille), établi entre 1782 et 1786.
Côte d'Or, E 1964, plan 2.
Le nom de Rotures, appliqué à l'un des quartiers, signifie défrichement. Au bord de la rivière, le petit quartier du Bas de la Rochette, de forme triangulaire (nom omis sur le dissin), paie au curé la dîme à titre de « novales », preuve que lui aussi a été formé par un défrichement postérieur à la constitution de la paroisse et à l'appropriation de la dîme par le patron de l'église. Nous avons là un cas très net d'accroissement de la surface culturale, autour d'un ancien village. Spoy est mentionné dès 630.

Planche VII.

CHAMPS OUVERTS ET IRRÉGULIERS DANS LE BERRY.

Feuille n° 9 du plan de Charost (Cher) en 1765, copie de 1829 : Arch. Cher, atlas non coté.
Les parcelles ombrées appartiennent au Sieur Baudry, visiblement un de ces bourgeois rassembleurs de terres, dont il sera question plus loin (chap. IV).

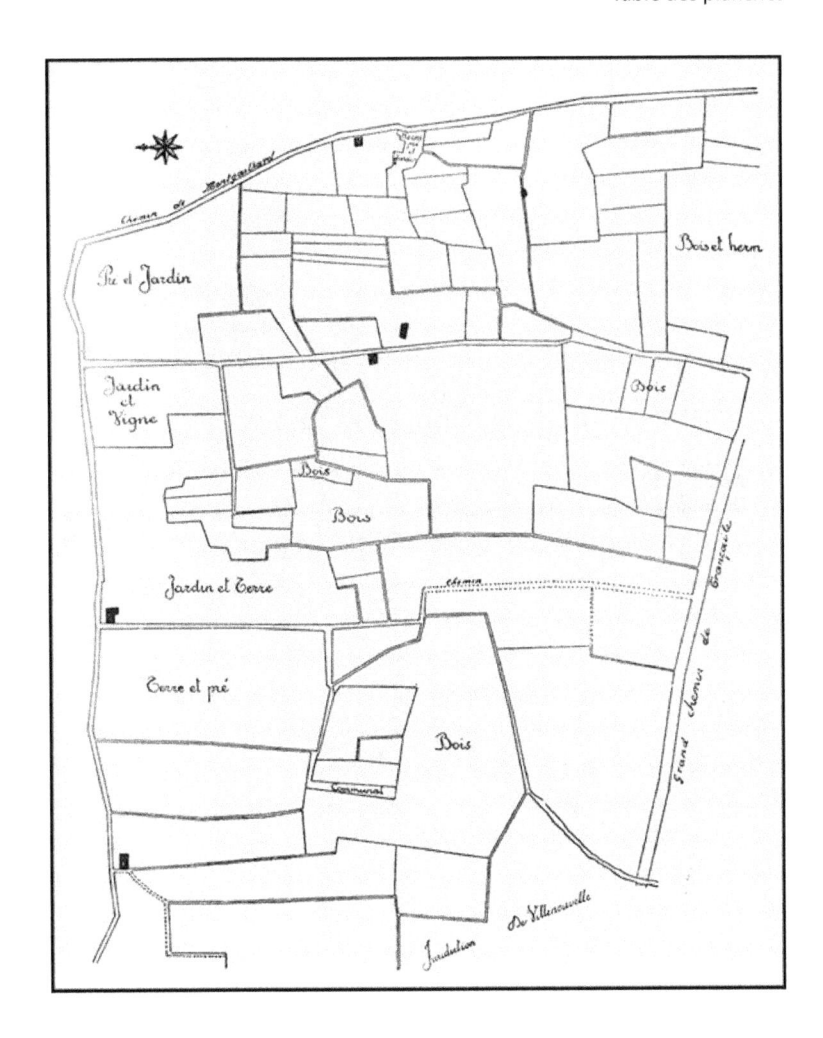

PLANCHE VIII.

CHAMPS OUVERTS ET IRRÉGULIERS DANS LE MIDI LANGUEDOCIEN.

D'après un extrait du plan de Montgaillard (Haute-Garonne, cant. Villefranche), XVIIIe siècle.
Arch. Hte Garonne, C 1580, plan 7.
Les natures de culture ont été portées sur la photographie d'après la légende du plan. Là où aucune nature de culture n'est indiquée, le sol est en labours.

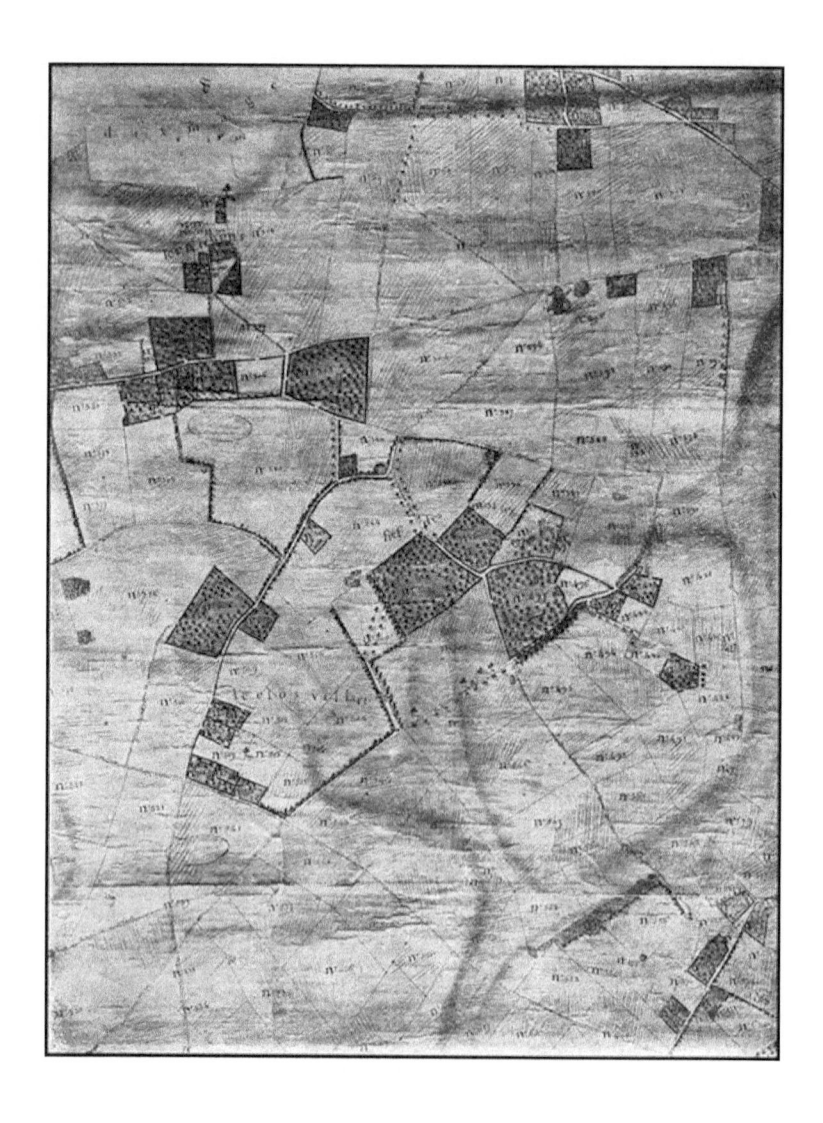

Planche IX.

CHAMPS OUVERTS ET IRRÉGULIERS DU PAYS DE CAUX.

Extrait du plan de Bréauté (S. Inférieure, cant. de Goderville), en 1769. Arch. S. Infér., plans n° 165.

On notera l'apparition de quelques enclos, résultats des transformations subies, aux temps modernes, par le régime agraire de la Normandie: cf. plus loin le chapitre VI.

PLANCHE X.
ENCLOS DANS LE BOCAGE NORMAND.

Extrait du plan de St. Aubert sur Orne (Orne, cant. Putanges), vers 1700. Arch. Calvados, H. 3457.

Noter les enclos renfermant plusieurs parcelles: par exemple 1336 à 1339, 1340 à 1342; 1332 à 1334. Les pièces 1340 à 1342 appartiennent à divers ayants-droits du même possesseur primitif. Sur le plan, postérieur, joint au terrier de 1758 (H 3458) les pièces 1332 et 1333 sont séparées par une haie; de même, vers le haut de la carte, les pièces 1097 et 1098.

PLANCHE XI.
ENCLOS ET HAMEAUX BRETONS.

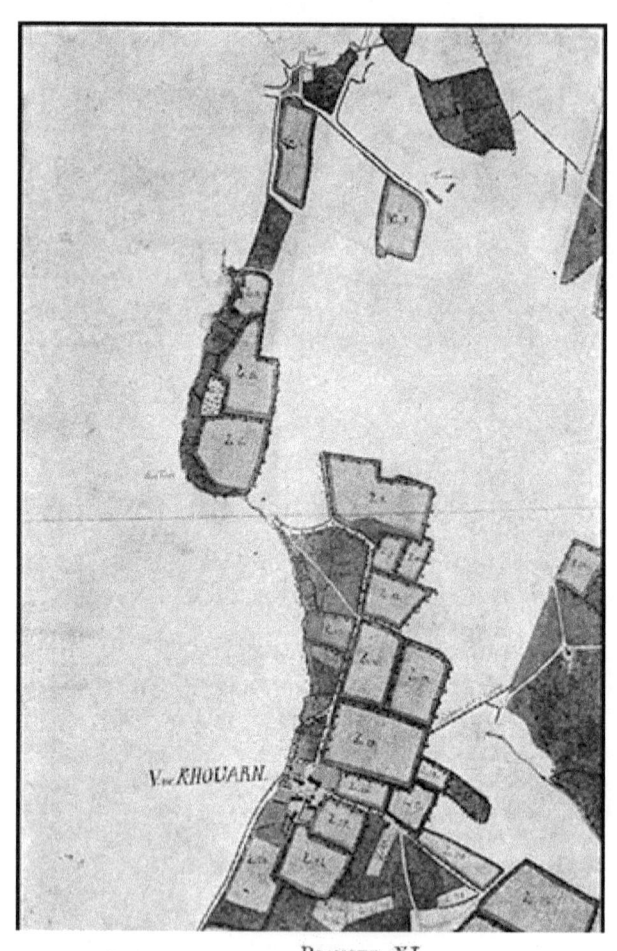

Plan de Kerhouarn (cune de Marzan, Morbihan), de 1777.
Arch. Nat., N II, Morbihan, 8.

Planche XII.

ENCLOS DANS LE CENTRE (COMBRAILLES).

Plan du hameau des Joberts et de la locaterie de La Boire (cune St. Sauvier, Allier), en 1785.

Arch. Cher E 717, plan 59.

On notera que la plus grande partie des terres, en 1785, appartient à François Belat, bourgeois, et sa femme, alors qu'en 1603 elles étaient aux mains de divers tenanciers (cf. les terriers E 693 et 690).

Planche XIII.

L'EXTENSION D'UN DOMAINE SEIGNEURIAL.

Plan du quartier des Champs-Potots, terroir de Thomirey (Côte d'Or, cant. Bligny-sur-Ouche), établi entre 1754 et 1764.

Arch. Côte d'Or, G 2427, plan R.

En 1635, le seigneur du lieu possédait aux Champs-Potots 7 journaux 1/4, 1/24, 5 perches (terrier, G 2414). En 1754-64 (terrier G 2426), les chanoines de Notre Dame d'Autun, qui avaient acquis la seigneurie le 25 mai 1652, y détenaient 22 journaux 7/12 (en noir sur la planche). Le domaine, en un siècle et demi environ, avait donc à peu près triplé.

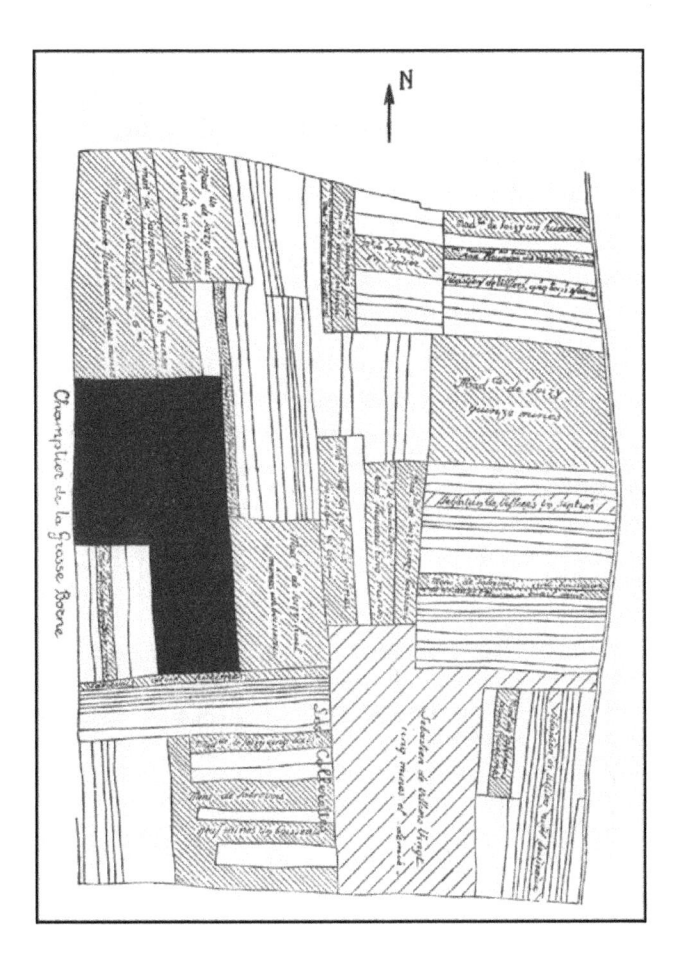

Planche XIV.

FORMATION DE LA GRANDE PROPRIÉTÉ EN BEAUCE.

D'après un fragment du plan de Monnerville (Seine et Oise, cant. Méreville), 1699-1702.
Arch. Seine et Oise, D, fonds de St. Cyr.

▬ Ferme seigneuriale (anciennement de la Mense abbatiale de St. Denis, passée avec la seigneurie aux Dames de St. Cyr).

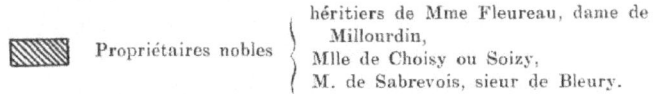

▨ Propriétaires nobles { héritiers de Mme Fleureau, dame de Millourdin,
Mlle de Choisy ou Soizy,
M. de Sabrevois, sieur de Bleury.

▨ Sébastien de Villiers « marchand et laboureur » demeurant à Monnerville.

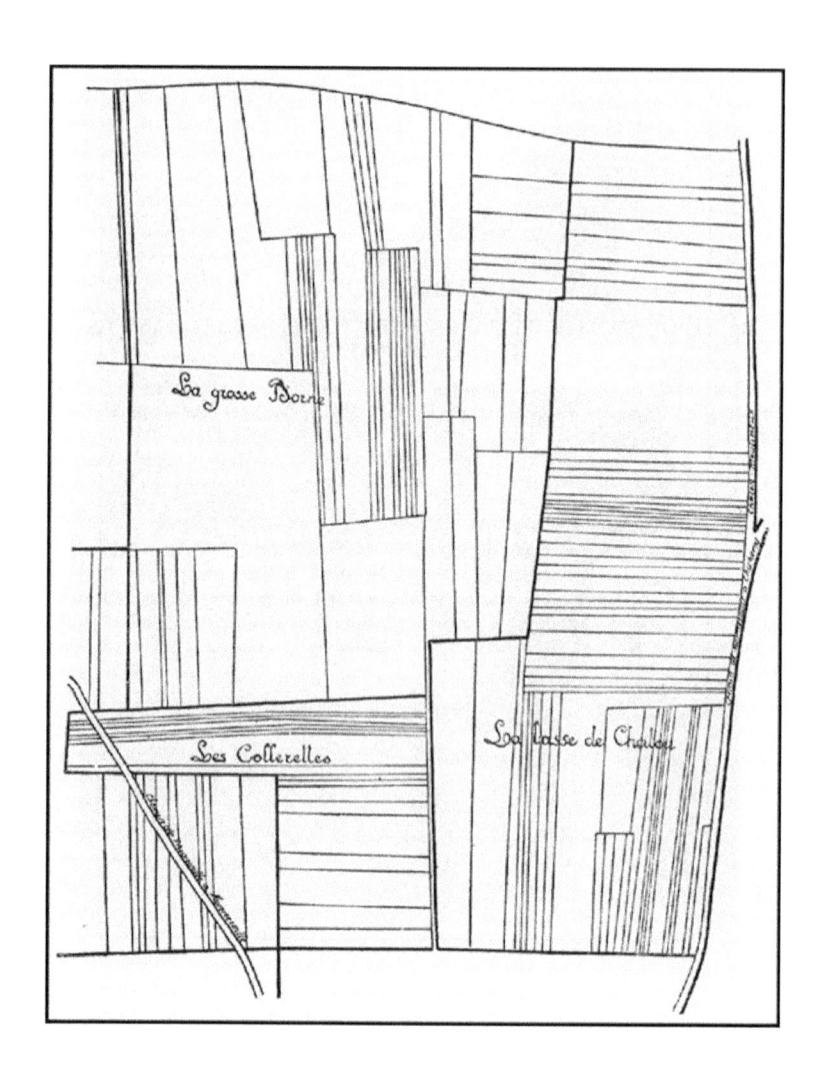

PLANCHE XV.

FORMATION DE LA GRANDE PROPRIÉTÉ, EN BEAUCE.

La même partie du terroir de Monnerville que pl. XIV, d'après le plan cadastral de 1831, section A, feuille 3.

A l'exception de la parcelle n° 163-170 du plan précédent (vers le sud), qui appartenait à Sébastien de Villiers et a été morcelée au cours des temps, toutes les grandes parcelles existant en 1699 1702 se retrouvent en 1831.

Table des planches

Planche XVI.

RASSEMBLEMENTS DE PARCELLES ET ENCLOTURES DANS LA PLAINE DE CAEN.

Fragment du plan de la baronnie de Rots, en 1666, donnant le village de Bretteville-l'Orgueilleuse (Calvados, cant. Tilly-sur-Seulles) et la partie du terroir immédiatement au sud.

Arch. Calvados, H 3222; cf. le terrier de 1666, H 3229; le « marchement » de 1482, H 3226; la comparaison des deux documents faits en 1748 : H 3351.

Les enclos n° 18, 29, 31, 33, 34, 35, 36 appartiennent à la famille de Cairon; ils sont tous en labours, le n° 31 comprenant en outre des jardins. En 1482, on voyait, à la place du n° 30, 42 parcelles réparties en 5 delles; à la place du n° 31, 48 parcelles, en 7 delles; à la place du n° 35, 25 parcelles; du n° 36, 34 parcelles. Le n° 33 avait été dès avant 1482 constitué, grâce à des acquisitions ou échanges, par la famille de Cairon; il portait déjà le nom de Grand Clos et le méritait alors, étant probablement à ce moment le seul enclos un peu vaste du terroir.

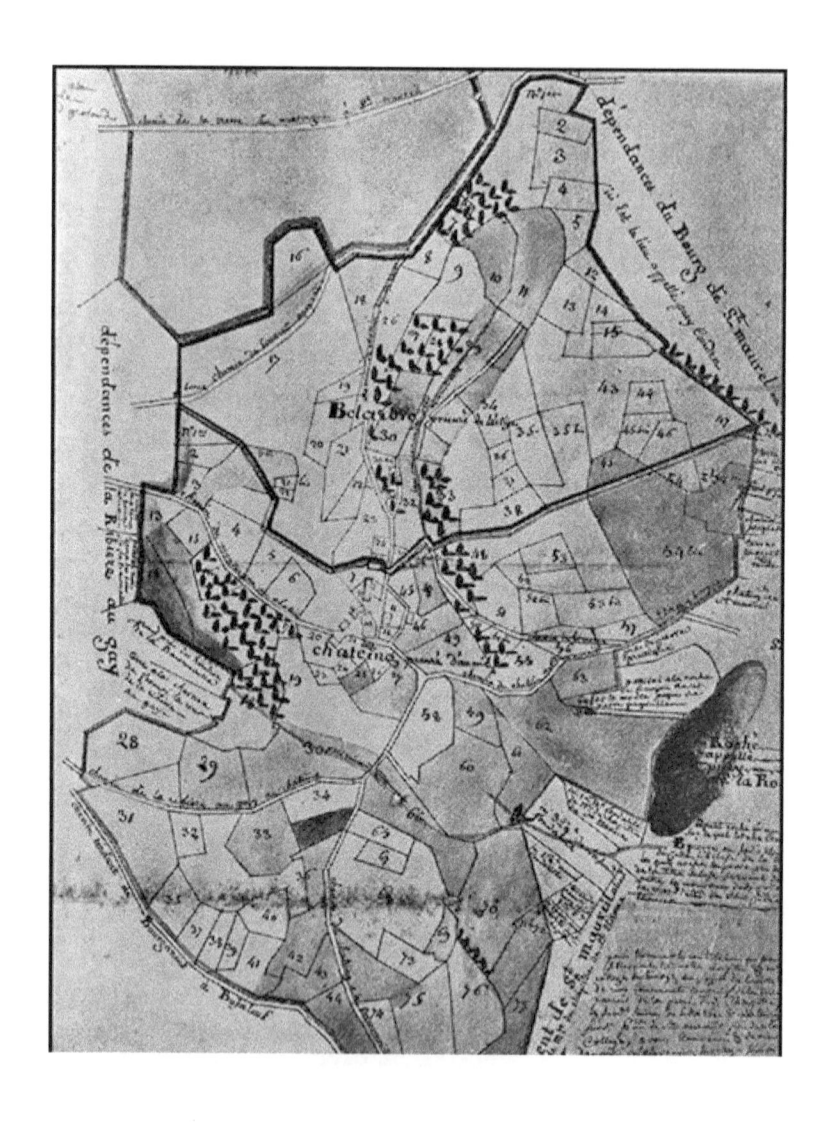

Planche XVII.

MAS LIMOUSINS ET MARCHOIS.

« Plan du village, mas et tènement » de Chateing et du tènement de Belarbre (Creuse, cune St. Moreil), en 1777.
Arch. Hte Vienne, D 587, plan 2.
Le *mansum qui vocatur lo Castaint* est mentionné pour la première fois vers 1100 (*Cartulaire d'Aureil*, dans *Bullet. soc. archéologique du Limousin*, t. XLVIII, n° CXLV).

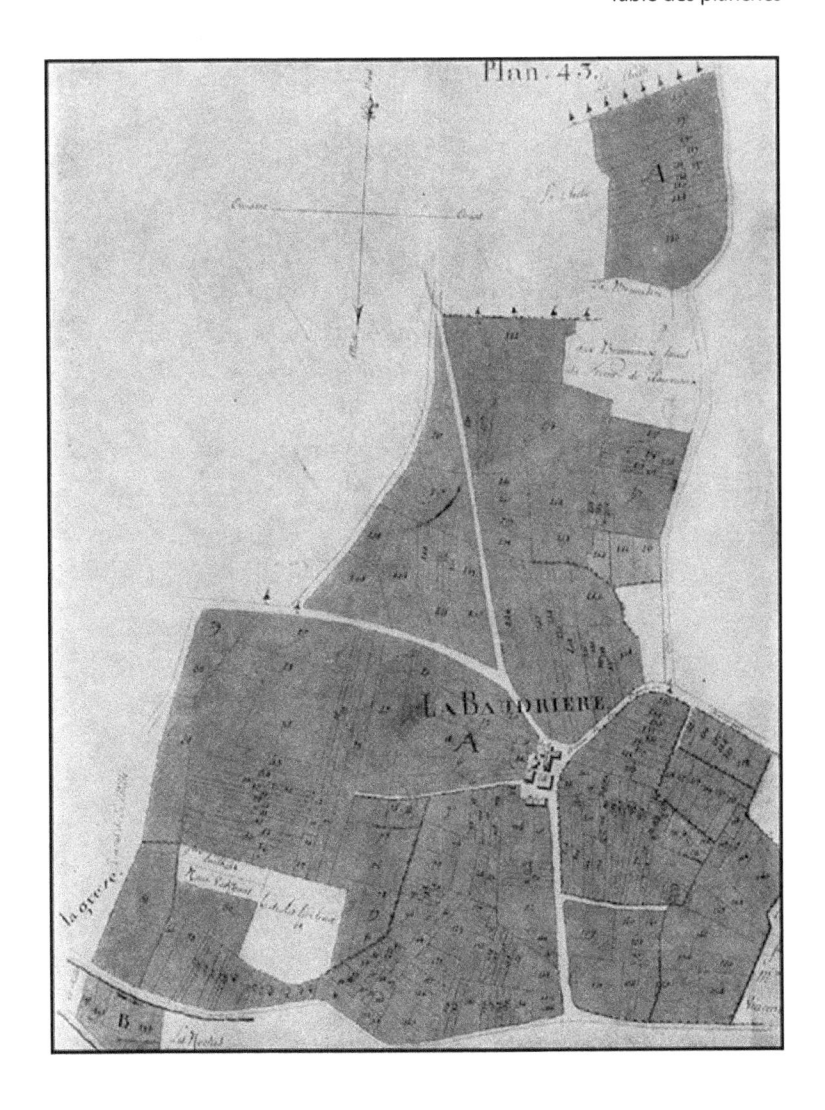

Planche XVIII.

FRÉRÈCHE DU CENTRE, DONNANT NAISSANCE A UN HAMEAU.

Plan de la frérèche de La Baudrière (aujourd'hui écart de la commune de Scorbé-Clairvaux, Vienne), en 1789.
Arch. Vienne, E 66 bis, plan 43.
La partie marquée B, au bas du plan, appartient à une frérèche voisine, celle des Baudets, la partie marquée A, au contraire, à celle de La Baudrière.

ISBN : 978-2-37976-165-2